Stratégies pour développer
l'estime de soi
et l'estime du Soi

Du même auteur

De l'estime de soi à l'estime du Soi, Novalis, 2002

À chacun sa mission – Découvrir son projet de vie, Novalis, 1999

Apprivoiser son ombre – Le côté mal aimé de soi, Novalis, 1997

Grandir – Aimer, perdre et grandir, Novalis, 1994

Groupe d'entraide pour personnes séparées/divorcées – Comment l'organiser et le diriger, Novalis, 1994

Groupe d'entraide pour personnes en deuil – Comment l'organiser et le diriger, Novalis, 1993

L'ABC de la communication familiale – Le livre des parents qui n'ont pas le temps de lire, Novalis, 1993

Comment pardonner? – Pardonner pour guérir – Guérir pour pardonner, Novalis, 1992

Aussi disponibles :

Comment pardonner? Boîtier de deux cassettes audio, Novalis, 1992

Les messages de l'amour – Estime de soi / Cd audio, Novalis, 2002

Jean Monbourquette
Myrna Ladouceur
Isabelle d'Aspremont

Stratégies pour développer l'estime de soi et l'estime du Soi

NOVALIS / BAYARD

Stratégies pour développer l'estime de soi et l'estime du Soi
est publié par Novalis.
Révision : Jacinthe Lacombe
Correction des épreuves : Josée Latulippe
Éditique : Christiane Lemire
Couverture : Caroline Gagnon
Photo de la couverture : Eyewire
© Novalis, Université Saint-Paul, Ottawa, Canada, 2003
Dépôts légaux : 1ᵉʳ trimestre 2003
    Bibliothèque nationale du Canada
    Bibliothèque nationale du Québec

Nous reconnaissons l'aide financière du gouvernement du Canada par l'entremise du Programme d'aide au développement de l'industrie de l'édition (PADIÉ) pour nos activités d'édition.

Le livre *Stratégies pour développer l'estime de soi et l'estime du Soi* reprend des stratégies déjà publiées dans *Je suis aimable, je suis capable : parcours pour l'estime et l'affirmation de soi* (Novalis, 1996) maintenant retiré du marché.

Novalis, 4475, rue Frontenac, Montréal (Québec) H2H 2S2
C.P. 990, succursale Delorimier, Montréal (Québec) H2H 2T1
ISBN : 2-89507-360-0 (Novalis)
ISBN : 2-227-47276-6 (Bayard Éditions)
Imprimé au Canada

Catalogage avant publication de la Bibliothèque nationale du Canada
Monbourquette, Jean
    Stratégies pour développer l'estime de soi et l'estime du soi
    Suppl. de : De l'estime de soi à l'estime du soi.
    Comprend des réf. Bibliogr.
    ISBN 2-89507-360-0
    1. Estime de soi – Problèmes et exercices. 2. Exercices spirituels. 3. Perception de soi – Problèmes et exercices. 4. Assertivité – Problèmes et exercices. 5. Ça (Psychologie). 6. Estime de soi – Aspect religieux – Christianisme – Problèmes et exercices. I. Ladouceur, Myrna. II. D'Aspremont, Isabelle. III. Titre. IV. Titre : De l'estime de soi à l'estime du soi.
BF697.5.S46M66 2002 Suppl.   158.1   C2003-940533-8

Note : la forme masculine est utilisée tout au long de ce document dans le seul but d'alléger le texte.

NOVALIS / BAYARD

Table des matières

Stratégies pour faciliter le passage de l'estime de soi à l'estime du Soi

Le passage de l'estime de soi à l'estime du Soi

Remerciements

Nous tenons à remercier le père Jacques Croteau pour la correction des textes et pour l'aide technique qu'il nous a apportée. Nous admirons son respect de la pensée des auteurs, son souci de clarté et sa persévérance.

Notre reconnaissance va à Jacinthe Lacombe et Josée Latulippe pour l'attention et le cœur qu'elles ont mis dans l'amélioration et la présentation de notre ouvrage.

Introduction

Un ami me faisait un jour remarquer que l'estime de soi sert à la construction de l'ego, mais ne permet pas d'aller très loin dans l'aventure spirituelle. Cette constatation fit germer en moi l'idée de trouver les assises spirituelles de l'estime de soi. Mon ouvrage *De l'estime de soi à l'estime du Soi : de la psychologie à la spiritualité* est le résultat de cette recherche et donne les passerelles entre l'estime de soi et la vie spirituelle. Ces propos théoriques me laissaient cependant sur ma faim. Comme dans mes autres livres, je souhaitais proposer aux lecteurs des stratégies leur permettant d'enrichir leur vie sur les plans psychologique et spirituel.

J'ai d'abord pensé inclure ces stratégies dans *De l'estime de soi à l'estime du Soi*. Je me suis vite rendu compte de la nécessité de les regrouper dans un ouvrage distinct en raison de leur grand nombre. Devant l'ampleur de la tâche, j'ai ressenti le besoin de m'associer à deux collègues, Myrna Ladouceur et Isabelle d'Aspremont. Avec *Stratégies pour développer l'estime de soi et l'estime du Soi*, nous vous présentons un recueil d'exercices pour compléter les enseignements du premier livre. Les diverses stratégies et les explications concernent toutes l'estime de soi et du Soi. Nous nous sommes efforcés de les rendre accessibles tant au lecteur seul qu'à l'animateur d'un groupe. Les personnes qui ne jouissent pas du soutien d'un groupe disposeront d'un moyen pour apprendre par elles-mêmes les bases de l'estime de soi et du Soi.

Un livre en trois parties

La division de ce recueil en trois parties, les stratégies de l'estime de soi, les stratégies pour faciliter le passage de l'estime de soi à l'estime du Soi et les stratégies de l'estime du Soi, lui procure une plus grande clarté et intelligibilité. Nous avons tenu à marquer clairement les articulations entre l'estime de soi et l'estime du Soi. D'une part, l'estime de soi rend possible l'accès à l'estime du Soi parce qu'elle en est le fondement. Nous avons besoin d'un ego fort; il nous rend capables de gérer les réalités quotidiennes. Étudier l'estime du Soi par le biais de l'estime de soi, par ailleurs, nous évite d'adopter une méthode trop abstraite ou analytique. D'autre part, l'estime du Soi, définie par le soin de l'âme, nous éveille aux aspirations spirituelles et nous fait découvrir nos expériences-sommets. Nous attacher uniquement à cultiver un ego fort nous ferait vite tomber dans un vide existentiel où nous resterions dépourvus de ressources spirituelles. Loin d'être des ennemies, l'estime de soi et l'estime du Soi sont appelées à s'entraider et à vivre en harmonie. L'une bâtit l'ego, l'autre permet d'accéder à des profondeurs spirituelles insoupçonnées.

L'estime de soi

Pour éviter la confusion qu'entretiennent certains ouvrages, faisons, dès le départ, une distinction claire entre estime de soi et affirmation de soi. L'estime de soi repose sur la perception que l'on a de son monde intérieur et sur l'évaluation de soi-même à partir des images de soi, de ses dialogues intérieurs avec soi et de son ressenti. L'affirmation de soi, quant à elle, est l'expression sur le plan social de ses perceptions de soi-même. Tout un monde sépare la perception de soi et l'expression de soi. C'est pourquoi nous avons créé des stratégies différentes pour l'estime de soi et l'affirmation de soi.

Une deuxième distinction s'impose, cette fois entre l'estime de soi pour sa personne et l'estime de soi pour son agir. Plusieurs auteurs confondent ces deux types d'estime de soi; il en résulte une grande confusion dans les esprits. Certaines personnes se valorisent seulement en raison de leurs attributs personnels (beauté, qualités, entregent, charme, grâce, etc.) et d'autres, seulement en raison de leurs actions (réalisations, travail, compétence, service, discipline, ascèse, etc.). Bien loin d'avoir à choisir entre ces deux formes de l'estime de soi, il importe de les cultiver toutes deux pour acquérir un bon équilibre de vie.

L'estime de soi dépend des perceptions de soi

Pour avoir une solide prise sur le concept d'estime de soi ou de mésestime de soi, nous nous sommes inspirés de la manière de penser propre à la Programmation neurolinguistique. Comme elle, nous divisons le monde de la perception en réalités visuelles, auditives et émotionnelles. Ainsi, l'estime de soi ou la mésestime de soi dépend de la manière de se regarder, de se parler et de se sentir.

L'être humain est constamment en train de percevoir et de juger sa personne et son agir soit de façon favorable, soit de façon défavorable. Les questions suivantes permettent d'évaluer l'estime de soi pour sa personne et l'estime de soi pour son agir.

L'estime de soi pour sa personne

Comment est-ce que je regarde ma personne? Quelle image ai-je de mon corps? Quelle image ai-je de mes attributs personnels?

Quels commentaires est-ce que je fais sur ma personne? S'agit-il de commentaires encourageants ou de paroles méprisantes?

Comment est-ce que je me sens par rapport à moi-même? Mes émotions et mes sentiments vis-à-vis de moi-même sont-ils optimistes ou pessimistes?

L'estime de soi pour son agir ou ses compétences

Comment est-ce que j'entrevois mes réalisations et mes compétences? Comment est-ce que je formule mes projets? Est-ce que je me vois réussir ou faillir?

Quel dialogue est-ce que j'entretiens avec moi-même sur mes réalisations et mes compétences? Est-ce que je m'encourage ou me dis des paroles défaitistes?

Quels sentiments est-ce que j'entretiens à l'égard de mes compétences? Des sentiments de fierté, de satisfaction, le sentiment de ne pas pouvoir réussir ou la peur de manquer mon coup?

Ces questions-clés interrogent la personne sur ses perceptions visuelles, auditives et émotionnelles à propos de son être et de son agir. En nous inspirant de ces types de perceptions, nous avons divisé la première partie de notre ouvrage en trois sections : les stratégies visuelles, auditives et émotionnelles (kinesthésiques). Quelques-unes permettent de réparer les fausses perceptions de soi; d'autres aident à construire une excellente estime de soi.

L'estime du Soi

La deuxième partie de notre ouvrage offre plusieurs stratégies pour développer l'estime du Soi. Pour nous, le soin de l'âme revêt une importance majeure. Deux approches nous ont inspirés : l'approche ou la voie négative, qui consiste à libérer le rayonnement du Soi par le travail du deuil, la « désidentification », la réintégration de l'ombre et les détachements volontaires, et l'approche ou la voie positive symbolique, qui permet de déchiffrer les messages du Soi grâce aux symboles représentant le Soi, à l'art du mandala, à la fonction transcendante et à la valorisation des expériences-sommets. Nous présentons également des exercices de visualisation favorisant la relation au Soi et d'autres exercices tels que l'intention créatrice et la protection du rayonnement du Soi.

L'approche didactique du livre

Pour faciliter la lecture et la progression du lecteur, nous avons choisi une présentation uniforme pour chacune des stratégies. Les stratégies comprennent toutes les mêmes éléments : une histoire ou une pensée, des objectifs, une explication et la stratégie proprement dite. À la fin de chaque stratégie, nous suggérons au lecteur de s'accorder un moment de réflexion personnelle en écrivant dans son journal de bord et, si possible, de partager avec d'autres son expérience.

L'histoire

L'histoire, ou récit analogique, prépare et nourrit l'imaginaire du lecteur en lui donnant une connaissance immédiate du thème abordé. De plus, elle fournit une expérience intuitive et prépare les esprits à entendre le message véhiculé par la stratégie. Rappelons que l'histoire est le plus vieux mode d'apprentissage des leçons de vie.

Dans un groupe, l'animateur se gardera d'expliquer les histoires ou d'en révéler la leçon morale. Quand on donne un fruit à quelqu'un, on ne le mâche pas pour lui! Ainsi, les histoires peuvent faire leur travail inconscient en chacun. L'effet maximal est atteint quand l'animateur raconte l'histoire au lieu de la lire. L'ayant appris par cœur, il aura alors tout le loisir d'envoûter son auditoire en laissant la place à l'improvisation dans la narration du récit, en faisant les gestes appropriés et en prenant le ton des divers personnages.

Les objectifs

Pour chaque stratégie, des objectifs guident le lecteur dans son apprentissage. Certains objectifs sont d'abord d'ordre cognitif; d'autres sous-entendent un changement de comportements.

L'explication

Une courte explication situe le lecteur dans la stratégie. Habituellement, elle décrit les objectifs de la stratégie, son utilité et son importance.

La stratégie proprement dite

Elle se compose d'exercices, de visualisations et de mises en situation pour acquérir de nouvelles façons de parler, de voir ou de se sentir dans sa vie quotidienne. Un certain nombre de stratégies peuvent apparaître au lecteur quelque peu artificielles. Mais elles deviendront naturelles pour celui ou celle qui s'y exerce régulièrement.

Nous nous sommes efforcés de rendre le plus grand nombre possible de stratégies réalisables par une personne seule. Toutefois, l'application de certaines stratégies exige la présence d'un groupe.

Plusieurs stratégies font appel à un travail d'intériorité : les visualisations, les méditations guidées, les fantaisies, etc. Ces exercices d'intériorité sont le grand moyen d'apprendre sans effort dans un état second.

Il est important pour le lecteur de suivre chacune des étapes des exercices de visualisation afin de bien entrer en lui-même. Il trouvera avantage à enregistrer à l'avance les visualisations pour ne pas être distrait par leur lecture au moment de l'exercice. De plus, le lecteur doit créer les conditions idéales pour effectuer ces entrées en lui-même : choisir un endroit tranquille; prévenir toute intervention de l'extérieur, comme la sonnerie du téléphone; empêcher aussi les intrusions imprévues; prendre une position confortable; éviter le sommeil; induire progressivement un état de conscience modifiée.

Le journal de bord

Le lecteur est invité à tenir un journal de bord, précieux outil de croissance. Il peut y consigner ses découvertes, ses expériences, ses progrès. Il peut aussi s'en servir pour prévoir les situations à venir où il devra exercer ses nouvelles habiletés. De cette façon, le lecteur se préparera encore mieux à poser des gestes concrets pour mettre en pratique ses connaissances. Il ne suffit pas, en effet, de comprendre le bien-fondé d'une stratégie pour intégrer ces notions à sa vie personnelle. Il faut passer à l'action!

Bonne chance!

Les stratégies
de l'estime de soi

Notions générales

I. Distinguer l'estime de soi pour sa personne et l'estime de soi pour ses compétences

Histoire

Reconnaissance

Lors d'un exercice sur l'identité auquel participaient des personnes sans emploi, je fus frappée par le fait qu'elles ne parvenaient pas à découvrir leur identité. Elles se considéraient comme « nulles » et sans valeur personnelle.

Elles disaient : « Je ne vaux rien », « Je ne suis pas grand-chose », « Je suis bon à rien », tout cela parce qu'elles n'exerçaient pas un travail reconnu par la société!

Isabelle d'Aspremont

Objectifs

- Savoir faire la distinction entre l'estime de soi pour sa personne et l'estime de soi pour ses compétences.
- Évaluer l'estime de soi pour sa personne et l'estime de soi pour ses compétences.

Explication

Presque tous les livres sur l'estime de soi créent chez le lecteur une grande confusion, car leurs auteurs omettent de faire la distinction entre l'estime de soi pour son être et l'estime de soi pour son agir. Or, cette précision s'avère capitale.

L'estime de soi pour sa personne se traduit par la croyance dans sa valeur comme être unique au monde, par l'acceptation totale de tous les aspects de soi-même et par un amour bienveillant vis-à-vis de soi. L'estime de soi pour ses compétences implique la confiance dans ses facultés d'apprentissage, l'appréciation de ses réalisations, si petites soient-elles, l'évaluation de ses progrès personnels et la poursuite de sa mission personnelle.

Stratégie

Première partie
L'estime de soi pour sa personne : l'amour de soi

1. Choisissez le chiffre de 1 à 10 qui correspond le mieux à votre façon de considérer votre personne.

Haute estime de soi	Basse estime de soi
1. J'apprécie l'ensemble de mon apparence corporelle. 10——9——8——7——6——	Je concentre mon attention sur un défaut physique. 5——4——3——2——1
2. J'apprécie mes qualités et mes compétences. 10——9——8——7——6——	Je mets surtout l'accent sur mes défauts. 5——4——3——2——1
3. J'ai tendance à être bien dans ma peau sans me comparer. 10——9——8——7——6——	J'ai tendance à me comparer aux autres à mon désavantage. 5——4——3——2——1

4. J'accueille tous les aspects de ma personne, même mes défauts. 10——9——8——7——6——	Je n'accepte pas mes défauts. 5——4——3——2——1
5. Je prends soin de ma santé. 10——9——8——7——6——	Je néglige ma santé. 5——4——3——2——1
6. Je fais des commentaires bienveillants sur ma personne. 10——9——8——7——6——	Je suis très critique envers moi-même et je me donne des noms malveillants. 5——4——3——2——1
7. J'ai le sentiment d'être un être spécial et unique. 10——9——8——7——6——	Je n'ai pas le sentiment d'être un être spécial et unique. 5——4——3——2——1
8. Je me console quand je fais des erreurs ou subis des échecs. 10——9——8——7——6——	Je me blâme et m'accable pour mes erreurs ou échecs. 5——4——3——2——1
9. Je me fais plaisir : beaux vêtements, repas à mon goût, etc. 10——9——8——7——6——	Je ne pense pas à me faire plaisir. 5——4——3——2——1
10. Je me sens à l'aise pour me trouver des qualités. 10——9——8——7——6——	Je suis gêné de me trouver des qualités. 5——4——3——2——1
11. Je me sens aimé et aimable. 10——9——8——7——6——	Je ne me sens pas digne d'amour ni aimable. 5——4——3——2——1
12. J'accepte mes émotions et sais les exprimer. 10——9——8——7——6——	Je refuse mes émotions et les refoule. 5——4——3——2——1

13. Je suis en général une personne unifiée. 10——9——8——7——6——	Je me sens souvent tiraillé et ambivalent. 5——4——3——2——1
14. Je considère mes défauts comme des moyens de grandir. 10——9——8——7——6——	Je considère mes défauts comme irréparables. 5——4——3——2——1
15. Je vis la plupart du temps dans le moment présent. 10——9——8——7——6——	Je regarde le passé avec des regrets et l'avenir avec des peurs. 5——4——3——2——1
16. Je me sens bien dans les moments de solitude. 10——9——8——7——6——	Je crains les moments de solitude. 5——4——3——2——1
17. J'accepte un refus sans me sentir amoindri. 10——9——8——7——6——	Je me sens amoindri par un refus. 5——4——3——2——1
18. Je préfère être polyvalent et flexible. 10——9——8——7——6——	Je préfère toujours présenter une façade rigide de perfection. 5——4——3——2——1
19. Je me débarrasse facilement des remarques désobligeantes à mon égard. 10——9——8——7——6——	Je rumine sans cesse les remarques désobligeantes à mon égard. 5——4——3——2——1
20. Je me pardonne facilement mes fautes. 10——9——8——7——6——	Je m'accable de remords. 5——4——3——2——1

2. Calculez le total de vos points.

De 150 à 200 = excellent
De 100 à 150 = très bon
De 50 à 100 = moyen
De 0 à 50 = faible

Deuxième partie
L'estime de soi pour ses compétences :
la confiance en soi

1. Choisissez le chiffre de 1 à 10 qui correspond le mieux à votre façon de considérer votre compétence.

Haute estime de soi	Basse estime de soi
1. J'ai une vue positive et enthousiaste de mes projets. 10——9——8——7——6——	J'ai une vue négative et défaitiste de mes projets. 5——4——3——2——1
2. Je persévère dans mes projets malgré les obstacles et les échecs. 10——9——8——7——6——	J'abandonne tous mes projets au moindre obstacle ou échec. 5——4——3——2——1
3. J'entretiens un dialogue optimiste et positif envers mes projets. 10——9——8——7——6——	J'entretiens un dialogue pessimiste et négatif envers mes projets. 5——4——3——2——1
4. Je m'imagine réussir dans l'avenir. 10——9——8——7——6——	Je redoute l'insuccès. 5——4——3——2——1
5. J'aime à prendre des risques. 10——9——8——7——6——	Je ne prends aucun risque. 5——4——3——2——1
6. Je me rappelle mes succès passés. 10——9——8——7——6——	Je me rappelle mes échecs. 5——4——3——2——1

7. J'apprends de mes erreurs. 10——9——8——7——6——	Je me sens démotivé par mes erreurs. 5——4——3——2——1
8. Je me sens stimulé par de nouvelles expériences de créativité. 10——9——8——7——6——	Je me sens à l'aise dans la routine. 5——4——3——2——1
9. Je suis confiant d'être à la hauteur des tâches proposées. 10——9——8——7——6——	Je vis dans la peur de ne pas pouvoir remplir les tâches demandées. 5——4——3——2——1
10. J'aime parler en public. 10——9——8——7——6——	Je crains les regards et les commentaires du public. 5——4——3——2——1
11. Je cherche le défi et l'aventure et je me dis : « Pourquoi pas? » 10——9——8——7——6——	Je cherche la sécurité avant tout et je me dis : « À quoi bon? » 5——4——3——2——1
12. Je m'encourage à la suite de mes réussites. 10——9——8——7——6——	Je me stresse à la suite de mes réussites. 5——4——3——2——1
13. Je fais ce que j'ai à faire avec diligence. 10——9——8——7——6——	Je repousse à plus tard les tâches à faire. 5——4——3——2——1
14. J'ai l'impression de conduire ma vie. 10——9——8——7——6——	J'ai l'impression que les autres mènent ma vie. 5——4——3——2——1
15. J'accomplis mon travail avec enthousiasme. 10——9——8——7——6——	Je m'ennuie dans mon travail. 5——4——3——2——1
16. J'accepte mes limites pour les dépasser. 10——9——8——7——6——	Je n'accepte pas mes limites. 5——4——3——2——1

17. Je m'encourage à la suite de mes petits succès. 10——9——8——7——6——	Je néglige de considérer mes petits succès. 5——4——3——2——1
18. J'ai la conviction d'apporter une contribution à la société. 10——9——8——7——6——	Je ne vise aucun idéal de contribution à la société. 5——4——3——2——1
19. Je travaille d'une façon méthodique. 10——9——8——7——6——	Je travaille d'une façon désordonnée. 5——4——3——2——1
20. Je célèbre mes réussites. 10——9——8——7——6——	Je cache mes réussites. 5——4——3——2——1

2. Calculez le total de vos points.

De 150 à 200 = excellent
De 100 à 150 = très bon
De 50 à 100 = moyen
De 0 à 50 = faible

Troisième partie
Réflexion sur les résultats

Il y a deux façons d'améliorer l'estime de soi :

• Se donner des objectifs précis.

• Comparer ses résultats et privilégier le travail sur l'estime de soi pour sa personne ou l'estime de soi pour ses compétences.

Si, par exemple, vous vous apercevez grâce aux résultats du test que votre estime de soi pour votre personne est plus faible que votre estime de soi pour vos compétences, nous vous suggérons de privilégier les stratégies concernant l'estime de soi pour sa personne plutôt que celles axées sur l'estime de soi pour ses compétences.

Conclusion

Pour mener une existence harmonieuse, l'important est d'être capable d'équilibrer sa vie en ce qui a trait à l'estime de soi tant sur le plan de sa personne que sur le plan de ses aptitudes.

Réflexion personnelle

Partage sur l'expérience vécue

Notions générales

2. Reconnaître les représentations visuelles, auditives et kinesthésiques de l'intériorité

Histoire

Le roi et la demande impossible de sa fille

Éléonore était une jeune fille comblée.

Un jour, son père lui demanda : « Que désires-tu pour tes dix-huit ans? » Éléonore lui répondit : « Mon rêve est sans doute impossible à satisfaire. Je voudrais la lune! »

Le roi fut attristé par cette demande insensée. Il envoya à Éléonore un astronome de la cour, avec pour mission de prouver à sa fille qu'il était impossible de décrocher la lune et de la lui offrir, la lune étant bien trop éloignée pour que les hommes puissent jamais l'atteindre.

Comme le roi se plaignait au fou de la cour de ne pouvoir contenter sa fille, ce dernier éclata de rire, insolent. Le roi, irrité, lui demanda : « Et toi, sais-tu comment satisfaire Éléonore?

— Peut-être bien! »

Le soir même, le fou de la cour rencontra Éléonore et lui dit : « Décris-moi cette lune dont tu rêves et montre-moi sa taille. » Regardant par la fenêtre, la jeune fille leva les bras en direction de son astre préféré, elle écarta les mains d'une vingtaine de centimètres. « Parfait! », dit le nain. Il lui en fit alors préciser la couleur : « Blanche, dit-elle, avec des reflets argentés. » Il lui fit aussi préciser l'endroit où la placer : « Ici, au-dessus de la commode. Ainsi, je l'aurai toujours avec moi. » Elle croyait au jeu du fou et s'y prêtait à merveille.

Trois jours plus tard, le nain fixait au-dessus de la commode d'Éléonore un disque d'argent façonné dans les ateliers du palais. Le disque, muni d'une veilleuse, miroitait doucement.

D'après le conte de Louis Fèvre et Gustavo Soto,
dans *Guide du praticien en PNL*

Objectifs

- Reconnaître les représentations sensorielles de l'extérieur et celles de l'intérieur.
- Savoir les distinguer et les gérer.
- Prendre conscience de la réalité subjective de l'intériorité sur les plans visuel (Vi), auditif (Ai) et kinesthésique (Ki) (émotions et sentiments).

Explication

L'extériorité

Chaque personne prend conscience du milieu extérieur, des autres et de l'Univers. Elle entre en relation avec eux à l'aide de ses sens extérieurs : la vue, l'ouïe, le toucher, le goût et l'odorat. Cet ensemble est appelé le système de représentations sensorielles.

La vue

Tout ce que l'on voit, c'est la représentation visuelle extérieure. On la codifie par Ve, « V » signifiant visuel et « e », extérieur.

Exemple :

Je vois un bateau sur le lac.

L'ouïe

Tout ce que l'on entend, tout ce que l'on dit : les sons, les voix, les paroles, constituent les représentations auditives extérieures. On les désigne par Ae, « A » signifiant auditif et « e », extérieur.

Exemple :

J'entends les bruits que font les personnes autour de moi.

Le toucher

Le toucher et le senti constituent les représentations kinesthésiques extérieures. On les désigne par Ke, « K » signifiant kinesthésique et « e », extérieur.

Exemple :

Je sens la chaleur de ma tasse de thé.

L'odorat

L'odorat, c'est la représentation des odeurs extérieures. On la désigne par Oe, « O » signifiant olfactif et « e », extérieur.

Exemple :

Je respire ce merveilleux parfum.

Le goût

Le goût, c'est la représentation gustative des choses extérieures. On la désigne par Ge, « G » signifiant gustatif et « e », extérieur.

Exemple :

Je goûte la pomme que je mange.

Ce système de sens extérieurs est appelé le VAKO extérieur.

SENS	CODE	SIGNIFICATION
La vue	Ve	Visuel extérieur
L'ouïe	Ae	Auditif extérieur
Le toucher	Ke	Kinesthésique extérieur
L'odorat	Oe	Olfactif extérieur
Le gustatif	Ge	Gustatif extérieur

L'intériorité

Chaque personne porte, à l'intérieur d'elle-même, des représentations diverses : des images, des sons, des sensations et des émotions, des odeurs et des goûts.

La vue

Ces images ne se trouvent pas devant la personne. Celle-ci doit se référer à son visuel intérieur, à sa mémoire de l'objet. On désigne les représentations visuelles avec la lettre « V » et on ajoute le « i » pour signifier l'intériorité.

Exemples :

• Revois le visage de ton meilleur ami.

• Quelle est la couleur de ton salon?

L'ouïe

On désigne les représentations auditives par la lettre « A » et on y ajoute la lettre « i » pour signifier l'intériorité.

Exemples :

• Pensez à la dernière conversation téléphonique que vous avez eue. L'entendez-vous à l'intérieur de vous?

- Quel est votre chant préféré, celui que vous aimez fredonner dans votre tête?

Le kinesthésique

Le kinesthésique représente une sensation proprioceptive, une émotion ou un sentiment. On le désigne par la lettre « K » en ajoutant « i » pour signifier l'intériorité.

Exemples :

- Oh! Tu m'as fait peur!
- Je suis heureuse d'être ici.

L'odorat

On désigne les représentations olfactives (les odeurs) par la lettre « O » et on y ajoute la lettre « i » pour signifier l'intériorité.

Exemple :

- Représentez-vous le parfum préféré de votre ami. Vous rappelez-vous son odeur?

Le goût

On désigne les représentations gustatives (goût) par « G » en y ajoutant la lettre « i » pour signifier l'intériorité.

Exemple :

- Rappelez-vous le goût acide du citron. Ce goût vous revient-il dans la bouche?

Ce système de sens intérieurs est appelé le VAKO intérieur.

SENS	CODE	SIGNIFICATION
La vue	Vi	Visuel intérieur
L'ouïe	Ai	Auditif intérieur
Les sentiments	Ki	Kinesthésique intérieur
L'odorat	Oi	Olfactif intérieur
Le gustatif	Gi	Gustatif intérieur

Résumé

EXTÉRIEUR	INTÉRIEUR
Je vois la couleur du mur (Ve).	Je me souviens d'une descente en skis (Vi).
J'entends la question et j'y réponds (Ae).	Je me parle à l'intérieur (Ai).
Je touche à l'eau bouillante (Ke).	J'ai peur de prendre mon bain (Ki).
Je sens l'odeur de l'encens (Oe).	Je me rappelle l'odeur de l'ammoniaque (Oi).
Je goûte à la pomme (Ge).	Je me souviens du goût du citron (Gi).

N.B. Certains mots ont perdu leur teneur sensorielle. C'est le cas des verbes penser, observer, comprendre, connaître, etc. (voir la liste des mots à la page 38). On qualifie ces mots de neutres (« N ») parce qu'aucune représentation sensorielle n'y est expressément indiquée.

L'exemple suivant montre comment découvrir la teneur sensorielle de mots neutres.

Quand un étudiant dit à son professeur : « Je ne comprends pas votre enseignement », le professeur peut lui demander : « Comment sais-tu que tu ne comprends pas? » L'étudiant répond habituellement par un prédicat[1] d'ordre visuel, auditif ou kinesthésique : « Je ne *vois* pas ce que vous voulez dire », « Je n'*entends* pas... » ou « Je ne

---

1. En Programmation neurolinguistique, les prédicats désignent les mots ou les termes employés pour exprimer une impression sensorielle.

sens pas… » Le professeur sera ainsi fixé sur le mode d'apprentissage de son étudiant.

Vocabulaire

Voici une liste non exhaustive reprenant le vocabulaire de chaque type de représentations sensorielles.

Visuel (V)

Le visuel extérieur (Ve)

- Verbes : voir, regarder, arrêter son regard, fixer les yeux sur, ouvrir les yeux, jeter un œil sur, suivre des yeux, dévorer des yeux, toiser du regard, braquer les yeux, reluquer, regarder en face.

- Mots relatifs à la vue : apparition, visible, transparent, lumineux, obscur, clair-obscur, forme, figure, ombre, couleur, brillant, éblouissant, reflet, miroitement, tableau, photographie.

Le visuel intérieur (Vi)

- Verbes : se voir, se regarder, s'imaginer, rêver, avoir une fantaisie, créer une image, revoir, prévoir, s'aveugler, s'illusionner, s'éblouir, se masquer la vérité, halluciner, être dans les nuages, avoir des visions, contempler intérieurement, se faire un film (son cinéma intérieur), être éclairé, se figurer.

- Expressions : n'y voir que du feu, voir rouge, voir ça d'ici, ça saute aux yeux, je vous vois venir, se créer des châteaux en Espagne, s'obnubiler de chimères, avoir un *flash*, ça me paraît clair, c'est lumineux, c'est éclairant, voir d'un bon (mauvais) œil, avoir les yeux plus grands que la panse, ça crève les yeux.

Auditif (A)

L'auditif extérieur (Ae)

- Verbes : parler, causer, converser, dire, prononcer, relater, conter, raconter, déclarer, crier, s'exclamer, murmurer, chuchoter, chanter, sermonner, gronder, hurler, vociférer, se lamenter, entendre, écouter, prêter l'oreille, percevoir un bruit (sons, paroles).

- Mots relatifs à l'audition : bruit (adjectifs : clair, sourd, confus, strident, aigu, perçant, grave, faible, étouffé, sonore, etc.), paroles, phrases, sentences, dicton, silence, débit, hauteur, volume, ton, chanson.
- Expressions : desserrer les dents, dire de vive voix, avoir le verbe haut, être fort en gueule, avoir son franc-parler, être un moulin à paroles, couper le sifflet, parler entre ses dents, se faire muet.

L'auditif intérieur (Ai)

- Verbes : se parler, se dire, se raconter, se chicaner, se disputer, s'entendre rire, entendre une voix, se faire la remarque, se répondre, s'écouter, écouter sa douleur, se critiquer, ça sonne bien ou mal, ça résonne, c'est du chinois, être d'accord avec, être en harmonie, être sur la même longueur d'ondes.

Kinesthésique (K)

Le kinesthésique extérieur (Ke)

- Verbes : sentir le toucher, la pression, le froid, le chaud, la piqûre (en résumé : tout ce qui entre en contact avec l'épiderme), se mouvoir, marcher, courir, plonger (tous les mouvements du corps).
- Mots relatifs au toucher : doux, rugueux, rude, soyeux, irritant, piquant, écorchant, vif, collant, lisse, texture.

Le kinesthésique intérieur (Ki)

- Les sensations proprioceptives : sentir son cœur, son estomac, les mouvements de ses muscles, de son squelette, etc.
- Les émotions intérieures :

  Amour : amoureux, attaché, affectueux.

  Estime : apprécié, aimable, désiré.

  Bonheur : joyeux, gai, heureux.

  Satisfaction : content, satisfait, ravi.

  Chance : fortuné, heureux, comblé.

Confiance : fier, encouragé, enthousiaste.

Peur : craintif, anxieux, soucieux.

Terreur : effrayé, troublé, terrifié.

Préoccupation : appréhensif, soucieux, songeur.

Tristesse : déprimé, désolé, éploré.

Blessure/douleur : peiné, frustré, blessé.

Déception : déçu, malheureux, mécontent.

Colère : offensé, insulté, enragé.

Pessimisme : mélancolique, taciturne, endeuillé.

Confusion : mêlé, hésitant, indécis.

Gêne : embarrassé, timide, bouleversé.

Confiance : ardent, plein d'entrain, enthousiaste.

Calme : paisible, en paix, encouragé.

Goût

Le gustatif extérieur (Ge)

- Verbes : goûter, savourer, déguster, apprécier la saveur de, se gaver de, avoir mauvais goût, flatter le palais.
- Mots relatifs au goût : saveur, douceur, délicatesse, succulence, fadeur, insipide, amer, acre, répugnant, acide, sucré, appétissant, savoureux, piquant, épicé.

Le gustatif intérieur (Gi)

- Verbes : avoir de la répugnance, du dégoût, de l'amertume, avoir le goût de, prendre goût à, faire preuve de bon goût, changer son goût.
- Expressions : c'est un bec fin, ce n'est pas à mon goût, j'y ai goûté, il m'en a fait manger, goûter le repos, c'est une personne indigeste, il m'écœure, mettre de l'eau dans son vin.

Olfactif (O)

Olfactif extérieur (Oe)

- Verbes : sentir, flairer, humer, renifler, empester, inspirer.
- Mots relatifs à l'odorat : arôme, parfum, bouquet, émanation, senteur, puanteur, fumet, pénétrant, suffocant, tenace, nauséabond, fade, rance, odoriférant.

Olfactif intérieur (Oi)

- Expressions : ça ne sent pas bon, tu as du pif, avoir du flair, avoir le nez long, ça me pue au nez, je ne peux pas le sentir.

Vocabulaire neutre (N)

- Verbes : donner du sens, porter son attention, s'intéresser à, remarquer, guetter, examiner, faire impression, veiller à, retenir l'attention, s'informer, scruter, fouiller, vérifier, se renseigner, se reporter à, connaître, percevoir, reconnaître, savoir, communiquer, comprendre, penser, explorer, se passer, trouver.

Stratégie

Exercices sur les prédicats (VAKO)

Reconnaître les systèmes de représentations

Identifiez dans chacune des expressions et phrases suivantes les différents systèmes de représentations utilisés.

1. Avoir une vue nette des choses.
2. Ton pessimisme me donne la chair de poule!
3. Je mange une pomme amère.
4. Ce qu'il m'a dit résonne sans cesse dans ma tête.
5. Je vois les enfants jouer dehors.
6. Je me souviens d'un beau coucher de soleil.
7. Je me suis fait mal en tombant.

8. La rose embaume la pièce.

9. Je me rappelle les desserts de ma mère.

10. J'écoute un concert de Mozart.

Réponses :

1. Ve
2. Ki
3. Ge
4. Ai
5. Ve
6. Vi
7. Ke
8. Oe
9. Gi
10. Ae

Parler en visuel… Parler en auditif… Parler en kinesthésique

Notez le système de représentations le plus naturel pour vous.

Les prédicats dans un message radio ou télévisé

Pendant 10 à 15 minutes, écoutez la radio ou la télévision et relevez les divers types de prédicats utilisés.

Les prédicats dans une conversation

Lors d'une conversation, portez attention à la nature des prédicats utilisés.

Si vous désirez poursuivre l'exercice, utilisez le même type de prédicats que votre interlocuteur. Choisissez des prédicats appartenant à un autre système de représentations et comparez les réactions de votre interlocuteur.

Les prédicats dans une lettre

Choisissez une lettre reçue d'une personne significative pour vous. Identifiez le système de représentations, les différents prédicats et les prédicats neutres utilisés dans cette lettre. Répondez à cette lettre en employant le système privilégié par votre correspondant.

Réflexion personnelle

Partage sur l'expérience vécue

Notions générales

3. Calibrer l'extériorité et l'intériorité

Histoire

L'acuité sensorielle de Milton Erickson

À l'âge de 17 ans, Milton H. Erickson s'est retrouvé paralysé à la suite d'une poliomyélite. Il ne pouvait plus que voir et entendre. Il en a profité pour s'exercer à des jeux d'observation. Couché sur son lit, il se concentrait sur les bruits de pas, en tentant de reconnaître à qui ils appartenaient… à sa mère, à telle sœur, à son père. Lorsque la personne entrait dans sa chambre, il vérifiait la justesse de sa perception auditive.

Si la porte de la grange se fermait, il essayait de deviner qui l'avait fermée de cette façon. En effet, chaque personne est unique et possède sa propre manière de fermer une porte de grange. Là encore, Erickson vérifiait la justesse de sa perception auditive.

Parfois, il observait ses sœurs. Il voyait l'une d'elles tendre une pomme à l'autre. Il percevait par son attitude physique qu'une partie d'elle ne voulait pas la lui donner.

C'est ainsi que Milton Erickson a développé son acuité sensorielle et est devenu l'un des hypnothérapeutes les plus célèbres de son temps.

Histoire du folklore de la PNL

Matière à réflexion

« Ce que je cache par mon langage, mon corps le dit […]
Mon corps est un enfant entêté,
mon langage est un adulte très civilisé… »

Roland Barthes

Objectifs

- Développer son acuité sensorielle (reconnaître les indices visuels, auditifs et kinesthésiques).

- À l'aide des indices visuels, auditifs et kinesthésiques, déterminer si la personne est à l'intérieur ou à l'extérieur d'elle-même.

Explication

Richard Bandler et John Grinder, fondateurs de la PNL (Programmation neurolinguistique), ont découvert que les gens manifestaient, d'instant en instant, de subtils changements sur le plan physiologique. Ces changements sont significatifs et peuvent être détectés, à condition d'avoir suffisamment d'acuité sensorielle.

Une acuité sensorielle (vue, ouïe, toucher) assez développée permet de recueillir les informations nécessaires pour évaluer :

- L'effet des interventions sur les personnes;
- Les changements intérieurs chez une personne.

Pour recueillir les informations sur les changements de l'intériorité chez une personne, nous employons les trois canaux sensoriels : la vue, l'ouïe et le toucher.

VUE	OUÏE	TOUCHER
Posture	Volume de la voix	Mouvement
Gestes	Timbre	Forme
Yeux	Prédicats	Texture
Angle tête/corps	Mots-clés	Densité
Respiration	Rythme	Température
Couleur de la peau, texture	Ton	Poids
Lèvres		Élasticité

En communication, il est important de savoir si son interlocuteur, lorsqu'il écoute, se situe à l'extérieur ou à l'intérieur de lui-même. Un interlocuteur enfermé à l'intérieur de lui-même ne communique plus avec l'autre qui est à l'extérieur de lui-même. Lorsque, par exemple, une personne cherche un nom, même si nous le lui disons, elle ne l'entendra pas. Son énergie est toute dirigée vers l'intérieur d'elle-même. Il est essentiel de reconnaître où se situe l'énergie de son interlocuteur.

La personne est à l'extérieur d'elle-même lorsque :

- Les yeux sont bien ouverts et regardent à l'extérieur.
- La posture est bien droite.
- La respiration se fait dans le haut du thorax et est plus libre qu'à l'habitude.

La personne est à l'intérieur d'elle-même lorsque :

- Les yeux sont fixés sur l'infini.
- Le regard est perdu dans le lointain.
- Les yeux bougent vers le haut ou vers le bas, à droite ou à gauche.
- La personne remue légèrement les commissures des lèvres, comme si elle se parlait à elle-même.

- La personne bouge d'une façon rythmée un bras ou une jambe.
- La personne manifeste un relâchement de son tonus et donne l'impression d'un visage qui s'écrase.
- La personne est en transe, perdue dans ses pensées.

Stratégie

Première partie
Où se situe son interlocuteur?

Les deux exercices suivants permettent d'apprendre à mesurer si la personne est à l'extérieur ou à l'intérieur d'elle-même.

Premier exercice

L'animateur fait une démonstration qui permettra aux participants de découvrir en se servant des micro-indices étudiés si la personne est à l'extérieur ou à l'intérieur d'elle-même.

1. L'animateur se met à l'extérieur de lui-même et demande aux participants :

- Suis-je à l'extérieur ou à l'intérieur de moi-même?
- Quels micro-indices vous ont permis de le reconnaître?

2. L'animateur se met à l'intérieur de lui-même et pose les mêmes questions.

Deuxième exercice

1. Les participants forment des groupes de trois personnes. Ils déterminent qui est A, B et C.

2. A se met à l'extérieur de lui-même tandis que B et C observent les micro-indices de A.

3. Puis, A se met à l'intérieur de lui-même (par exemple, en faisant le calcul 7 x 45 ou en se souvenant d'un événement passé).

B et C observent à nouveau les micro-indices fournis par A.

4. A choisit de se mettre soit à l'intérieur soit à l'extérieur de lui-même; B et C doivent alors observer ses micro-indices pour déterminer si A est à l'extérieur ou à l'intérieur de lui-même.

5. À tour de rôle, B et C prennent la place de A et refont l'exercice.

Deuxième partie
Développer son acuité sensorielle

L'animateur demande aux participants de former des équipes de trois.

Acuité visuelle

1. Les participants décident qui est A, B et C.

2. A prend une certaine posture.

3. B regarde attentivement la posture de A et ferme les yeux.

4. A change de posture.

5. B ouvre les yeux et décrit les changements qui ont été effectués.

6. A continue à faire des changements de plus en plus subtils.

7. B devient capable de les observer.

8. C observe l'interaction entre A et B et relève les changements que B n'a pas perçus.

9. Après chaque séquence, A, B et C font la rotation.

Acuité auditive

1. Les participants décident qui est A, B et C.

2. A se place entre B et C; A ferme les yeux et les garde fermés durant tout l'exercice.

3. B et C choisissent de claquer des doigts ou de frapper des mains.

4. L'un après l'autre, B et C produisent le son et s'identifient. Ils refont ensuite le son en laissant A distinguer de quelle personne provient le son.

5. Quand A est capable d'identifier qui produit le son, B et C changent la position de leurs bras de façon à ce que le son provienne de différents endroits. A doit alors deviner qui de B ou de C émet le son.

6. Quand A parvient à bien identifier la provenance du son, B et C font la rotation avec A et ils reprennent l'exercice.

Acuité kinesthésique

1. Les participants décident qui est A, B et C.

2. A ferme les yeux.

3. B et C touchent A, tout en se nommant après chaque contact.

Exemple :

Avec un doigt, B touche le bras, la main ou le genou de A et il se nomme.

4. Quand A reconnaît bien la provenance du toucher, B et C touchent de nouveau A sans s'identifier. Pour un défi encore plus grand, B et C sont invités à toucher A au même endroit, l'un après l'autre, avec la même pression.

5. Quand A réussit plusieurs fois (4 à 5 fois) à bien identifier les personnes qui le touchent, B et C font la rotation avec A.

Réflexion personnelle

Partage sur l'expérience

Notions générales

4. Découvrir l'influence du VAKO sur l'énergie personnelle à l'aide de la kinésiologie

Histoire

La stratégie des champions

Sylvie Bernier décrit de façon détaillée la préparation psychologique qui lui a permis de remporter une médaille d'or aux Jeux olympiques.

Elle a pu s'appuyer sur la présence chaleureuse et réconfortante de ses parents, de ses entraîneurs et de son ami. Sa mère lui répétait souvent : « Sylvie, quoi qu'il arrive, tu resteras notre championne. » La confiance que ses proches lui manifestaient l'amena à se dire : « Je suis capable de réussir. » Peu à peu, elle devint convaincue que l'important n'était pas la volonté de gagner, mais bien d'accomplir à la perfection chacun de ses plongeons.

Forte de l'encouragement de son entourage, Sylvie parvint à ne pas se comparer aux plongeuses américaines et chinoises, même si son entraîneur y faisait souvent allusion. Loin de se laisser abattre par ses erreurs, elle apprit à les reconnaître et à les corriger sans tarder, avec l'aide de ses instructeurs.

Pour maintenir sa concentration, elle écoutait la chanson *Take Your Passion and Make It Happen* (reconnais ta passion et fais-la se réaliser) que son ami lui avait offerte.

Avant chacune de ses compétitions, elle visualisait les différentes séquences de ses plongeons exécutés à la perfection. Elle était convaincue que la force de son imagination l'aidait à exécuter des plongeons parfaits.

Myrna Ladouceur et Jean Monbourquette

Objectifs

- Savoir créer un état intérieur favorable ou défavorable à l'estime de soi à partir du VAKO.

- Par la kinésiologie, évaluer l'énergie d'une personne d'après ses états intérieurs.

- Savoir conserver son énergie malgré l'influence dévalorisante du milieu.

Explication

La kinésiologie est l'art d'évaluer l'énergie d'une personne à partir de son tonus musculaire. Des professionnels de la santé l'utilisent pour mesurer l'effet nuisible ou bienfaisant de la pensée ou même d'une substance sur l'énergie physique d'une personne.

Lorsque nous entretenons des pensées négatives, nous diminuons nos forces physiques et physiologiques. Les pensées contraires à l'estime de soi influencent réellement l'état émotif et la capacité d'agir.

Des recherches révèlent que les personnes qui se nourrissent de leurs succès passés trouvent l'énergie nécessaire pour réussir leur vie. Le succès appelle le succès. En revanche, les perdants qui ne cessent de penser à leurs échecs sont sujets à les répéter.

L'exemple de Sylvie Fréchette, gagnante d'une médaille d'or olympique en nage synchronisée, est frappant. Malgré ses malheurs, le suicide de son fiancé et l'erreur d'un juge lors d'une compétition, elle parvint à se concentrer sur ses succès passés et à garder un bon moral.

Stratégie

La personne seule voulant expérimenter cette stratégie devra demander l'aide d'un accompagnateur.

Première partie
Établir la force de base

1. L'animateur demande la participation d'un volontaire. Il lui dit : « Nous allons utiliser les exercices de la kinésiologie pour vérifier l'influence de votre dialogue intérieur sur votre énergie. Quand vous serez prêt, étendez votre bras droit à la hauteur de l'épaule devant vous et fermez le poing de votre main droite, le pouce vers le bas. »

2. Il poursuit : « Vous allez résister à la pression que je vais exercer sur votre poignet. Dites-moi quand vous serez prêt à commencer. »

3. L'animateur vérifie alors la force de base du participant en appuyant avec l'index et le majeur sur l'os du poignet du participant jusqu'à ce que le bras de celui-ci se mette à bouger.

4. L'animateur félicite le participant, lui demande de baisser le bras et lui fait prendre conscience de sa force de base.

Deuxième partie
Le dialogue intérieur et l'énergie physique

Cet exercice permet de prendre conscience de l'influence du dialogue intérieur sur son énergie physique.

Dialogue intérieur positif

1. L'animateur invite le participant à se souvenir d'une réussite et du dialogue positif qu'il a alors entretenu avec lui-même. Il l'invite à

réentendre les commentaires élogieux sur sa réussite et à résumer en une courte phrase ce qu'il a ressenti.

Exemples :

- J'ai réussi à parler en public et j'en suis fier.
- Je me suis fait de bons amis et je me sens épanoui.
- J'ai des habiletés en sport; je suis déterminé à les exercer.

2. L'animateur demande au participant de dire à haute voix la phrase positive.

3. Le participant élève son bras devant lui tout en fermant les yeux et en répétant intérieurement sa phrase positive. L'animateur s'assure, par ses signes physiologiques, de son état intérieur positif.

4. L'animateur appuie une seconde fois sur l'os du poignet du participant pendant qu'il lui résiste.

Dans 99 % des cas, le tonus musculaire du bras montre une force supérieure à la force de base.

5. Une fois l'exercice terminé, l'animateur invite le participant à décrire au groupe le sentiment qu'il éprouvait en répétant sa phrase positive.

Dialogue intérieur négatif

6. L'animateur demande au participant de se souvenir d'un échec qu'il a subi. Il l'invite à réentendre son dialogue intérieur négatif ainsi que les commentaires négatifs de son entourage. Le participant résume en une phrase l'ensemble des commentaires négatifs et la répète plusieurs fois à l'intérieur de lui ou à haute voix.

7. L'animateur mesure, par les indices physiologiques du participant, s'il est bien dans un état intérieur d'échec.

8. L'animateur lui demande alors d'étendre le bras devant lui, le pouce tourné vers le sol, et appuie sur l'os du poignet en lui disant de résister à la pression.

Le tonus musculaire du participant se révèlera plus faible que la force de base constatée au départ à un point tel que le participant ne pourra résister à la pression de l'animateur.

9. Le participant donne ses impressions au groupe.

10. Avant de le laisser partir, l'animateur s'assure que le participant retrouve un état intérieur positif grâce à la répétition de phrases positives. Il vérifie le rétablissement de son degré d'énergie.

Troisième partie
Les images et l'énergie physique

La même démarche est reprise, à l'aide d'images, pour comprendre l'influence de celles-ci sur son énergie physique.

Image positive

1. L'animateur invite un autre participant à se présenter devant le groupe pour déterminer sa force de base (voir p. 49).

2. L'animateur demande au participant de se rappeler l'une de ses réussites, de se replacer dans l'événement et de décrire les images qui émergent de ce souvenir.

3. L'animateur dit alors : « Voyez votre entourage, les couleurs, les formes, la lumière. Étendez votre bras droit devant vous, le pouce tourné vers le sol. Pendant que j'appuie sur votre poignet, résistez-moi. »

Dans la plupart des cas, la résistance du bras du participant, aidé de ses images positives, est plus forte que la force de base.

Image négative

4. L'animateur demande au participant de se rappeler un échec, de se replacer dans l'événement et de décrire les images suscitées par ce souvenir.

5. L'animateur dit alors : « Voyez votre entourage, les couleurs, les formes, la lumière. Étendez votre bras droit devant vous, le pouce

tourné vers le sol. Pendant que j'appuie sur votre poignet, résistez-moi. »

Dans la plupart des cas, la résistance du bras du participant, en raison des images négatives, s'avère plus faible que la force de base.

6. Avant de le laisser partir, l'animateur s'assure que le participant revoit des images positives pour contrer l'effet de son état intérieur négatif. Il vérifie le rétablissement de son degré d'énergie.

Quatrième partie
Les émotions, les sentiments et l'énergie physique

La même démarche est reprise pour découvrir cette fois l'influence des émotions et des sentiments agréables et désagréables sur l'énergie physique.

Émotion ou sentiment positif

1. L'animateur demande à un autre participant de venir en avant; il vérifie sa force de base. Il l'invite à se souvenir de l'une de ses réussites, de revivre cet événement pour en ressentir les émotions ou les sentiments agréables, comme la fierté, la joie, la confiance en soi, etc.

2. L'animateur dit : « Replongez-vous dans l'événement et prenez contact avec vos émotions et sentiments. Intensifiez-les. Étendez votre bras droit devant vous, le pouce tourné vers le sol. Pendant que j'appuie sur votre poignet, résistez-moi. »

Dans la plupart des cas, la résistance du bras du participant, sous l'effet de son émotion ou de son sentiment positif, est plus forte que la force de base.

Émotion ou sentiment négatif

3. L'animateur demande au participant de se souvenir d'un échec passé, de revivre l'événement et d'en ressentir les émotions ou les sentiments désagréables, tels que le découragement, la honte, la tristesse, etc.

4. L'animateur dit : « Replongez-vous dans l'événement et prenez contact avec vos émotions et sentiments. Intensifiez-les. Étendez votre bras droit devant vous, le pouce tourné vers le sol. Pendant que j'appuierai sur votre poignet, vous me résisterez. »

Dans la plupart des cas, la résistance du bras du participant, sous l'effet de son émotion ou de son sentiment négatif, s'avère plus faible que la force de base.

5. Avant de laisser partir le participant, l'animateur s'assure que celui-ci a retrouvé un état émotionnel positif et vérifie le rétablissement de son degré d'énergie.

Cinquième partie
Travailler en dyade la kinésiologie

Nous proposons le tableau suivant qui servira de plan pour les dyades. Il n'est pas nécessaire pour les participants de choisir tous les systèmes de représentations. Ils peuvent en prendre un au choix.

AUDITIF (Ai)	VISUEL (Vi)	KINESTHÉSIQUE (Ki)
1. Force de base	1. Force de base	1. Force de base
2. Commentaire positif	2. Image de succès	2. Sentiment agréable
3. Vérification	3. Vérification	3. Vérification
4. Commentaire négatif	4. Image d'échec	4. Sentiment désagréable
5. Vérification	5. Vérification	5. Vérification
6. Commentaire positif	6. Image de succès	6. Sentiment agréable

Dans l'exemple suivant, les deux partenaires ont choisi de travailler le système de représentations auditif.

1. L'animateur demande aux participants de se choisir un partenaire. Dans chaque dyade, les partenaires déterminent qui est A et qui est B.

2. A établit d'abord la force de base de B. Puis, il lui demande de se souvenir d'un succès passé où son dialogue intérieur s'avérait positif ainsi que les commentaires qu'il a reçus.

3. A distrait B de sa tâche en lui parlant de choses étrangères au sujet et lui demande de se rappeler un événement où il s'est traité d'incapable.

4. A vérifie, à partir de la force de base de B, s'il s'est produit un changement.

5. B exprime ce qu'il a vécu.

6. A distrait à nouveau B en lui parlant de choses étrangères au sujet. Puis, il lui demande de se replonger dans le succès passé qui a suscité en lui un dialogue positif.

7. Les partenaires reprennent l'exercice en inversant les rôles.

Sixième partie
L'influence d'un groupe sur une personne

1. L'animateur invite dix participants à venir devant le groupe. Il leur demande de se placer en ligne, côte à côte, et de mettre la main gauche sur l'épaule droite de leur voisin.

2. L'animateur invite le dernier participant à lever son bras pour établir sa force de base. Il demande aux neuf autres d'entretenir des pensées positives à l'égard du participant au bras levé. L'animateur exerce une pression sur le bras levé du participant et l'enjoint de lui résister.

3. L'animateur demande ensuite à quatre personnes d'avoir des pensées négatives envers le participant au bras levé et aux cinq autres d'entretenir des pensées positives à l'égard de ce dernier.

4. L'animateur exerce une pression sur le bras levé du participant qui doit lui résister. Résultat : on constate souvent une diminution de la force de base.

Septième partie
Préserver son énergie personnelle

Cet exercice montre comment préserver son énergie personnelle contre la pensée négative d'un groupe.

1. L'animateur demande aux dix volontaires de l'exercice précédent de demeurer en avant du groupe. Il s'adresse au participant qui avait le bras levé dans le dernier exercice et l'invite à se fabriquer un dôme imaginaire pour entraver l'influence négative du groupe.

2. L'animateur montre au participant comment construire un dôme en l'invitant à poser les gestes suivants.

3. Le participant délimite son espace vital : il met ses bras en croix et forme un cercle autour de lui en pivotant sur lui-même.

4. Il s'ancre au sol pour y puiser l'énergie de la terre. L'animateur lui dit :

Ancrez les pieds au sol en les espaçant de la largeur de vos hanches.

Fermez les yeux et prenez contact avec l'énergie de la terre.

En prenant contact avec l'énergie de la terre, vous sentirez un picotement à la plante des pieds.

Laissez monter progressivement cette énergie dans toutes les cellules de votre corps.

5. Le participant construit ensuite le dôme de son choix, flexible ou rigide. L'animateur poursuit :

Construisez un dôme à partir du sol jusqu'à la hauteur de vos bras levés.

Faites le geste d'attacher les parois de votre dôme au sommet.

Retournez-vous et faites de même de l'autre côté.

Remplissez votre dôme d'énergie.

Les parois de votre dôme ont le pouvoir de vous protéger des commentaires négatifs.

Vous avez le pouvoir d'augmenter ou de diminuer le volume des commentaires venant de l'extérieur.

6.   Le participant prend contact avec la force spirituelle qui l'habite. L'animateur lui dit :

Allez au plus profond de vous-même et prenez conscience de votre force spirituelle. Nommez la qualité essentielle qui la compose.

Répétez en vous-même le nom de cette qualité, donnez-lui une couleur, laissez-la rayonner à l'intérieur de vous. Remplissez votre dôme de l'énergie de cette qualité.

Ainsi, à l'intérieur de votre dôme, vous ressentirez force et protection.

7.   Le participant vérifie l'efficacité de son dôme. L'animateur lui dit :

En emportant votre dôme, reprenez votre place dans le groupe avec les neuf autres personnes. Concentrez-vous sur la qualité essentielle de votre force spirituelle.

Quand vous serez prêt, levez le bras.

8.   L'animateur s'adresse alors à l'auditoire ainsi qu'aux neuf volontaires et leur demande de penser négativement au sujet du participant qui a le bras levé.

9.   L'animateur exerce une pression sur son bras levé en lui demandant de résister.

Dans la plupart des cas, la personne à l'intérieur de son dôme conserve sa force de base et son énergie personnelle.

10. Le participant est invité, s'il le souhaite, à partager son expérience avec les autres.

11. L'animateur remercie les participants et les fait applaudir.

Réflexion personnelle

Partage sur l'expérience vécue

Notions générales

5. Concevoir un objectif propice à l'estime de soi

Histoire

Alice au pays des merveilles

Alice se promenait au pays des merveilles. Elle était enchantée par les paysages et la beauté des lieux. Elle passait d'une découverte à une autre.

À la croisée des chemins, elle s'inquiète de la bonne direction à prendre. Elle rencontre alors un lièvre qui lui paraît bien sage et lui demande : « Quel chemin dois-je prendre? »

L'animal lui répond : « Où allez-vous? »

Alice lui dit : « Je ne sais pas. »

Le lièvre lui rétorqua : « Alors, les deux chemins sont bons. »

D'après *Alice au pays des merveilles*
de Lewis Carroll

Matière à réflexion

« La vie n'est pas la somme de ce que nous avons été,
mais de ce que nous aspirons à être. »

José Ortega y Gasset

« Quand nous croyons fermement que quelque chose est vrai,
c'est comme si nous donnions à notre cerveau
un ordre sur la façon de nous représenter les événements. »

Anthony Robbins

Objectifs

- Établir les critères d'un objectif réalisable propice à l'estime de soi.
- Connaître les questions-clés utiles à la conception d'un objectif valable.
- Intégrer les résistances soulevées lors de l'expression de l'objectif.

Explication

Se fixer un objectif réalisable pour augmenter l'estime de soi pour sa personne et pour son agir permet de donner une direction à sa croissance et de concentrer ses efforts sur un but bien précis.

Nous connaissons tous des gens qui semblent souvent perdus dans le brouillard. Ils commencent des choses et sautent d'un projet à l'autre sans jamais rien terminer. Pourquoi réagissent-ils de cette façon? Ils ne savent pas ce qu'ils veulent, ils ne croient pas dans leur capacité de réussir. Il est important de se fixer un objectif précis.

Stratégie

Première partie
Nommer un objectif

1. Faites l'inventaire de vos rêves. Commencez par un remue-méninges de tout ce que vous désireriez être, avoir, réussir et partager. Faites-en une liste par écrit. Couvrez les divers domaines de la vie : travail, famille, amis, etc. Évitez de vous imposer des limites car elles sont créées par vos croyances.

2. Choisissez un objectif parmi les aspirations que vous désireriez réaliser.

3. Décrivez et expliquez les raisons pour lesquelles vous voudriez vraiment atteindre votre objectif.

Deuxième partie
Bien formuler son objectif

Un objectif positif

Formulez votre objectif de façon positive en énonçant ce que vous voulez et évitez les formulations négatives décrivant ce que vous ne voulez pas.

Pour vous aider à formuler votre objectif, posez-vous la question : « Qu'est-ce que je veux pour moi? »

Un objectif spécifique et contextualisé

Dans quel contexte précis voulez-vous réaliser votre objectif?

Imaginez que vous avez atteint votre objectif. Voyez les images, entendez les sons, sentez les odeurs et vivez les sensations qui accompagnent la réalisation de votre objectif. Plus votre description sera riche sur le plan sensoriel (VAKO), plus vous donnerez à votre inconscient une puissance créatrice.

Avec qui voulez-vous précisément réaliser votre objectif?

À partir de quel moment voulez-vous vivre votre objectif?

Un objectif réaliste et atteignable

La réalisation de votre objectif ne doit dépendre que de vous. Si vous attendez pour être heureux que les autres changent, vous pourriez attendre longtemps.

De qui dépend la réalisation de votre objectif?

- Son initiation?
- Son maintien?

Un objectif vérifiable et observable

À quoi saurez-vous que vous avez atteint votre objectif?

Quels sont les signes, les comportements et les sensations qui indiqueront la réussite de votre objectif? Faites-en une démonstration!

En quoi votre maintien physique changera-t-il si vous atteignez votre objectif?

Écologie interne

Imaginez-vous avoir atteint votre objectif.

Rencontrez-vous en vous-même une ou des résistances?

- Une ou des parties de vous qui s'objectent à votre objectif?
- Identifiez les deux parties de la polarité.
  - Une partie de vous veut atteindre cet objectif…
  - Une autre partie de vous veut autre chose…

L'intention positive correspond à une théorie selon laquelle toute action, même mauvaise, est motivée par une bonne intention. Quelle est l'intention positive de la partie en vous qui résiste? Que veut-elle faire de bon pour vous?

Tenez compte de sa réponse et ajoutez-la à votre objectif.

Écologie externe

Un bon objectif est écologique. Vous ne vivez pas de façon isolée. Vous faites partie d'un ensemble de systèmes plus vastes : famille, milieu de travail, amis, communauté, société. Vous devez vérifier l'effet de la réalisation de votre objectif sur ces divers milieux ou relations.

Il est important de veiller à ce que les conséquences du changement respectent votre environnement. Un objectif ne se réalise pas au détriment de ceux et celles qui vous entourent. C'est en négociant et en obtenant la collaboration de votre entourage que vous ferez en sorte que tout le monde soit gagnant. En tenir compte peut parfois vous amener à modifier votre objectif.

Quels sont les inconvénients, pour votre entourage, de l'atteinte de votre objectif?

Quels en sont les avantages?

Imaginez que vous avez atteint votre objectif.

Est-ce que la réalisation de votre objectif est en harmonie avec votre environnement et le respecte : votre famille, votre conjoint, vos collègues, vos amis?

En résulte-t-il un effet non désirable?

Quelles sont les solutions à prévoir pour contrer les inconvénients?

En quoi ce changement apporte-t-il...

- plus de qualité à votre vie?
- plus de cohérence dans votre vie?
- plus de croissance vers l'être humain que vous voulez être ou devenir?

Ressources

De quelles ressources avez-vous besoin pour atteindre votre objectif?

Exemples :

Ressources personnelles, traits de caractère, relations, amis, études, temps disponible, énergie, talents particuliers, matériel, personnes autour de vous, information, formation, support.

Visualisation : se souvenir d'une réussite

Repérez un moment où vous savez avoir très bien réussi quelque chose, que ce soit dans le domaine familial, au travail, dans le sport, dans les affaires ou dans vos relations amoureuses.

Fermez les yeux et créez une image très belle, brillante et claire de votre réussite.

Placez cette image dans votre espace mental, mettez-la où vous le désirez : à droite, à gauche, en haut, en bas ou au milieu.

Concentrez votre attention sur la taille, la forme, les mouvements de même que sur les sons et les sensations internes que votre image suscite.

Reprenez votre objectif. Imaginez qu'un miracle s'est produit et que vous l'avez atteint.

Placez cette nouvelle image du même côté que la première image et donnez-lui autant de lumière, de couleur et de précision que possible.

Qu'est-ce que cette nouvelle image suscite en vous?

Étapes à parcourir

Quelles étapes devez-vous suivre pour réaliser votre objectif? Quelle serait votre première étape aujourd'hui?

Trouver des modèles

Écrivez les noms d'environ trois personnes qui ont réussi ce que vous désirez accomplir. Ces personnes peuvent être des gens de votre entourage ou des personnages célèbres ou imaginaires. Définissez en quelques mots les qualités et les comportements qui leur ont permis un tel succès.

Prenez le temps de fermer les yeux et d'imaginez ces personnes assises avec vous. Elles vous donnent des conseils qui vous aident à atteindre votre objectif.

Écrivez sur votre feuille la première chose qui vous vient à l'esprit, à la suite des propos que chacun a tenus durant cette conversation.

Ces personnes, même si vous ne les avez jamais rencontrées, peuvent devenir pour vous d'excellents conseillers, des modèles, des mentors ou des professeurs.

Troisième partie
L'ange de confirmation

1. L'animateur invite chaque participant à choisir une personne dans le groupe avec laquelle il parlera de son objectif.

2. Pour bien réussir cette stratégie, il est important que la personne exprime son objectif comme s'il était atteint. Elle se voit en train de le vivre, elle entend ce que les autres disent de sa réussite, elle se parle positivement à l'intérieur d'elle-même et vit au maximum les émotions de sa réussite. Ses gestes, le ton de sa voix, le rythme de ses paroles, sa physionomie épanouie, tout exprime le succès.

Exemple :

« Je suis une personne importante et je prends ma place dans le groupe. »

3. Chaque participant regarde la personne choisie dans les yeux et lui exprime son objectif de façon affirmative. Son partenaire l'accueille et, constatant l'enthousiasme lié à la réalisation de son objectif, il l'ancre positivement en le touchant sur l'épaule ou sur le bras et l'appuie par ses paroles :

Exemple :

« C'est vrai, Marie, que tu es une personne importante et je constate que tu es capable de bien prendre ta place dans le groupe. »

4. La personne qui exprime son objectif prend quelques minutes pour bien accueillir cette confirmation.

5. Elle invite son partenaire à partager, à son tour, son objectif. Elle procède de la même manière que lui.

6. Chaque participant choisit un autre partenaire avec qui partager son objectif, puis encore un autre. Plus il rencontrera de partenaires, plus il se sentira appuyé et ancré dans son objectif.

7. Quand les participants auront exprimé plusieurs fois leur objectif, la joie et l'enthousiasme général gagneront le groupe.

Réflexion personnelle

Partage sur l'expérience vécue

Stratégies visuelles

I. Se regarder et apprendre à s'aimer dans son être et à s'apprécier dans son agir

Histoire

La légende du myosotis

Un vieil homme regardait un myosotis.

La fleur, gênée par ce regard, lui demanda : « Pourquoi me regardes-tu comme cela? Je suis toute menue et je n'ai aucune importance comparée aux autres fleurs! »

Il lui dit : « Je m'y connais en fait de beauté. À travers la tienne transparaissent la simplicité, la délicatesse, le naturel, la fraîcheur. »

Le myosotis répondit : « Tu es le premier à me le faire voir. Dorénavant, je ne me croirai plus insignifiante mais belle et admirée, car je l'ai été par tes yeux. »

D'après *Paraboles de Bonheur*
de Jean Vernette et Claire Moncelon

Objectifs

- Apprendre à porter un regard admiratif sur son être et à apprécier son agir.
- Se libérer de la tendance à se comparer aux autres.

Explication

À cause de son éducation, une personne a pu être habituée à se comparer aux autres au lieu de se regarder et de s'apprécier. Cette habitude est désastreuse pour l'estime de soi. En conséquence, les autres lui paraissent souvent plus aimables, plus beaux qu'elle, surtout si elle se compare à des mannequins présentés dans les revues de mode.

Stratégie

Grâce à la stratégie suivante, on peut apprendre à s'aimer soi-même pour ses qualités propres, à trouver ses critères à l'intérieur de soi plutôt qu'à l'extérieur, ce qui permet d'éviter les comparaisons.

Première partie
S'offrir des matins ensoleillés

Au réveil, commencez la journée en vous regardant dans le miroir et en vous adressant des paroles gentilles : « Bonjour! As-tu bien dormi? Je t'admire et je t'aime beaucoup. Je te souhaite une journée pleine de bonheur et de succès. »

Deuxième partie
S'attribuer vingt qualités

1. Prenez une feuille de papier et, pendant cinq minutes, trouvez des preuves de votre amabilité et attribuez-vous une vingtaine de qualités. Allez-y rondement sans vous arrêter pour réfléchir. Vous serez surpris par la richesse de votre inventaire.

2. Pendant l'exercice, surveillez de près tout ce que vous direz de vous-même tout en restant attentif à ce que vous ressentez. Peut-être éprouverez-vous des résistances à vous attribuer des qualités : ne vous attardez pas trop à ces commentaires négatifs. Notez-les. Vous saurez ainsi de quoi est fait votre dialogue négatif et pourrez ensuite le modifier.

Troisième partie
Les ombres chinoises

1. Pour jouer aux ombres chinoises, il est préférable de former des équipes de trois personnes, soit A, B et C.

2. A présente à B différentes catégories de choses : voiture, paysage, chaise, moyen de transport, maison, jeu, plante, œuvre d'art, etc.

3. A demande à B de choisir une de ces catégories de choses et de nommer un élément appartenant à cette catégorie.

Exemple :

> B a choisi la catégorie « arbre » parmi celles proposées par A. A demande à B de lui nommer une espèce d'arbre. B désigne l'orme.

4. A dit à B : « Si tu étais un orme, comment te décrirais-tu? » B se décrit comme s'il était un orme, tandis que C note par écrit les traits que B attribue à l'orme. C lit ensuite la description qu'en a fait B :

Exemple :

> « Mon orme est grand et fort; il est isolé dans un champ; son feuillage offre l'hospitalité aux oiseaux; il protège à l'occasion de la pluie; parfois, il se sent seul et cherche la compagnie d'autres arbres; etc. »

5. Une fois la description terminée, C attribue à B les qualités qu'il a choisies pour l'élément et les dit à B.

Exemple :

> « Tu es grand et fort; tu es isolé dans un champ; tu accueilles les oiseaux dans ton feuillage; tu protèges à l'occasion les autres; etc. »

6. B exprime sa réaction à l'attribution des qualités que C vient de lui donner.

7. Le jeu se poursuit : B présente des catégories de choses à C et A remplit à son tour la fonction de secrétaire pendant que C fait une description de l'élément choisi.

Quatrième partie
La boîte à caresses

1. Dressez une liste de vingt activités simples et facilement accessibles qui vous feraient plaisir et vous apporteraient du bien-être.

Exemples :

- Préparer un mets que vous aimez bien.
- Prendre un bon bain avec de la mousse.
- Vous enrouler dans votre robe de chambre devant un feu de foyer.
- Vous acheter un vêtement, un bibelot, un outil, etc.
- Téléphoner à une personne intime.
- Etc.

2. Une fois la liste terminée, découpez vos suggestions et déposez-les dans une boîte décorative près de votre lit. Voilà votre boîte à caresses.

3. Chaque matin, surprenez-vous en choisissant au hasard une activité agréable pour la journée. Gâtez-vous, vous le méritez bien!

Cinquième partie
Corriger son regard sur soi-même

Réflexions sur les regards déformants

Les regards déformants peuvent monopoliser votre attention au point de vous faire focaliser sur un défaut, sans regarder l'ensemble de votre personnalité. Vous vous imaginez alors que les autres ne voient chez vous que ce défaut particulier et qu'ils portent sur vous des remarques désobligeantes. Il est important de prendre conscience que vous vous faites une fausse idée de ce que les autres voient de vous. Par exemple, si vous avez des boutons, vous pourriez penser que les autres disent de vous : « Voici la face aux boutons! »

Des blessures subies dans le passé peuvent vous faire perdre le sens des proportions. Il serait bon de désamorcer votre dialogue intérieur désastreux qui entretient ces suppositions. Dès que vous vous surprenez en train de vous comparer, arrêtez cette stratégie néfaste pour l'estime de soi. Dites-vous : « Je suis différent et original. Je ne supporte pas les comparaisons! »

Faire sa propre caricature

1. Faites une caricature de vous-même. Quel trait physique dramatisez-vous, exagérez-vous ou soulignez-vous : nez trop proéminent, oreilles décollées, taille trop forte, jambes crochues, boutons sur le visage, cheveux hirsutes, etc.?

2. À la suite de cet exercice, faites le point sur vos réflexions et dites la phrase suivante : « Je porte un regard déformant sur moi-même quand je grossis un trait d'une partie de mon corps. »

Sixième partie
Apprendre à apprécier ses compétences

Première étape
Trouver vingt bonnes raisons de s'apprécier

1. Pour apprendre à vous apprécier dans votre agir, dressez une liste de toutes vos réalisations de la journée. Ces réalisations peuvent toucher tous les domaines : travail, créativité, productivité, compétences, etc. Écrivez sans porter de jugement.

Exemple :

Je m'apprécie pour ma volonté de m'améliorer, pour m'être levé ce matin, pour avoir bien mangé, pour être allé au travail, pour avoir une vie sociale heureuse, pour avoir adressé la parole à un inconnu, etc.

Même si certaines actions vous semblent insignifiantes, écrivez-les tout de même. Elles sont importantes pour acquérir une bonne estime de vous-même.

2. Relisez votre liste et félicitez-vous!

Deuxième étape
Comparer ses réalisations entre elles

Au lieu de vous comparer aux autres, prenez l'habitude de reconnaître et d'apprécier vos progrès. Comparez vos performances actuelles avec les précédentes.

Exemple :

> Si je compare mes actions de ces jours-ci avec celles du mois dernier, j'ai de bonnes raisons de m'apprécier : je mange davantage de fruits pour prendre soin de ma santé; je descends les escaliers plus souvent au lieu de prendre l'ascenseur; je change mes idées noires en idées d'espoir; j'apprécie davantage les autres; je suis plus enclin à rendre de petits services; etc.

Troisième étape
Se voir réussir dans le futur

Nombreuses sont les personnes qui entretiennent des idées catastrophiques sur l'avenir. Elles prévoient pour elles un grand nombre d'échecs; elles se voient faillir; elles anticipent les humiliations, etc. Tous ces scénarios négatifs minent leur enthousiasme et leur énergie nécessaires à la réalisation de leurs projets. Elles les sabotent elles-mêmes et, sans s'en apercevoir, elles contribuent à réaliser leurs prophéties les plus noires.

Quand une personne se répète souvent : « Je vais manquer mon coup! », elle se programme à faillir. Un exemple classique, c'est le cas de skieurs qui ont peur de tomber lors d'une descente en skis et qui, immanquablement, font une chute. Ils se sont fait inconsciemment des images de chutes et ils les réalisent avec succès!

Voyez-vous en train de réussir et d'atteindre votre but. Plus la vision de votre succès sera claire et précise, plus vous aurez la chance de mobiliser les énergies nécessaires à votre réussite.

Voir la stratégie « Concevoir un objectif propice à l'estime de soi », notions générales, page 57.

Réflexion personnelle

Partage sur l'expérience vécue

Stratégies visuelles

2. Se savoir aimé à travers les yeux d'une personne significative

Histoire

Le prisonnier libre

Viktor Frankl, emprisonné dans un camp de concentration, était interrogé par ses compagnons de détention sur sa sérénité :

– Viktor, donne-nous ton secret.

– Souvent au cours de la journée, je ferme les yeux et je vois, en imagination, le sourire de ma femme, ses yeux pleins d'amour pour moi. D'autres fois, je contemple la maison, toujours en rêve, j'aperçois les enfants jouer et me regarder avec amusement dans le jardin. À la vue de tout cela, je ressens beaucoup d'amour. Ce congé intérieur me donne de pouvoir vivre et accomplir ma mission auprès des prisonniers.

D'après *Découvrir un sens à sa vie*
de Viktor Frankl

Matière à réflexion

« Aimer un être, c'est espérer en lui pour toujours, c'est ne pas l'identifier à son présent ni à son passé, c'est savoir que son avenir est infiniment plus riche que ce qu'il a vécu jusqu'ici et que, s'il est assez aimé et encouragé, il peut franchir tous les obstacles qui le séparaient de nous… et de lui. »

Extrait de *Oser parler*
de Louis Évely

Objectifs

- Prendre conscience de l'amour d'une personne importante.
- Se savoir aimé et aimable à partir de cette expérience particulière d'amour.

Explication

Le début de l'amour de soi commence par le regard bienveillant de l'autre sur soi. Pour se savoir aimé et aimable, il faut avoir reçu des manifestations extérieures et des preuves de cet amour. Selon l'accueil qu'on fera à ces marques extérieures d'amour, on se sentira confirmé dans son amabilité : « Je suis aimé, donc je suis aimable. »

L'exercice de visualisation proposé ici a pour but de faire prendre conscience de l'amour des autres et de l'accueillir.

Stratégie

Pensez à une personne qui vous aime beaucoup. Quand vous l'aurez trouvée, si vous êtes en groupe, levez la main.

Visualisation accompagnée d'une musique douce

Vous prenez une position confortable. Assis, les deux pieds sur le sol, vous détachez tout vêtement trop serré.

Pause

Vous regardez les objets qui vous entourent. Vous fermez les yeux. Entrez maintenant à l'intérieur de vous-même.

Pause

Vous écoutez les bruits attentivement, ce qui vous permet d'entrer en vous-même davantage.

Pause

Vous sentez votre corps sur la chaise, vos pieds sur le sol, ce qui vous amène à entrer plus profondément à l'intérieur de vous-même.

À chaque inspiration, laissez entrer la paix, la douceur et la joie...

Laissez-les augmenter en vous progressivement.

Expirez et laissez sortir ce qui vous énerve, ce qui vous rend tendu...

Prenez une autre bonne respiration et cette fois-ci invitez la lumière, l'amour et la vérité à venir remplir chacune des cellules de votre corps.

En expirant, laissez sortir toute votre fatigue et votre tension.

Assis dans votre salon, vous regardez par la fenêtre et vous voyez la personne aimante.

Prenez le temps de trouver les mots qui décrivent bien cette personne, son apparence extérieure : son visage, ses cheveux, la couleur de ses yeux, sa taille, ses vêtements, ses gestes...

Décrivez ce qui fait qu'elle est unique pour vous dans sa façon de vivre, dans sa façon d'être : son dynamisme, ses centres d'intérêt, son originalité...

Pause

Énumérez les traits et les qualités qui rendent cette personne unique pour vous.

Pause

Ressentez tout l'amour, la bienveillance, la compassion, le dévouement que cette personne a pour vous.

Vous voulez lui ressembler au point de percevoir les sentiments qu'elle éprouve pour vous.

Vous vous identifiez à cette personne au point d'entrer à l'intérieur de son corps.

Vous êtes maintenant à l'intérieur de cette personne aimante et c'est à travers ses yeux que vous vous voyez, assis dans le salon.

Vous vous observez à travers les yeux de la personne aimante.

Vous décrivez vos traits physiques avec bienveillance, comme elle le ferait.

Comme elle, vous vous émerveillez de certaines qualités que vous preniez pour banales.

Vous vous admirez comme si vous vous voyiez sous un nouveau jour.

Vous vous intéressez à découvrir comment la personne aimante vous perçoit.

Il n'est pas nécessaire de comprendre tout ce qui se passe dans cette nouvelle réalité.

Quand vous vous regardez à travers les yeux de cette personne, certains défauts que vous trouviez inacceptables vous apparaissent bénins et peu importants.

Laissez-vous surprendre par ce nouveau regard que vous portez sur vous-même.

Prenez le temps de découvrir ce qui fait de vous un être unique.

Regardez-vous à travers les yeux de la personne aimante et découvrez-vous comme un autre vous-même.

Vous percevez des traits et des qualités inconnus de vous jusqu'alors.

Pause

Tout doucement, vous sortez de cette personne et vous revenez à l'intérieur de votre propre corps assis dans le salon.

Ressentez bien votre corps, votre tête, ressentez bien vos jambes.

Vous avez acquis une nouvelle vision de vous-même, celle de la personne aimante.

Pause

Puis vous prenez le temps de sortir peu à peu de votre intériorité et de revenir à l'extérieur de vous-même.

Vous regardez autour de vous; vous entendez les bruits au dehors; vous vous frottez les mains et vous revenez à l'extérieur.

Réflexion personnelle

Partage sur l'expérience vécue

Stratégies visuelles

3. Trouver des modèles

Histoire

Le secret d'un sage

Un jour, une femme arriva chez Gandhi et lui demanda de dire à son fils, souffrant d'embonpoint, d'arrêter de manger du sucre.

Il lui répondit : « Madame, revenez me voir dans trois semaines. »

Surprise et déçue par cette réponse, elle revint néanmoins avec son fils trois semaines plus tard. Gandhi regarda le garçon et lui dit : « Arrête de manger du sucre. »

Dès que le jeune les quitta, la mère se retourna vers Gandhi, cherchant à comprendre pourquoi il n'avait pas dit cela trois semaines plus tôt. Gandhi reprit : « Madame, trois semaines plus tôt, je mangeais moi-même du sucre. »

D'après *The Magic of Metaphor*
de Nick Owen

Matière à réflexion

« Avant de trouver sa propre manière de faire, on apprend longtemps par imitation. »

Jean Monbourquette

Objectifs

- Choisir des mentors qui représentent les diverses qualités que l'on voudrait acquérir.

- Apprendre à calquer les indices physiologiques des mentors et adopter leur vocabulaire de façon à reconnaître intuitivement leurs attitudes intérieures et à s'en imprégner.

- Trouver une image rappelant chaque mentor et se la représenter sous la forme d'un symbole intégrateur.

Explication

Le *mentoring* (ou *modeling*) est un apprentissage qui s'accomplit par l'imitation des comportements d'excellence observés chez certaines personnes. C'est suivant ce mode d'apprentissage que Richard Bandler et John Grinder ont conçu les stratégies de la Programmation neurolinguistique. Ils ont imité entre autres Milton Erickson, grand hypnothérapeute, Virginia Satir, psychothérapeute de la famille, et Fritz Perls, fondateur de la thérapie de la Gestalt.

Cette stratégie consiste à imiter les comportements extérieurs de la personne admirée. Ces comportements extérieurs incluent les macro-indices, tels la posture, les gestes, le ton de la voix, et les micro-indices, tels la respiration, les traits physiologiques, l'expression du visage, la couleur du visage et la position des lèvres. Il est ainsi possible d'arriver à comprendre de façon intuitive et à ressentir du dedans le comportement d'excellence désiré.

Stratégie

Première partie
Se choisir des mentors

Le mentor peut être quelqu'un d'intime, une personne reconnue pour ses valeurs spirituelles, un personnage historique, mythique, célèbre ou fictif.

1. Chaque participant choisit quatre qualités caractéristiques de l'estime de soi qu'il souhaite acquérir.

Exemples :

L'amour de soi, l'acceptation de soi, la tolérance, la joie, l'enthousiasme, la compassion, l'humour, la tendresse, la confiance en soi, la persévérance, la créativité, le courage, etc.

2. Pour chacune des quatre qualités, il nomme un mentor qui incarne cette qualité. Il peut choisir le même mentor pour des qualités différentes.

3. Chaque participant se tient debout dans la salle et choisit le lieu qui lui convient, tout en s'assurant d'avoir l'espace nécessaire pour pouvoir bouger aisément.

4. Il visualise quatre cercles, un pour chacun des mentors choisis : un cercle devant lui, un derrière lui, un à droite et un autre à gauche.

Deuxième partie
Visualisation

1. L'animateur demande aux participants de visualiser ou d'imaginer un premier mentor avec les indices physiologiques qui lui appartiennent.

2. L'animateur veille à laisser beaucoup de temps entre le choix des divers indices.

3. Les participants sont invités à s'arrêter aux indices les plus significatifs pour eux et à se sentir à l'aise s'ils en oublient quelques-uns.

Visualisation

Dans le cercle devant vous, voyez votre premier mentor dans l'attitude qui exprime la qualité que vous désirez imiter.

Représentez-vous le mentor dans cette attitude en décrivant en détail :

- *sa posture générale;*
- *ses gestes;*

- *les expressions de son visage;*
- *son regard;*
- *le ton de sa voix;*
- *le volume de sa voix.*

Continuez votre description avec des détails plus précis :

- *la coloration de sa peau;*
- *la brillance de son regard;*
- *la position de ses lèvres;*
- *les mouvements de sa tête;*
- *le débit de sa voix;*
- *le rythme de sa respiration.*

Levez la main quand vous aurez fini la description détaillée du mentor.

Demandez au mentor si vous pouvez apprendre de lui son attitude ou s'il peut vous aider à renforcer cette attitude en vous.

Troisième partie
Entrer dans le cercle et mimer le mentor

Faites un pas en avant. Entrez dans le cercle du mentor, revêtez-vous de lui en adoptant sa posture et sa physionomie.

Expérimentez son attitude intérieure.

Ressentez le changement que cette qualité désirée vous apporte.

Quelle nouvelle vision avez-vous à travers ses yeux?

Quel nouveau dialogue s'élabore en vous?

Laissez cette qualité imprégner chaque cellule de votre corps.

Trouvez une image pour représenter cette nouvelle qualité en vous.

Lorsque vous aurez trouvé cette image, sortez de votre cercle et retrouvez votre place de départ. Puis faites un quart de tour à droite.

Quatrième partie
Répétition de l'exercice pour les autres mentors

Cinquième partie
Intégration des diverses images en un symbole

Placez-vous au centre des quatre cercles visualisés; tout en pivotant sur vous-même, revoyez les différentes images de chaque cercle, en commençant par le premier.

Dans un second tour, ramassez les images une par une, en prenant le temps de les intégrer lentement à l'intérieur de vous.

Laissez monter en vous un symbole intégrateur.

Si vous le désirez, représentez-le par l'expression artistique de votre choix : dessin, travail de la glaise, danse, poème, peinture, etc.

Réflexion personnelle

Partage sur l'expérience vécue

Stratégies visuelles

4. Apprendre à jouer avec les sous-modalités des représentations visuelles

Histoire

La puissance intérieure

Au cours d'un atelier, Richard Bandler, un des fondateurs de la PNL, nous demanda de faire l'exercice suivant : représentez-vous une personne qui vous ennuie beaucoup et devant laquelle vous vous sentez impuissant et démuni.

La seconde étape de l'exercice consistait à nous voir dans la peau d'un tigre puissant juché sur un promontoire. De là, nous pouvions observer la personne qui nous importunait, tout en bas et toute petite dans la vallée.

Ma perception de la personne a alors tout à fait changé. Autant dans la première partie de l'exercice je ressentais une pesanteur, autant dans la seconde, je me sentais libre et puissant devant cette personne ennuyeuse.

Jean Monbourquette

Matière à réflexion

« C'est moins le réel qui nous influence
que les images que nous nous en faisons. »

Auteur inconnu

Objectifs

- Reconnaître ses propres représentations visuelles du réel et les sous-modalités visuelles qui les accompagnent.
- Apprendre à modifier les images nuisibles à l'estime de soi en changeant les sous-modalités.

Explication

Il est étonnant de constater à quel point nos images du réel ont de l'influence sur nous. Ce n'est pas tellement le réel qui nous influence, mais surtout les représentations visuelles que nous nous en faisons. Mais ce qui est plus étonnant encore, c'est que nous sommes capables d'apprendre à changer nos images.

Pour modifier nos représentations visuelles, nous devons changer leurs sous-modalités : l'éloignement ou le rapprochement, la couleur ou le noir et blanc, la grandeur ou la petitesse, la clarté ou l'obscurité, une vue limitée ou panoramique, la fixité ou le mouvement, etc.

Stratégie

Première partie
Chercher sa puissance intérieure

Faites l'exercice de Richard Bandler décrit dans l'histoire.

Deuxième partie
Jouer avec les sous-modalités visuelles

1. Choisissez une personne, un animal ou un objet qui vous fait peur.

2. Voyez l'image de cette personne, de cet animal ou de cet objet et appliquez-lui le traitement suivant :

- Éloignez cette image de vous.
- Diminuez sa taille.

- Mettez-la en noir et blanc si elle est en couleur; mettez-la en couleur si elle est en noir et blanc.
- Si elle est immobile, faites-la bouger; si elle est en mouvement, rendez-la immobile.

3. Demandez-vous si votre peur a changé.

Troisième partie
Prendre ses distances à l'égard d'une situation désagréable

1. Pensez à une situation qui vous rend nerveux et mal à l'aise : une scène familiale, un événement qui se répète au travail ou dans vos relations, etc.

2. Fixez bien cette scène dans votre tête et, comme si vous étiez au cinéma, projetez-la sur un mur blanc. Puis, changez les dimensions de l'image, modifiez-en la couleur (tout en vert, tout en rose, tout en bleu, etc.), diminuez-en les dimensions, mettez-la en noir et blanc, faites dérouler la scène très lentement ou très rapidement, contrôlez-en le déroulement.

3. Continuez à exercer votre créativité par rapport à cette scène, vous acquerrez une plus grande liberté d'intervention.

Quatrième partie
Changer sa perception d'un aliment

1. Imaginez un mets qui vous fait prendre du poids et qui n'est pas bon pour votre santé.

2. Voyez-le dans votre tête et appliquez-vous à en changer les sous-modalités :

- Éloignez-le de vous.
- Réduisez ses dimensions.
- Transformez sa couleur en une couleur répugnante.
- Imaginez-le pourri, séché ou en décomposition, etc.

Cinquième partie
Se trouver des aide-mémoire

1. Si vous êtes porté à oublier des choses, créez, à l'aide de votre imagination, des rappels visuels.

Exemple :

> Si vous avez tendance à oublier vos clés de voiture, imaginez-vous voir le mot « clés » écrit sur la porte d'entrée de votre maison. Ou encore, si vous oubliez fréquemment vos lunettes, voyez le mot « lunettes » écrit sur votre sac, etc.

2. Refaites cette association d'images huit à dix fois de suite.

Réflexion personnelle

Partage sur l'expérience vécue

Stratégies visuelles

5. Bâtir un centre d'excellence

Histoire

La capacité de se guérir

Le médecin annonça à Norman Cousins qu'il avait peu de chance de guérir de son cancer. Mais, jour après jour, Cousins alimenta sa volonté de se rétablir par le rire. Il passait le plus clair de son temps à lire des livres drôles et à regarder des films et des émissions télévisées comiques. Les messages envoyés à son système nerveux modifièrent considérablement ses représentations internes et son état physique. Il s'ensuivit des transformations immédiates : amélioration de son sommeil, de son état de santé et, surtout, de son humeur.

Cousins en conclut : « J'ai appris à tenir compte de la force vitale de l'esprit et du corps, même dans les moments les plus sombres. »

Après de nombreuses recherches, les scientifiques confirmèrent que le rire stimule la production d'un enzyme anticancéreux. Aujourd'hui, il existe une thérapie par le rire. Elle vise à stimuler le système immunitaire et à soulager la dépression des malades, permettant ainsi de prolonger leur vie.

Myrna Ladouceur

Objectifs

- Bâtir un centre d'excellence en puisant dans ses ressources à l'aide de ses représentations sensorielles positives.

- Savoir employer son centre d'excellence dans des situations appropriées.

Explication

La construction du centre d'excellence se réalise à partir d'expériences épanouissantes et dépend de l'intensité de ces expériences. Chaque expérience est réactivée par le souvenir d'un événement passé où l'on a vécu des réussites et des états émotionnels positifs, tels un sentiment de fierté, de confiance en soi ou d'efficacité. Les représentations sensorielles (VAKO) de l'événement permettent de retrouver ces émotions dans le moment présent.

Nous avons tous vécu des expériences épanouissantes. Nous pouvons les transposer dans diverses situations de notre vie présente ou future. La stratégie suivante propose d'ancrer en soi les ressources fournies par ces expériences passées.

Stratégie

Première partie
Mise en scène du centre d'excellence

Prévoir une musique douce.

Les participants, debout, choisissent un endroit dans la pièce leur permettant de bouger aisément.

L'animateur guide les participants dans la construction de leur centre d'excellence.

Regardez le sol et laissez votre imagination créer une forme (rectangle, étoile, cœur, cercle, carré, triangle, etc.).

Cette forme représentera votre centre d'excellence.

Prenez le temps de bien le regarder.

Une fois que votre image sera précise, levez la main.

Marchez sur les bords de votre centre d'excellence pour en décrire la forme.

Veillez à ce qu'aucun autre centre d'excellence n'empiète sur le vôtre.

Revenez à votre position de départ tout en continuant à observer sa forme.

Répondez en silence aux questions suivantes :

- *Quelle est la couleur de votre centre d'excellence?*
- *Le centre d'excellence a-t-il deux ou trois dimensions : est-il plat, en relief?*
- *De quoi est-il composé? De tapis, de fleurs, de terre, de béton?*
- *Est-il ensoleillé?*
- *Désirez-vous y ajouter des sons, de la musique, des chants d'oiseaux, le ruissellement de l'eau qui coule?*
- *Quelles odeurs choisiriez-vous pour parfumer ces lieux?*
- *Désirez-vous l'orner davantage?*

Pause

Votre centre d'excellence sera le lieu de votre ressourcement.

Quand vous en serez satisfait, marchez vers lui et entrez-y.

Deuxième partie
Ancrer ses ressources en prenant sa position d'excellence

Trouvez une situation passée où vous vous êtes senti fier de vous, compétent et plein de confiance en vous-même.

Prenez le temps de bien choisir cet événement.

Au cours de cet événement, vous devez avoir mis en œuvre vos ressources : confiance en soi, enthousiasme, clarté d'esprit, etc.

Levez la main dès que vous l'aurez trouvé.

Entrez dans l'événement.

Observez bien ce qui se passe autour de vous.

Êtes-vous seul ou accompagné?

Adoptez une position qui reflète votre sentiment de bien-être, votre confiance, votre fierté et votre compétence.

Revivez cet événement.

Montrez-moi votre position pour que je puisse la vérifier et la corriger s'il y a lieu.

Une position d'excellence se reconnaît à l'allure suivante, la tête est droite, les épaules sont dégagées, les pieds solidement ancrés au sol.

Entendez les sons et les paroles qui vous entourent.

Écoutez les paroles qui se disent à l'intérieur de vous-même.

En vivant pleinement cet état d'excellence, vivez avec intensité cette position d'excellence et serrez le pouce et l'index de la main droite.

Prenez conscience de tout ce qui se passe en vous dans cette position d'excellence.

Vous possédez toutes les ressources nécessaires à votre épanouissement.

Imprégnez-vous du sentiment de fierté et de confiance.

Laissez toutes ces richesses vous irradier.

Choisissez un mot qui définit le mieux cette expérience, mot que vous garderez avec vous à la sortie de votre centre d'excellence et que vous appellerez « mot d'excellence ».

Une fois que vous aurez trouvé le mot, levez la main.

Allez découvrir une autre expérience où vous avez éprouvé des sentiments de joie, de satisfaction, de confiance et de compétence.

Quand vous l'aurez trouvée, levez la main.

Laissez-vous habiter pleinement par cette expérience.

Voyez ce qui se passe en vous et à l'extérieur de vous.

Regardez les personnes qui applaudissent votre succès.

Entendez vos paroles intérieures ainsi que les paroles d'appréciation de votre entourage.

Serrez bien votre pouce et votre index pour fixer vos émotions de joie, de satisfaction, de compétence et de confiance, et prononcez votre mot d'excellence.

L'animateur, s'il le juge à propos, peut faire découvrir aux participants une troisième expérience et l'ancrer de la même façon.

Troisième partie
Vérifier sa position d'excellence

Quittez votre centre d'excellence et reprenez votre place de départ sans l'ancrage de vos doigts.

Quelle différence percevez-vous entre être dans votre centre d'excellence et en dehors de votre centre d'excellence?

Entrez à nouveau dans votre centre d'excellence.

Prenez votre posture d'excellence.

Serrez le pouce et l'index de votre main droite et dites votre mot d'excellence.

Demandez-vous à nouveau quelle différence vous percevez entre être à l'intérieur du centre d'excellence et en dehors.

L'animateur invite les participants à exprimer ce qu'ils ont vécu durant l'exercice.

Quatrième partie
Transformer un état d'absence de ressources
en un état de compétence

Sortez de votre centre d'excellence. Une fois sorti, pensez à un événement où vous vous êtes senti incompétent, hésitant, inquiet et où vous avez manqué de confiance.

Imprégnez-vous de cet état émotionnel pendant un moment.

Puis entrez dans votre centre d'excellence, tout en restant en contact avec l'état émotionnel désagréable.

Prenez votre posture d'excellence en serrant le pouce et l'index et en prononçant votre mot d'excellence.

Prenez conscience que vous vivez cet événement avec toutes vos ressources et avec compétence.

Remarquez le changement qui s'effectue en vous.

Observez les personnes impliquées dans l'événement.

Quelle nouvelle relation avez-vous avec eux?

Laissez-vous surprendre par cette découverte.

Maintenant, sortez de votre centre d'excellence.

Prenez le temps de vous relaxer et de réfléchir à ce qui a changé en vous.

Les participants partagent leur expérience.

Cinquième partie
Pont vers l'avenir

À nouveau, tenez-vous près de votre centre d'excellence et observez-le attentivement.

Prévoyez-vous un événement, dans un avenir plus ou moins rapproché, que vous appréhendez?

À quel moment devrez-vous vivre cet événement?

Quelles émotions montent en vous à la pensée de cet événement?

Rappelez-vous que vous pouvez toujours aller puiser dans votre centre d'excellence les ressources nécessaires pour bien vivre cet événement.

Entrez dans votre centre d'excellence, prenez votre posture d'excellence, serrez votre pouce et votre index et redites votre mot d'excellence.

Prenez une inspiration profonde et laissez chaque cellule de votre corps faire l'expérience de cet état d'excellence.

Demandez-vous ce qui se passe en vous et ce que vous vivez.

Pause

Sixième partie
Intégrer son centre d'excellence

Debout dans votre centre d'excellence, imaginez qu'il s'illumine de multiples couleurs et qu'il rapetisse lentement en devenant une petite boule d'énergie.

Sentez cette boule sous un de vos pieds et faites-la entrer à l'intérieur de vous. Logez-la dans un endroit accessible.

Les yeux fermés, montrez-moi où cette boule se loge dans votre corps.

Laissez votre main à cet endroit et prenez le temps d'éprouver de la chaleur et de ressentir l'énergie se dégager de cette boule.

Pause

Dorénavant, dans les situations qui sollicitent vos ressources, vous pourrez utiliser cette boule d'énergie.

Cette réalité symbolique vous permettra de retrouver votre posture d'excellence et votre ancrage en vue de donner le meilleur de vous-même.

Vous pourrez retrouver votre centre d'excellence à volonté. Plus vous l'utiliserez, plus il vous sera utile.

Avant d'accomplir une tâche ennuyante, faire le ménage, par exemple, ou vous rendre à une rencontre difficile, habituez-vous à prendre contact avec votre boule d'énergie qui contient toutes les ressources dont vous avez besoin. Vous vous rendrez alors compte que la tâche vous paraît plus légère.

Réflexion personnelle

Partage sur l'expérience vécue

Proposition musicale

Du CD *Les messages de l'amour* : « Dans mon jardin intérieur ».

Stratégies visuelles

6. Changer les images nuisibles par le swish

Histoire

La femme qui se rongeait les ongles

Jeannine, femme d'affaires, avait depuis longtemps l'habitude de se ronger les ongles à un point tel que ses doigts saignaient et qu'elle attirait les regards des autres.

Lors d'une conférence sur le changement de comportement, elle se porte volontaire pour une démonstration de la technique du *swish* afin de modifier cette mauvaise habitude.

Le conférencier lui demande de former en pensée une image grande et précise de ses mains juste avant qu'elle ne les porte à sa bouche et de placer cette image sur un écran d'ordinateur. Il lui suggère de créer une autre image, sous forme d'affiche cette fois : une photographie d'elle-même les ongles bien manucurés, où elle est bien habillée, confiante et maîtresse d'elle-même. Il l'invite alors à rapetisser son affiche de la grandeur d'un timbre-poste et à la placer en bas à gauche de l'écran, où se trouve toujours la première image de ses mains.

Au mot « *swish* », prononcé par le conférencier, elle fixe la petite image dans le coin inférieur et l'agrandit aux dimensions de l'écran, qu'elle rend lumineux. Le conférencier ajoute le mot « blanc » à la suite du mot « *swish* » : Jeannine fait disparaître les images de l'écran. Au mot « *swish* », prononcé de plus en plus rapidement par le conférencier, elle recommence le stratagème. Jeannine, après quelque temps, ne peut plus revoir sa première image. Elle est désormais libérée de son obsession.

D'après *Le pouvoir illimité*
d'Anthony Robins

Objectifs

- Prendre conscience d'une image qui entraîne un comportement dévalorisant pour l'estime de soi.

- Apprendre à transformer cette image en une autre image qui apporte un changement valorisant pour l'estime de soi.

Explication

Il faut plus que de la volonté pour changer un comportement appris et répété pendant de nombreuses années tel qu'une peur ancrée, une insatisfaction répétitive, une habitude nuisible comme le tabagisme, l'abus de nourriture, la consommation de drogue ou le fait de se ronger les ongles. Pour se défaire d'un comportement, il faut identifier l'image qui déclenche l'enchaînement automatique du comportement et la remplacer par une autre. Ainsi s'établira un autre programme de comportement plus propice à l'estime de soi. Richard Bandler a donné à cette méthode le nom de *swish* pour rappeler le son de deux feuilles qui glissent l'une sur l'autre.

Stratégie

Première partie
Identifier le comportement nuisible

Le comportement déficient peut être une conduite, une allure, une manière d'agir ou une attitude nuisible à l'estime de soi.

Exemple :

> Alisha a un comportement dépressif après avoir fait avec ses sœurs la toilette du corps de sa mère avant l'embaumement, selon la tradition religieuse musulmane.

1. Reconnaissez dans quel contexte surgit ce comportement déficient : au travail, à la maison, dans les sports, dans l'alimentation, dans vos relations, etc.

2. Identifiez les images qui suscitent certaines paroles et certaines émotions. Au début du comportement déficient, quelles images voyez-vous ? Quelles paroles vous dites-vous ? Quelles sensations ou émotions vivez-vous ?

Exemple :

> Alisha était hantée par l'image du corps amaigri et déformé de sa mère, ce qui provoquait chez elle un état dépressif.

Deuxième partie
Déterminer le comportement désiré

Le comportement désiré doit être positif, réalisable et observable sur le plan sensoriel (VAKO) (voir les critères de l'objectif bien formulé, p. 59-61).

Exemple :

> Alisha désire changer son état dépressif en un état émotionnel énergique et paisible.

Par quelle nouvelle image voudriez-vous remplacer l'image qui est à l'origine du comportement déficient?

Exemple :

> Alisha veut changer l'image du corps amaigri et déformé de sa mère en une image de beauté, de paix et de tendresse. Pour ce faire, elle choisit un paysage qui suscite en elle des sentiments d'admiration, de paix et de tendresse.

Troisième partie
Vérifier l'écologie

Écologie interne

Vérifiez l'écologie interne occasionnée par le changement de l'image initiatrice du comportement déficient en l'image du comportement désiré.

1. Est-ce que cette nouvelle image suscite en vous une ou des résistances? Si oui, lesquelles?

Exemple :

> Alisha se demande si le changement de l'image du corps amaigri et déformé de sa mère en l'image d'un paysage de beauté provoque en elle un malaise ou une tension. Une résistance possible : elle prend conscience que ce changement implique qu'elle ne verra plus le corps de sa mère.

2. Quelle est l'intention positive de la partie de vous-même qui résiste? Que veut-elle accomplir de bon pour vous?

3. Tenir compte de sa réponse et l'ajouter au comportement désiré.

Écologie externe

Vérifiez l'écologie externe occasionnée par le changement de l'image initiatrice du comportement déficient en l'image du comportement désiré.

1. Est-ce que la transformation de votre comportement est en harmonie avec votre environnement et le respecte : votre famille, votre conjoint, vos collègues, vos amis? Comporte-t-elle un effet non désirable?

Exemple :

> Alisha doit déterminer si le changement de l'image du corps amaigri et déformé de sa mère en l'image d'un paysage de beauté dérangerait son milieu ou aurait sur celui-ci des effets indésirables. Un effet possible : une fois le changement réussi, Alisha ne serait plus triste, ce qui occasionnerait chez ses proches une réaction négative.

2. Quelles solutions prévoyez-vous pour contrer les inconvénients?

3. En quoi ce changement d'attitude peut-il améliorer votre qualité de vie?

4. Si vous ne trouvez pas d'objections à ce changement, vous pouvez poursuivre le processus tout en rendant cette dernière image plus précise, plus lumineuse et plus belle.

Quatrième partie
Par le *swish*, changer le comportement déficient en un comportement désiré

Le *swish* pour une personne seule

Si vous êtes seul, cette partie de la stratégie requiert l'assistance d'un accompagnateur qui prononcera le mot « *swish* ».

La première image du comportement déficient à changer est « associée », c'est-à-dire que la personne est dans l'expérience : elle voit l'image, à travers ses propres yeux, elle entend à travers ses propres oreilles et éprouve des sensations dans son corps. Il est important que cette première image représente le tout début du comportement à changer.

Exemple :

> Alisha se fait un instantané, un *flash* de l'image du corps amaigri et déformé de sa mère la première fois qu'elle l'a vu.

La deuxième image du comportement désiré est « dissociée » : la personne se met en dehors de l'expérience. Elle se trouve littéralement à l'extérieur de l'image, tel un spectateur qui observe une situation à l'écart. Cette deuxième image doit être la plus attirante et désirable possible.

Exemple :

Alisha se voit dans un paysage de beauté et de paix.

Le processus du swish

1. Par l'imagination, vous projetez les deux images sur un écran d'ordinateur. La première image remplit l'écran alors que la deuxième image, liée au comportement désiré et de la taille d'un timbre-poste, est placée en bas à gauche.

2. Au mot « *swish* », vous remplacez l'image liée au comportement déficient et qui occupe tout l'écran par l'image amplifiée liée au comportement désiré. Pour réaliser ce remplacement, il est important d'annuler les images en blanchissant l'écran. Vous répétez ce processus au moins dix fois, en augmentant progressivement la vitesse du changement.

Exemple :

Alisha visionne l'instantané du corps de sa mère sur un écran d'ordinateur, puis elle y superpose, dans le coin inférieur gauche, une petite image liée au comportement désiré où elle se voit calme dans un paysage de beauté et de tranquillité.

Au mot « *swish* », elle commence à remplir tout l'écran par l'image d'elle-même calme et paisible au milieu d'un beau paysage. Puis elle blanchit l'écran pour que disparaisse l'image. Elle répète de dix à quinze fois ce procédé sans oublier de blanchir l'écran entre les *swish*.

Après l'exercice, quand l'accompagnateur lui demande de se représenter le corps de sa mère amaigri et déformé, apparaît aussitôt l'image d'elle-même calme et paisible dans un paysage de beauté. C'est le signe qu'elle a réussi à se dégager de ce souvenir déprimant.

3. Si, après l'exercice, vous revoyez la première image liée à votre comportement déficient, vous devrez répéter le *swish* à nouveau et plus longtemps.

Le *swish* en groupe

1. L'animateur se réfère aux deux premières parties de la stratégie pour permettre aux participants de choisir l'image liée à leur comportement déficient et l'image liée au comportement désiré.

2. Sur un fond de musique douce, l'animateur lit lentement la visualisation suivante.

Tout en fermant les yeux, fixez sur un écran d'ordinateur l'image de vous-même qui apparaît juste avant que se produise le comportement déficient.

Vous entrez dans cette image.

Regardez votre deuxième image, celle du comportement désiré, et contemplez ce nouveau vous-même dont l'aspect est attrayant.

Intensifiez la lumière de votre image et observez l'effet produit.

Envoyez un rayon de lumière sur la personne que vous avez choisi de devenir.

Regardez ce nouveau vous-même transformé.

Qu'est-ce que vous vous dites face à cette métamorphose de vous-même?

Prêtez attention à ce que les autres personnes disent de vous depuis que vous êtes transformé.

Quels sentiments semblent jaillir de votre personne transformée?

Voyez tout ce que vous avez à voir dans l'image transformée de vous-même : les formes, les couleurs, l'intensité de la lumière.

Entendez tout ce qu'il y a à entendre : les sons, les paroles, les bruits. Constatez toutes les émotions vécues.

Prenez cette merveilleuse image et faites-en une grande affiche.

Prenez l'image de l'affiche et rapetissez-la à la grandeur d'un timbre-poste.

Votre image s'assombrit.

Mettez-la au bas de l'écran de votre ordinateur, à gauche de votre première grande image.

Concentrez-vous sur l'image du timbre-poste.

Lorsque je dirai « swish », vous agrandirez votre image timbre-poste à la grandeur de l'écran, tout en augmentant la luminosité.

Voyez et ressentez l'image liée au comportement désiré prendre tout l'écran et faire disparaître l'image précédente.

L'écran devient blanc et vous recommencez le swish.

Afin de briser votre état intérieur, vous ouvrez les yeux et les refermez rapidement.

Vous faites le swish jusqu'à dix fois et de plus en plus vite.

3. L'animateur invite les participants à essayer de revoir l'image liée au comportement déficient. Si la deuxième image apparaît, c'est le signe que la personne a réussi à se libérer de la première image liée au comportement déficient.

Réflexion personnelle

Partage sur l'expérience vécue

Stratégies visuelles

7. Corriger la perception que l'on a de l'existence, de la vie et de l'Univers

Matière à réflexion

« La métaphore est peut-être la ressource la plus efficace de l'homme. Sa virtualité tient de la magie, et il semble que c'est un procédé de création que Dieu a oublié dans la créature quand Il l'a faite. »

José Ortega y Gasset

Objectifs

- Transformer ses conceptions pessimistes de l'existence, de la vie et de l'Univers.

- Changer ses métaphores de façon à donner un sens positif à ces réalités.

Explication

Regard sur l'Univers : optimiste ou pessimiste?

Comment s'expliquer que certains perçoivent et saisissent les chances de réussite qui s'offrent à eux alors que d'autres n'en perçoivent aucune? Le réel est riche de possibilités; il regorge d'occasions multiples de réaliser quelque chose de grand et de se réaliser tout court. Le problème n'est pas tellement de savoir si la vie offre ou non la chance de réussir et de s'épanouir, mais si l'on est disposé à répondre à ses invitations. Il est de plus en plus évident que la conduite d'une personne dépend de la conception qu'elle s'est faite du monde. Si elle le voit comme amical et plein de ressources, elle ne craindra pas de devenir audacieuse. Si, au contraire, elle le perçoit comme hostile et menaçant, elle aura tendance à jouer au plus sûr et à s'enfermer dans une sécurité stérile.

Le rôle des métaphores dans le filtrage de ses perceptions

Les linguistes soulignent le rôle important des métaphores dans la représentation du réel. Loin d'être de simples figures de style, elles conditionnent la vérité de la perception et sa juste interprétation du monde en même temps qu'elles influencent le comportement. Un examen attentif des métaphores utilisées par une personne révèle comment elle perçoit l'Univers : amical ou hostile. Pour illustrer ces affirmations, prenons par exemple la métaphore suivante : « La vie est un jardin à cultiver. » Elle suggère une attitude optimiste et enthousiaste devant la vie. En revanche, celle qui affirme que « la vie est un terrain semé d'embûches » encourage à la méfiance envers la vie et paralyse toute tentative audacieuse.

Voici d'autres exemples de métaphores opposées qui suscitent des réactions émotives différentes. Si nous disons : « la vie est un jeu », « il suffit de danser sa vie », « le monde est un bouquet de fleurs variées », « les gens se révèlent être tous des collaborateurs en puissance », « le réel regorge de ressources sujettes à être exploitées », « le succès commence par un rêve », nous sentons naître en nous un nouvel élan de vie, un goût d'oser, un désir de profiter des occasions qui se présenteront à nous. Par contre, des métaphores comme « le monde est comme une mer agitée », « l'Univers est un vrai marécage », « les gens sont tous des requins », « l'Univers est un volcan toujours prêt à entrer en éruption », « je suis né pour un petit pain », « la vie est un train qui passe trop vite pour que je puisse y monter » créent un sentiment de malaise certain, une peur de l'aventure et un besoin de se protéger.

Les métaphores qui décrivent la vie, le monde et l'Univers sont comme des filtres colorant le réel pour le meilleur ou pour le pire. Elles l'agrandissent ou le rapetissent ; elles sont imprégnées de chances ou de dangers ; elles suscitent de l'audace ou de la crainte.

Pour la personne sujette à employer des métaphores aux vues limitatives, la situation n'est cependant pas désespérée. Cette personne a toujours le pouvoir de les modifier à son avantage. Il ne faut pas croire ces métaphores immuables. Elles résultent d'expériences malheureuses. La personne aux prises avec ces métaphores négatives a tendance à les généraliser et à en faire des absolus.

À la suite d'échecs répétés dans ses études, le client d'un thérapeute affirmait avec conviction : « Étudier est une montagne infranchissable, un rocher contre lequel je suis condamné à me heurter la tête. » Le thérapeute lui a fait comprendre que ces métaphores n'exprimaient pas toute son expérience des études et que celles-ci pouvaient fort bien être comparées à « une montagne réservant des surprises intéressantes à l'escalade », et que tout apprentissage est « une aventure ou un défi des plus enthousiasmants ». Il lui a fait escalader, en imagination, une montagne. Durant la montée, le client fit d'heureuses découvertes. Peu de temps après, il avouait que les études lui étaient devenues plus faciles et que, pour la première fois, il avait réussi à lire un livre en entier.

Une étudiante se plaignait que sa vie était « surchargée et encombrée d'occupations », ce qui « la faisait ployer sous le fardeau ». Son professeur lui a suggéré de changer de métaphores. Sachant qu'elle aimait danser, il lui a conseillé d'imaginer la vie comme une danse. Sceptique au début, elle finit par consentir à entrer dans le jeu. Elle s'est mise à se demander quelle danse représenterait le mieux sa vie trépidante. Spontanément, le *rock and roll* lui est venu à l'esprit. Depuis cette découverte, elle s'acquitte de ses nombreuses tâches au rythme entraînant du *rock and roll*.

Stratégie

Voici une stratégie visant à vous permettre de remplacer vos perceptions débilitantes de la vie et à en créer d'autres plus tonifiantes.

Première partie
Faire l'inventaire de ses métaphores

1. Sur une feuille de papier, inscrivez trois ou quatre de vos métaphores sur la vie et sur le monde.

2. Revoyez chacune d'elles en vous posant les questions suivantes :

- Qu'est-ce qu'elle signifie pour moi?

- Quelles réactions émotives provoque-t-elle en moi?

Exemple :

Si vous avez affirmé que « la vie est une lutte », demandez-vous quel effet cette conviction produit sur vos relations et sur votre attitude dans la vie. Si pour vous la vie est « sacrée », posez-vous la question : « Qu'est-ce que je veux dire au juste par ce mot? »

Deuxième partie
Changer les métaphores nuisibles

Êtes-vous satisfait de l'influence de vos métaphores sur votre vie? Les trouvez-vous épanouissantes? Sinon, voici comment vous pourriez les modifier pour leur donner un contenu plus positif. Si, par exemple, la vie vous apparaît comme une « guerre » ou une « vallée de larmes », commencez par relativiser votre croyance. Reconnaissez que, si parfois la vie comporte des rivalités et des déceptions, elle est autre chose aussi : un « jeu intéressant », une « négociation continuelle »; que si, parfois, elle comporte des moments pénibles à vivre, dans l'ensemble, elle est une « grâce », un « cadeau » ou une « danse ».

Troisième partie
Remplacer ses métaphores sur le monde

Plusieurs seront intéressés à décrire leur vision du monde à l'aide de métaphores. Si c'est le cas, veuillez répondre par des métaphores aux questions suivantes :

- Quelle serait votre conception d'un monde parfait?
- Quel y serait votre idéal?

Laissez monter en vous des images qui correspondent à vos aspirations et à vos valeurs. Même si l'image que vous vous faites au départ vous paraît exagérée ou irréaliste, n'hésitez pas à l'utiliser. Elle vous servira de stimulant dans votre vision du monde et sera réconfortante dans l'accomplissement de votre mission.

Pour vous aider à formuler vos propres métaphores, en voici quelques-unes à titre d'exemples :

- Le monde est un grand laboratoire où il est permis de faire des expériences.
- La vie est une danse, tantôt lente tantôt rapide.
- Le monde est un vaste champ fertile à exploiter.
- La vie est un jeu où tout le monde gagne.
- Le monde est sacré.
- L'Univers est une symphonie mystérieuse.
- L'Univers est un jardin.
- La vie est un océan tantôt calme tantôt agité.
- La vie, c'est comme une boîte de chocolats… on ne sait jamais sur quoi on va tomber (*Forrest Gump*).

Quatrième partie
Transcrire les métaphores

Transcrivez les métaphores que vous venez de créer sur des affiches, épinglez-les bien en vue pour qu'elles s'ancrent bien en vous. Chaque jour, regardez-les et votre façon de voir, d'entendre et de vivre le réel se transformera.

Réflexion personnelle

Partage sur l'expérience vécue

Stratégies auditives

1. Substituer aux expressions nuisibles à l'estime de soi des expressions constructrices

Histoire

Quelques conseils pour se donner une dépression

Je m'inspire d'un article humoristique qui explique comment se donner une dépression. Cette thérapie par l'absurde nous permet de découvrir une façon de se parler qui s'avère un moyen efficace d'acquérir une basse estime de soi.

Fixez-vous des objectifs irréalisables et éloignez indéfiniment toute gratification. Évitez les compliments ou toute récompense qui pourrait vous remonter le moral.

Remarquez tous les signes vous signifiant que les gens ne vous aiment pas. Surveillez leurs silences, leurs sourcils froncés, leurs regards déçus et tous ces indices montrant leur irritation et leur déception face à votre rendement au travail.

Accordez une portée fatale aux événements les plus anodins. Si votre mine de crayon se casse, cet incident signifiera que toute votre journée sera ratée.

Dramatisez les remarques que les gens vous font. S'ils n'aiment pas vos souliers, c'est qu'ils n'osent pas vous dire que vous êtes moche.

Pensez en termes de tout ou rien. Vous êtes un héros ou un minable; un travailleur parfait ou un paresseux; une réussite ou un échec. Évitez les nuances dans vos jugements.

Sentez-vous responsable des événements tragiques sur lesquels vous n'avez pas de contrôle. Laissez-vous déprimer par le sida en Afrique ou par la guerre entre les Juifs et les Palestiniens.

Rappelez-vous que tout se passe avant six ans et que tous vos problèmes sont causés par une enfance malheureuse.

Comparez-vous sans cesse à des modèles inaccessibles. Ne vous contentez pas de vos progrès et de vos succès. Il y a toujours des personnes qui vous dépassent.

Jean Monbourquette
d'après un article de Bruno Fortin
dans Psychologie Québec

Objectifs

- Prendre conscience des formes de langage nuisibles à l'estime de soi.
- Les détecter dans sa propre expression verbale.
- Les remplacer par des formes de langage utiles à l'estime de soi.

Explication

Certaines formes de langage reflètent souvent des étrangetés cognitives nuisibles à l'estime de soi. Sans s'en apercevoir, on s'emprisonne dans des formulations erronées et limitatives. Il s'agit de les reconnaître chez soi d'abord et chez les autres ensuite : chez soi pour les éviter et choisir d'employer des expressions susceptibles de favoriser l'estime de soi; chez les autres, pour pouvoir les dénoncer (au moins mentalement) et pour ne pas se laisser manipuler.

Stratégie

Reconnaître les formes de langage nuisibles, les nommer et les corriger

La tyrannie mentale des obligations

Reconnaître

On reconnaît les obligations dans les expressions suivantes : *il faut, il faudrait, je dois, je devrais, je suis dans l'obligation, il est nécessaire* et dans leur forme négative.

Toutes ces expressions présupposent une ou des règles implicites qui dirigent vos actions et entravent votre liberté. Pour détecter cette règle inconsciente, vous pouvez vous demander : « Qu'est-ce qui, au juste, m'oblige à faire ceci ou à ne pas faire cela? »; « Si je passais outre à cette règle, qu'est-ce qui arriverait? »

Exemple :

> *Je dois partir.* Devant cette obligation, je me demande : « Qu'est-ce qui m'oblige à partir et qu'est-ce qui m'arriverait si je ne partais pas? »

En prenant conscience de cette règle, vous protégerez de plus en plus votre liberté d'agir.

Corriger

Au lieu de vous assujettir à des impératifs catégoriques, cherchez à employer des verbes qui expriment votre liberté : « je choisis de... », « je décide de... », « je préfère », « j'opte pour... » Au lieu de dire : « Je dois partir », dites : « Je choisis de partir » ou « Je choisis de ne pas partir. »

Le choix de l'impuissance

Reconnaître

L'impuissance se détecte dans les expressions suivantes : *je ne suis pas capable, je ne sais pas, je suis dans l'impossibilité de…, je suis empêché de…*, etc. La croyance en son impuissance est une attitude apprise, une tactique souvent utilisée par des personnes qui manquent de confiance en elles-mêmes.

Corriger

Pour vaincre ce sentiment d'impuissance, vous pouvez vous demander : « Qu'est-ce qui m'empêche de faire ou de dire telle chose? » Grâce à cette question, vous prenez conscience de votre soi-disant « impuissance » et du fait que vous l'entretenez vous-même. La deuxième étape consiste à vous demander : « De quelles ressources aurais-je besoin pour réaliser ce projet? » Rappelez-vous des situations où vous avez fait appel à ces ressources.

Les réponses à ces questions vous permettront de libérer votre esprit d'initiative, d'éveiller votre créativité, de grandir en liberté intérieure, de croire en votre capacité de réaliser un projet, de chercher des partenaires pour vous aider dans la réalisation d'un projet.

Exemples :

Je ne connais pas la réponse.	Si tu la connaissais, que répondrais-tu? Est-ce qu'il y a quelqu'un qui la connaît?
Je suis incapable de parler en public.	Qu'est-ce qui t'en empêche? De quel apprentissage aurais-tu besoin?
Je ne suis pas capable de demander un service.	Qu'est-ce qui t'empêche de le demander? Si tu te décidais à le faire, qu'est-ce qui t'arriverait?

Les généralisations

Reconnaître

Vous reconnaissez les généralisations dans les termes suivants : *jamais, toujours, tout le monde, tous, chacun, personne.*

Si vous voulez nuancer votre pensée, n'employez que très rarement les généralisations. Efforcez-vous d'être précis en vous demandant : « Qui exactement? » ou « Quelle personne en particulier? »

Corriger

Exemples :

Au lieu de dire	dites
Je fais tout le temps des erreurs.	Je fais quelques fois des erreurs.
Personne ne m'apprécie.	Il y a des personnes qui ne m'apprécient pas (les nommer).
Tout le monde se comporte de façon étrange ici.	Quelques personnes agissent étrangement.
Il n'arrive jamais à temps.	Il est souvent en retard.
La classe me critique.	Un étudiant (nommer lequel) me critique.

Illusion d'un contrôle émotionnel

Reconnaître

Plusieurs expressions donnent seulement l'illusion que vous contrôlez émotionnellement la situation : *il me fait rire, il m'attriste, il me rend folle, elle m'énerve, il me fait sentir important, il m'a blessé,* etc. En fait, par ces formulations, c'est comme si vous donniez aux autres un certain pouvoir sur vos émotions. Ces formes d'expressions proviennent de relations fusionnelles que vous avez vécues, où vos émotions se sont mêlées à celles de l'autre. Vous vous sentez alors impuissant à maîtriser vos propres émotions.

Corriger

Quand vous vous surprenez à employer ce type d'expressions, arrêtez-vous et posez-vous des questions. Par exemple, si vous vous dites : « Il m'a blessé », demandez-vous : « Qu'est-ce qu'il a fait pour me blesser? » Vous répondrez : « Il m'a dit des paroles blessantes. » Demandez-vous alors : « Comment puis-je réagir autrement à ces paroles pour ne plus me sentir blessé par elles? »

Exemple :

Au lieu de dire	dites
Tu me blesses par tes paroles.	Je me laisse blesser par tes paroles.
Je le rends heureux par mes actions.	Il se rend heureux par mes actions.
Je fais son bonheur avec mes caresses.	Il fait son bonheur de mes caresses.
Il m'attriste par ses actions.	Je m'attriste de ses actions.
Son comportement m'énerve.	Je m'énerve à cause de son comportement.

Lecture de la pensée de l'autre

Reconnaître

Le fait de prétendre lire les pensées de l'autre se reconnaît aux expressions suivantes : *je sais ce que tu penses, je devine ton idée, je sais ce que tu veux, je sens ta peine, je connais ce que tu vis,* etc. Vous laissez alors entendre que vous possédez des connaissances ultra-sensorielles, soit par intuition, soit par devinette.

Corriger

Si vous employez ces expressions ou si votre interlocuteur les utilise, posez-vous les questions suivantes : « À quels indices puis-je savoir ce qu'il pense? Est-ce que je peux interpréter ces indices autrement? »

Exemples :

Au lieu de dire	dites
Tu gardes le silence; je sais que tu es fâché contre moi.	Je me demande ce que signifie ton silence.
Je sais ce que tu vis.	Je me doute de ce que tu vis, mais voudrais-tu m'en parler?
Il ne me regarde pas; je sais qu'il me rejette.	Est-ce que je pourrais interpréter autrement son regard fuyant?
Tu vis la même peine que moi.	Je vis de la peine. Est-ce que tu en vis toi aussi?

Le filtrage négatif des commentaires d'autrui

Reconnaître

Au lieu d'accueillir un commentaire ou une remarque de façon objective, vous en écartez l'aspect positif pour vous imaginer son aspect négatif potentiel. Quand on vous fait un compliment, vous imaginez qu'il cache une critique négative déguisée. Vous reconnaissez ce filtrage négatif des commentaires d'autrui quand vous vous sentez constamment *blessé, traité injustement, bafoué, stupide, bouleversé, oublié, victime d'ingratitude*, etc.

Exemples :

- Si on vous dit : « Vous travaillez avec soin », vous comprenez : « Vous perdez votre temps. »

- Si on vous dit : « Vous devriez mettre un plan au tableau », vous entendez : « Vous manquez totalement de pédagogie dans votre enseignement. »

Corriger

Apprenez à accepter un compliment, à vous en nourrir et à dire merci tout simplement.

Lorsque vous recevez une critique négative, accueillez-la sans dramatiser. Demandez plus d'explications et, si la critique est fondée, voyez à modifier votre comportement.

La personnalisation

Reconnaître

Vous vous sentez responsable de la misère dans le monde (la famine en Éthiopie), d'un événement fâcheux (votre hôtesse a laissé tomber un plat), d'un défaut chez autrui (l'impolitesse de votre époux). Vous avez honte ou vous vous sentez humilié alors que vous n'avez aucune responsabilité personnelle dans cette situation.

Exemples :

- Vous faites des excuses lorsque votre interlocuteur laisse tomber un objet.
- Quand un enfant fait des dégâts, sa mère demande pardon.

Corriger

Au lieu de présenter vos excuses ou de demander pardon, vous pouvez choisir d'offrir vos services pour aider la personne à se tirer d'embarras.

Le tout ou rien

Reconnaître

Le tout ou rien consiste à classer sans nuances les choses en deux catégories : les bonnes et les mauvaises.

Exemples :

- Si je ne suis pas un héros, je suis un minable.
- Il dit toujours la vérité ou il est menteur.
- C'est toujours un gagnant ou c'est un perdant.
- Ou il se révolte ou il devient un individu soumis.

Les personnes affligées de cette distorsion voient tout en blanc ou tout en noir. D'habitude, ces mêmes personnes sont paralysées par la peur de l'échec. Elles ont tellement peur de rater leur coup qu'elles préfèrent ne rien faire. Elles n'apprécient pas leurs petits progrès et avancées, si minimes soient-ils. Elles sont condamnées à se mésestimer ou à se surestimer.

Corriger

Pour se corriger de cette habitude du tout ou rien, il importe d'apprendre à nuancer ses jugements.

Réflexion personnelle

Partage sur l'expérience vécue

Stratégies auditives

2. Gérer son dialogue intérieur

Histoire

Des mots pour un mal

Souffrant d'une dépression, un homme décida de ne plus utiliser le mot « dépressif » pour décrire son état d'âme. Il avait pris conscience que le mot « dépressif » induisait en lui un état de grande souffrance. Il choisit alors de bannir ce mot de son vocabulaire et de décrire plutôt ses humeurs en parlant de colère, de fatigue ou de frustration.

Jean Monbourquette

Matière à réflexion

« Le choix des mots avec lesquels je me parle habituellement façonne mon avenir. »

Jean Monbourquette

Objectifs

- Prendre conscience de son dialogue intérieur, surtout dans les situations d'échecs et de pertes.
- Apprendre à se dire des paroles d'encouragement d'un ton bienveillant.
- Apprendre à nourrir son estime de soi en se rappelant ses réussites.

Explication

Notre univers intérieur ressemble à un théâtre rempli de personnages qui dialoguent entre eux. Il existe une sous-vocalisation de voix intérieures qui dialoguent, s'interpellent et se répondent entre elles. Sommes-nous conscients de ces conversations intérieures?

Stratégie

Première partie
Prendre conscience de son dialogue intérieur

1. Les participants forment des triades et décident qui est A, B et C.

2. A invite B à se mettre dans une des situations suivantes :

    *   Vous venez de réussir votre examen.

    *   Vous avez gagné à la loterie.

    *   Un ami refuse de faire un voyage avec vous.

    *   Vous recevez des félicitations en public.

    *   Une personne vous dit : « Je me demande si vous êtes à la hauteur de la tâche. »

    *   Votre patron vous dit : « J'apprécie votre travail. »

    *   Votre ami secret vous invite à un souper.

    *   Vous laissez tomber une assiette.

    *   Vous oubliez un rendez-vous important.

    *   Un ami vous a préparé une fête d'anniversaire surprise.

3. B prend conscience de son dialogue intérieur et l'exprime tout haut. Il reproduit le ton de la voix intérieure.

4. C observe et pose les questions suivantes :

- Avez-vous entendu une ou plusieurs voix?
- Avec quelle tonalité vous parlait-on?

Exemple :

« J'avais un dialogue intérieur. Une voix m'accusait tandis que l'autre me disculpait. »

5. L'exercice est repris en changeant les rôles de chacun : B prend le rôle de A, C prend celui de B et A devient à son tour l'observateur.

Deuxième partie
Identifier et écouter les prophètes de bonheur

On entend par prophètes de bonheur l'ensemble des voix qui vous encouragent, vous valorisent, vous consolent dans vos malheurs et vous raffermissent dans vos succès. Habituellement, ces voix représentent des parents et des éducateurs qui ont joué un rôle positif dans votre éducation en vous donnant des conseils bienveillants et empathiques.

Nommez les personnes qui ont été aidantes au cours de votre éducation.

En quoi vous ont-elles aidé?

Dans votre dialogue intérieur, vous répétez-vous encore ce qu'elles vous ont fait ou vous ont dit? Avez-vous tendance à utiliser ce même dialogue avec les autres personnes de votre entourage?

Quel est l'effet de ce dialogue sur vous?

Troisième partie
Identifier les prophètes de malheur et modifier leurs messages

On entend par prophètes de malheur l'ensemble des voix intérieures qui vous humilient, vous abaissent, vous comparent, vous jugent et vous accablent de reproches. Ces voix représentent des personnes ou des éducateurs significatifs pour vous dont le rôle a été marquant dans votre vie. Par leurs paroles et leurs gestes, ces personnes vous ont incité à vous mésestimer et à manquer de confiance en vous.

Nommez les personnes qui n'ont pas été aidantes au cours de votre éducation. En quoi ne vous ont-elles pas aidé?

Dans votre dialogue intérieur, vous répétez-vous encore ce qu'elles vous ont fait ou vous ont dit? Avez-vous tendance à utiliser ce même dialogue avec les autres personnes de votre entourage?

Quel est l'effet de ce dialogue sur vous?

Quatrième partie
Contrer l'influence des prophètes de malheur

Plusieurs personnes n'ont pas conscience du dialogue intérieur de leurs prophètes de malheur. Ce dialogue intérieur négatif entretient des scénarios destructeurs pour l'estime de soi. Si elles prennent conscience de ce dialogue intérieur ou de ces scénarios, elles peuvent en contrer les effets en faisant appel au message des prophètes de bonheur.

Exemple :

Je fais une erreur et j'enclenche un dialogue intérieur négatif en me disant : « Je suis bête. » Je dois alors m'arrêter pour chercher le message du prophète de bonheur qui contrera l'influence néfaste de mon prophète de malheur :

- Ce n'est pas si grave…

- C'est réparable.

- Quel moyen vais-je prendre pour réparer mon erreur?

- Qu'est-ce que j'apprends de cette erreur?

Si la personne n'arrive pas à prendre conscience de son dialogue intérieur pessimiste, elle a accès à celui-ci, d'une façon indirecte, par le kinesthésique ou le visuel.

Exemple :

> Si je vois la vie en noir, ou que je ressens un malaise ou encore que je vis une tension, je peux m'arrêter à ce phénomène de vision, de vue pessimiste ou de tension. J'interroge cet état intérieur et je me demande alors : « Quelle phrase ai-je pu m'adresser qui a provoqué de tels effets? »

Une fois que le message est conscientisé, la personne peut modifier la phrase en recourant au prophète de bonheur.

Exemple :

> Si une de mes tensions me répète constamment : « Je suis stupide », je me déprogramme en me disant : « Je ne suis pas vraiment stupide et je peux fort bien trouver des solutions à mon problème. »

Choisissez un de vos prophètes de malheur et exercez-vous à remplacer son message de malheur par un message de votre prophète de bonheur à l'aide de la technique proposée plus haut.

Si la phrase négative persiste, déprogrammez-vous en vous aidant de la prochaine stratégie, « Déprogrammer des messages nuisibles à l'estime de soi », à la page 125.

Réflexion personnelle

Partage sur l'expérience vécue

3. Déprogrammer des messages nuisibles à l'estime de soi

Histoire

Le développement

À un disciple qui se plaint de ses limites, le Maître dit : « C'est vrai, tu as des limites. Mais te rends-tu compte qu'aujourd'hui tu peux faire des choses que tu ne pouvais pas faire il y a quinze ans? Qu'est-ce qui a changé?

– Mes dons.

– Non. C'est toi.

– N'est-ce pas la même chose?

– Non. Tu es ce que tu crois être. Le jour où tu as commencé à penser différemment, tu as changé. »

Tiré de *Une minute de sagesse*
d'Anthony de Mello

Matière à réflexion

« Ce n'est pas tant la signification des mots qui influence l'estime de soi, mais bien la façon de se les dire. »

Jean Monbourquette

Objectifs

- Faire l'inventaire des messages nuisibles qui continuent à encourager la mésestime de soi-même.

- Apprendre à s'en déprogrammer et à les remplacer par des messages constructeurs de l'estime de soi.

Explication

Certains messages, enregistrés à son insu, spécialement durant l'enfance, exercent une influence nocive sur le comportement. Ces messages venant de personnes significatives agissent à la façon de programmations souvent inconscientes. Ils sabotent parfois les tentatives pour retrouver l'estime de soi et la confiance en soi.

Ce n'est pas tellement en changeant leur contenu qu'il devient possible de se libérer de ces messages. C'est surtout en prenant conscience de leur tonalité, de leur volume et du rythme avec lequel nous nous les répétons. Se délivrer de ces messages et de leur influence requiert de modifier leur tonalité, leur rythme et leur volume. Cette démarche peut se comparer à réaliser un nouvel enregistrement sur une cassette usagée.

Libre à chacun de modifier ces messages destructeurs et de se soustraire à leur influence.

Stratégie

Première partie
Faire l'inventaire des messages nuisibles

1. Faites la liste de trois situations malheureuses qui vous ont traumatisé. Choisissez-en une et, si possible, rappelez-vous la phrase qui vous a été dite à ce moment-là. Quel message conscient ou inconscient envoyé par votre entourage vous a blessé ou traumatisé?

2. Vous arrive-t-il de vous répéter ce message?

3. Quel jugement avez-vous porté sur vous lors de cette situation malheureuse? Ce jugement est-il devenu une de vos croyances? L'avez-vous accepté de façon plus ou moins consciente?

Exemples :

- Les autres sont meilleurs que moi.
- Je suis un incapable.
- Je n'y arriverai jamais.
- Je suis nul.
- Je ne suis pas intéressante.
- Je n'ai rien à dire.
- Je n'ai pas confiance en moi.
- Etc.

Deuxième partie
Dédramatiser les messages de mésestime de soi

Pour une personne seule

1. Seul ou dans un endroit très discret, reprenez le message blessant et changez-en la tonalité, le rythme et le volume. Répétez cette phrase au moins...

- dix fois très doucement;
- dix fois très fort;
- dix fois très lentement;
- dix fois très rapidement;
- dix fois d'un ton aigu;
- dix fois d'un ton grave;
- dix fois en l'exagérant.

2. Chantez-la sur un air connu ou sur une mélodie composée spontanément. Chantez-la et dansez-la.

Pour un groupe

1. L'animateur invite les participants à se lever et à former un cercle.

2. Pour créer un climat de confiance et de respect, l'animateur demande aux participants de recevoir avec empathie la révélation de la phrase blessante de chaque participant.

3. L'animateur prononce la phrase qui fut blessante pour lui et invite ensuite chacun des participants à exprimer sa propre phrase.

4. Une fois que tous les participants se sont exprimés, l'animateur procède à la technique de dédramatisation. Cette dernière consiste à changer les modalités de la phrase blessante. Pour chacune des modalités, l'animateur donne l'exemple et invite le groupe à répéter cette modalité avec lui.

L'animateur invite les participants à dire tous ensemble leur phrase au moins...

- dix fois très doucement;
- dix fois très fort;
- dix fois très lentement;
- dix fois très rapidement;
- dix fois d'un ton aigu;
- dix fois d'un ton grave;
- dix fois en l'exagérant.

5. Ensemble, ils la chantent et la dansent sur un air connu.

6. La dédramatisation achevée, chacun vérifie si la phrase blessante a encore un effet négatif sur lui en se mettant à l'écoute de son intériorité.

Réflexion personnelle

Partage sur l'expérience vécue

Stratégies auditives

4. Répondre adéquatement à des commentaires destructeurs

Histoire

La « Tirade du nez »

À une personne qui voulait l'insulter en lui disant que son nez était très grand, Cyrano répliqua :

C'est un peu court; jeune homme!

On pouvait dire… Oh! Dieu!… bien des choses en somme…

En variant le ton, — par exemple, tenez :

Agressif : « Moi, monsieur, si j'avais un tel nez,

Il faudrait sur-le-champ que je me l'amputasse! »

Amical : « Mais il doit tremper dans votre tasse!

Pour boire, faites-vous fabriquer un hanap! »

Descriptif : « C'est un roc!… c'est un pic!… c'est un cap!

Que dis-je, c'est un cap?… C'est une péninsule! »

Curieux : « De quoi sert cette oblongue capsule?

D'écritoire, monsieur, ou de boîte à ciseaux?… »

Tiré de la « Tirade du nez », Ier acte,
dans *Cyrano de Bergerac*,
d'Edmond Rostand

Objectifs

- Se protéger des commentaires négatifs susceptibles de provoquer la mésestime de soi.
- Apprendre à maîtriser différentes stratégies de réponses.

Explication

Voici quelques-unes des réactions possibles à des commentaires négatifs imprévus ou, pire encore, faits en public :

- Sous l'effet du choc, se taire.
- Se culpabiliser.
- Éprouver de la honte.
- Développer de l'angoisse.
- Vouloir se venger en agressant verbalement ou physiquement l'adversaire.
- Déplacer sa colère sur d'autres.
- Accepter d'emblée les commentaires négatifs et donner raison à l'agresseur.
- Enclencher un dialogue intérieur de mésestime de soi.
- Etc.

Toutes ces réactions sont de nature à susciter la mésestime de soi. Comment dès lors réagir dans le respect de soi-même et d'autrui? Les stratégies suivantes donnent des pistes de solutions pour ce problème.

Stratégie

Première partie
Faire l'inventaire des commentaires négatifs

Pour une personne seule

1. Faites l'inventaire des commentaires négatifs, critiques, reproches injustifiés et sarcasmes que vous avez reçus.

2. Décrivez chaque situation dans laquelle vous avez reçu ces commentaires négatifs.

3. Décrivez votre réaction habituelle face aux critiques selon le contexte dans lequel vous vous trouvez.

4. Nommez le changement que vous voudriez apporter à votre réaction.

Pour un groupe

1. L'animateur forme des équipes de quatre participants et suit la démarche précédente.

2. Les participants dans chaque équipe comparent leurs diverses réactions.

Deuxième partie
Bien réagir face à des commentaires négatifs

Voici quelques façons de réagir adéquatement à des commentaires négatifs.

- Choisissez de ne pas répondre, changez de sujet de conversation ou de lieu, ou encore signifiez verbalement votre intention : « Je ne discute pas dans un tel contexte. »

- Reformulez en d'autres mots ce qui est dit mais en adoucissant le message : « Si je comprends bien ce que vous me dites, c'est... »

- Ajoutez aux critiques ou aux reproches en utilisant, par exemple, la méthode Cyrano.

- Allez à l'intérieur de vous-même et demandez-vous comment une personne peut se sentir pour dire de telles choses : « Il me semble que vous devez vous sentir très menacée ou très malheureuse pour me parler ainsi. »

- Dénoncez la teneur du message : « Je ne sais pas si vous êtes suffisamment conscient de la portée de votre commentaire négatif… » (sarcasme, blâme, critique, etc.).

- Questionnez votre interlocuteur sur son intention et décrivez-lui votre réaction : « Je ne sais pas si vous vouliez m'insulter, mais moi, je me sens très humilié. »

- Donnez l'impression à votre interlocuteur qu'il parle à un autre que vous et transformez son message en information : « C'est intéressant ce que vous dites, pourriez-vous être plus précis? »

- Répondez par un proverbe : « La violence est la défense des faibles » ou racontez une histoire : « Je connais quelqu'un qui critique beaucoup et qui… »

- Dites à votre interlocuteur : « C'est très important ce que vous dites, j'aimerais en discuter avec vous en particulier. »

- Ayez des comportements non verbaux qui diminuent l'effet des commentaires négatifs :

  Faites un geste de rejet de la main comme pour annuler le commentaire désobligeant.

  Passez-vous la main sur le front en disant intérieurement : « J'ignore ce commentaire. »

  Fermez les yeux.

  Croisez-vous les bras.

  Repoussez de la main.

  Détournez la tête.

Évitez de laisser pénétrer la phrase désobligeante à l'intérieur de vous.

Bloquez ce message avec d'autres phrases plus constructrices.

Après avoir lu cette liste de réactions, choisissez celles qui correspondent le plus à votre personnalité.

Troisième partie
S'exercer à pratiquer la réaction désirée

1. Relisez votre inventaire des commentaires négatifs et la description du contexte dans lequel vous les avez reçus. Choisissez un commentaire négatif.

2. Exercez-vous à y répondre en utilisant le type de réponse qui vous correspond le mieux.

3. Posez-vous la question : « Comment est-ce que je me sens en répondant de cette façon? Que se passe-t-il en moi? »

4. Si vous considérez votre réaction satisfaisante, exercez-vous à un autre style de réponse pour acquérir de la flexibilité.

Si vous n'êtes pas satisfait de votre réaction, trouvez les causes de votre insatisfaction et essayez un autre style de réponse. Vérifiez votre degré de satisfaction pour ce nouveau style de réponse.

Quatrième partie
Jeu de rôle en groupe

1. L'animateur invite les participants à former des équipes de quatre personnes. Les participants de chaque équipe décident qui sera A, B, C et D.

2. A raconte à ses coéquipiers une situation où il a reçu un commentaire négatif.

3. B joue le rôle de l'interlocuteur agressif et lui redit le commentaire négatif.

4. A réagit selon son nouveau style de réponse.

5. C et D observent les réactions de A et de B et font leurs commentaires.

6. A décrit ce qu'il a vécu en répondant de cette nouvelle manière et ajuste, au besoin, son nouveau comportement.

7. B, C, et D prennent le rôle de A chacun à leur tour.

8. Une fois que A, B, C, et D ont terminé, ils reprennent l'exercice pour s'exercer à pratiquer d'autres façons de répondre à divers commentaires négatifs.

Réflexion personnelle

Partage sur l'expérience vécue

5. Transformer ses croyances limitatives en des croyances constructrices de l'estime de soi

Histoire

Oui, moi, je le peux

Ce dialogue, inspiré d'un article dans une revue d'affaires, illustre la différence entre une attitude pessimiste et une attitude optimiste.

Je ne peux pas le faire	Oui, je le peux
Nous n'avons jamais fait ça.	Nous serons les premiers.
C'est trop compliqué.	Commençons simplement.
Nous n'avons pas les ressources.	La nécessité fait découvrir les ressources.
Ça ne marchera jamais.	Faisons un essai honnête.
Nous n'aurons jamais le temps.	Réévaluons nos priorités.
Nous l'avons essayé.	Qu'est-ce que cette expérience nous a permis d'améliorer?
Il n'y a pas moyen que ça marche.	Nous pouvons le faire marcher.
C'est contraire à nos traditions.	Créons-en une nouvelle.

C'est une perte d'argent.	L'investissement en vaut le coup.
Nous n'avons pas la compétence.	Allons la chercher chez ceux qui l'ont.
Notre compagnie est trop petite.	Nous l'agrandirons.
Nos clients ne seront pas d'accord.	Nous les informerons sur le projet.
Notre façon de fonctionner est satisfaisante.	Nous pouvons toujours nous améliorer.
Nous n'avons pas assez d'argent.	Nous annulerons d'autres dépenses moins utiles.
On n'acceptera jamais ça.	Surprenons tout le monde.
Nous n'avons pas assez d'espace.	Louons un espace temporairement.
Ça ne pourra jamais se réaliser.	Nul ne le sait, si on ne l'essaie pas.
Nous manquons d'équipement.	Nous pouvons en louer.
C'est un virage trop radical.	Nous irons à notre rythme.
Ça ne peut pas se réaliser.	C'est un beau défi à relever.
Personne ne communique dans notre compagnie.	Commençons à le faire.
Je n'ai aucune idée nouvelle.	Faisons un remue-méninges.
Laissons cela à d'autres.	Je désire relever un beau défi; ce sera une expérience stimulante.
Je ne peux pas.	Oui, moi, je le peux.

Jean Monbourquette

Objectifs

- Faire l'inventaire de ses croyances inutiles ou limitatives pour l'estime de soi.
- Apprendre à les transformer en croyances plus épanouissantes.

Explication

Une croyance est une conviction ou une opinion personnelle qui devient une règle de vie. Elle s'acquiert à la suite d'un jugement global porté sur des événements heureux ou malheureux.

Certaines croyances favorisent l'estime de soi. Elles naissent à la suite d'expériences heureuses. Il existe aussi des croyances limitatives et nuisibles pour l'estime de soi dont il faut se défaire.

Une partie de nos croyances nous viennent de nos parents et de nos éducateurs. Ceux-ci nous ont transmis leurs croyances à partir de leurs propres expériences heureuses ou malheureuses. Au sein de la famille, ces croyances ont pris la forme de sentences, de proverbes ou de règles de vie.

Stratégie

Première partie
Découvrir ses croyances limitatives

Faites l'inventaire des sentences, des proverbes familiaux ou des règles de vie que vos parents vous ont transmis sur l'argent, les étrangers, la sexualité, le fait de prendre des risques, le travail, les loisirs, la gestion du temps, la politesse, etc.

Ou lisez la liste des croyances limitatives et pointez celles que vous avez adoptées dans votre vie et qui sont toujours actives.

Tendances au perfectionnisme

- Je n'ai pas le droit d'être imparfait, de ne pas savoir, de ne pas me sentir capable, etc.
- Je dois tout faire à la perfection : ce qui mérite d'être fait mérite d'être bien fait.
- Je dois pouvoir trouver des solutions parfaites à mes difficultés.

- Je dois apprendre à traiter tout le monde sur le même pied et à être bien avec tous.
- Je me blâme constamment pour mes erreurs.
- J'ai toujours peur de me tromper, de commettre une bévue.
- C'est difficile d'admettre une erreur.
- Si j'admets mes torts, je me sens rabaissé.
- Je n'accepte pas facilement les compliments; j'attends toujours le pot avec les fleurs.
- Tant que je n'ai pas tout réussi, je n'aurai rien réussi.
- Je trouve la critique intolérable.
- Je n'ose pas apprécier mes petits succès, car je peux toujours faire mieux.

Tendances à se comparer

- Je me sens toujours inférieur quand je me compare à d'autres.
- Je me déprécie lorsque je me compare à de grandes vedettes : artistes, athlètes, etc.
- Je sais que je suis né « pour un petit pain ».
- Je ne peux pas me fier à mes succès ni à mes réussites, tout cela est transitoire.
- Je crois avoir un défaut qui fait partie de ma nature, c'est pourquoi je ne pourrai jamais réussir aussi bien que les autres.
- Quand ça ne tourne pas rond, c'est toujours de ma faute.
- J'ai la conviction d'être un imposteur ou une personne qui prétend être ce qu'elle n'est pas.

Tendances à se sentir victime des événements, des choses et des personnes

- Quand les événements ne se déroulent pas comme je l'avais prévu ou voulu, je trouve la vie difficile et insupportable.

- J'ai l'impression que ce sont les autres qui sont responsables de ce que je ressens : ce sont eux qui me rendent heureux, malheureux, fâché, etc.
- Je suis facilement bouleversé par les événements et les personnes.
- Je tolère mal les déceptions.
- Je m'inquiète toujours du sort des personnes que j'aime.
- Je me laisse facilement abattre par les contrariétés.
- Je suis incapable d'agir si je n'ai pas l'approbation de tout le monde.
- Je n'ose jamais refuser quand on me donne des responsabilités, des fonctions ou des tâches.
- Mon bonheur dépend des autres.
- Je ne peux pas dire « non » aux demandes des autres.

Tendances à avoir un besoin excessif de l'approbation des autres

- J'ai toujours besoin de l'approbation des autres pour bien fonctionner.
- Je désire que tout le monde m'aime.
- J'ai un besoin intense d'être accepté et admiré par les autres.
- Je me sens crouler sous le poids des responsabilités.
- J'ai peur de ne pas être aimé si je me laisse voir tel que je suis.
- Les attentes d'autrui m'oppressent souvent.

Avoir besoin de se sentir supérieur et en contrôle

- Pour me sentir à l'aise, je dois me considérer supérieur aux autres.
- Quand je rencontre quelqu'un, je dois me sentir soit supérieur soit inférieur à lui.

- En groupe, j'ai un immense besoin d'affirmer ma valeur personnelle.
- Je me sens très menacé quand quelqu'un ne pense pas comme moi.
- J'estime que l'on n'est bien servi que par soi-même.
- Je ne peux pas me fier aux autres pour accomplir une tâche importante.
- Dans les tâches collectives, je suis porté à en faire plus que les autres pour me prouver que je leur suis supérieur.

Croyances irréalistes se rapportant au passé, au présent et au futur

- Je ne pourrai jamais changer mes attitudes et mes comportements à cause d'un passé douloureux.
- Je ne pourrai jamais rattraper le temps perdu; je dois accepter de rester comme je suis, c'est-à-dire ignorant et inférieur.
- Mon passé conditionne tout mon avenir.
- À mon âge, je ne peux plus me refaire.
- J'ai peur de l'avenir que j'entrevois très sombre.
- Pourquoi aimer quelqu'un si on doit le perdre à sa mort?
- Je remets sans cesse à demain ce que je peux faire aujourd'hui.
- J'ai peur de prendre des risques, car on ne connaît jamais l'avenir.
- Je m'inquiète toujours à propos des échéances.
- Je me sens coupable de ne pas avoir profité des occasions de m'épanouir que j'ai eues dans le passé.
- Le monde est toujours incertain; je m'imagine le pire pour l'avenir.
- Je ne peux tout de même pas m'enorgueillir de mes succès passés.

- Le manque d'amour dont j'ai souffert dans mon enfance m'empêchera toujours d'être heureux.

Deuxième partie
Se libérer de ses croyances limitatives

1. Prenez chacune de vos croyances limitatives. Biffez les généralisations et les mots abstraits ou imprécis (tels que *personne, toujours, jamais, chaque, tout le monde, on,* etc.) pour les remplacer par des mots concrets et précis.

2. Découvrez les présupposés qui se cachent derrière ces croyances.

Exemple :

« Mon passé conditionne tout mon avenir » est une de mes croyances. Adhérer à cette croyance présuppose que je ne peux pas changer, que mon avenir est déterminé par mon passé et que je ne suis pas responsable de mon avenir. Je suis prisonnier des événements de ma vie passée.

3. Trouvez l'événement ou les événements traumatisants qui vous font penser de cette manière.

Exemple :

Mon père se moquait de moi.

4. Trouvez l'origine de ces croyances : peurs de famille, mythes familiaux, proverbes, etc.

Exemple :

Ma mère m'a transmis le mythe suivant : « Les hommes sont dominants et je dois être soumise. »

5. Formulez le contraire de chaque croyance pour en vérifier le bien-fondé.

Exemple :

- Mon passé ne conditionne pas tout mon avenir.

- Mon passé conditionne en partie mon avenir, ce n'est pas le facteur le plus important.

- Mes désirs conditionnent davantage encore mon avenir.

6. Trouvez des cas où la croyance s'est révélée fausse.

Exemple :

Malgré un passé malheureux, je réussis dans ma vie affective.

7. Écrivez une nouvelle croyance (affirmation) qui serait épanouissante pour vous.

Exemple :

J'ai résolu, en partie, mes problèmes causés par mon passé et j'entrevois un avenir plus brillant.

8. Resituez la croyance dans une autre perspective. Cette croyance pourrait vous aider dans telle ou telle situation, mais non dans celle-ci.

Exemple :

Les événements malheureux de mon passé m'ont permis d'être plus fort et m'ont appris la débrouillardise.

Réflexion personnelle

Partage sur l'expérience vécue

Stratégies auditives

6. Transformer ses erreurs en source d'informations et d'apprentissage

Histoire

La bouteille de lait

Au cours d'une entrevue, un journaliste demanda à un savant renommé : « Comment faites-vous pour ne pas vous décourager devant tous vos insuccès? »

Le savant lui répondit qu'il avait appris de sa mère, à l'âge de trois ans, qu'on pouvait transformer une mauvaise expérience en une occasion d'apprentissage.

Il raconta alors qu'enfant, il avait pris gauchement une bouteille de lait dans la porte du réfrigérateur et l'avait laissée tomber. Tout le lait s'était renversé. À cause du bruit, sa mère était accourue. À la vue du lait renversé, elle lui proposa : « Aimerais-tu jouer avec le lait sur le plancher, faire des dessins? » Après l'avoir laissé s'amuser, elle lui dit : « Avec quoi allons-nous ramasser le lait : un linge, une éponge, une vadrouille? »

Une fois le plancher bien nettoyé, et après lui avoir donné un bain, elle lui dit : « Si tu as laissé tomber la bouteille de lait, c'est que tu n'as pas appris comment la tenir. Allons dehors, je mettrai de l'eau dans une bouteille et tu pourras t'exercer à la prendre. »

Tout heureux, il prit la bouteille et, à nouveau, la bouteille lui glissa des mains. Il refit ce geste jusqu'au moment où il se rendit compte que s'il tenait la bouteille par le haut, il avait une meilleure prise sur elle et parvenait à la transporter.

« À partir de ce moment-là, ajouta le savant renommé, j'ai employé mon énergie et mon temps à trouver des solutions au lieu de me laisser paralyser par mes insuccès. »

Myrna Ladouceur

Matière à réflexion

« Lorsque j'ai un problème, j'emploie cinq à dix pour cent de mon énergie à déplorer la situation, et j'emploie quatre-vingt-dix à quatre-vingt-quinze pour cent de mon énergie et de mon temps à résoudre le problème. »

Anthony Robbins

Objectifs

- Lors d'une erreur, faire taire tout dialogue intérieur qui paralyse l'initiative et empêche de passer à l'action.

- Transformer le dialogue intérieur en dialogue positif de façon à réparer ses erreurs et à apprendre d'elles.

Explication

La constatation d'une erreur, d'une bévue, d'un impair ou d'un accident enclenche un dialogue intérieur accusateur. Il enferme la personne dans un état d'impuissance et la prive de ses ressources. La personne reste fixée sur l'événement et n'arrive pas à s'en sortir. Souvent, elle tend à généraliser ce dialogue négatif et à l'étendre à tous les domaines de sa vie. Une croyance nuisible vient de naître en elle.

Voici quelques exemples de discours accusateur envers soi-même :

- Je suis maladroite.
- Je suis bon à rien.

- Toute ma journée sera ratée.
- Il n'y a qu'à moi que cela arrive.
- Qu'est-ce que les autres vont dire de moi?

Il importe tout d'abord de dédramatiser la situation par des paroles telles que :

- Ce n'est pas si grave.
- C'est réparable.
- C'est arrivé, qu'est-ce que je peux faire maintenant?

Ce dialogue permet de prendre une distance à l'égard de l'événement et d'établir ensuite un dialogue constructeur. Voici un exemple de dialogue constructeur : « Qu'est-ce que je choisis de faire maintenant? »

Stratégie

Voici un exercice pour arriver à transformer ses erreurs en source d'informations et d'apprentissage.

1. Trouvez une situation où vous avez commis une erreur, une bévue ou une maladresse.

2. Racontez cette situation, comme si vous la reviviez, et décrivez votre dialogue intérieur et votre état d'impuissance.

3. À un moment donné, trouvez votre propre manière d'arrêter le flot de paroles et le train de votre pensée. Certains diront : « Stop! », « Arrête! », « Ça suffit! », « Wô! », etc.

4. Changez alors de place pour prendre de la distance à l'égard de cette situation et enclenchez un dialogue constructeur.

Exemple :

- Qu'est-ce que je choisis de faire dans cette situation?
- Quelles autres solutions se présentent à moi?
- Comment pourrais-je utiliser cette expérience pour faire mieux?

- Est-ce que j'ai à réparer quelque chose? Si oui, comment le faire?
- Quelle est ma part de responsabilité?
- Qu'est-ce que cet événement m'apprend?

5. Choisissez un autre cas et appliquez-lui la même stratégie.

6. Recommencez cinq ou six fois au besoin.

Réflexion personnelle

Partage sur l'expérience vécue

Stratégies émotives

I. Améliorer l'estime de soi par le soin du corps

Histoire

Le petit prince et le marchand

– Bonjour, dit le petit prince.

– Bonjour, dit le marchand.

C'était un marchand de pilules perfectionnées qui apaisent la soif. On en avale une par semaine et l'on n'éprouve plus le besoin de boire.

– Pourquoi vends-tu ça? dit le petit prince.

– C'est une grosse économie de temps, dit le marchand. Les experts ont fait des calculs. On épargne cinquante-trois minutes par semaine.

– Et que fait-on de ces cinquante-trois minutes?

– On en fait ce que l'on veut…

« Moi, se dit le petit prince, si j'avais cinquante-trois minutes à dépenser, je marcherais tout doucement vers une fontaine… »

Tiré de *Le Petit Prince*
d'Antoine de Saint-Exupéry

Objectifs

- Prendre conscience de la manière dont on traite son corps.
- Se préoccuper de sa santé : alimentation, repos, relaxation, sommeil, exercice, habillement, etc.

Explication

Cette stratégie vise à faire prendre conscience que l'estime de soi est reliée au soin que l'on porte à son corps. Par exemple, une personne qui manque d'oxygène manque d'énergie, ce qui affecte son estime d'elle-même et sa confiance en elle-même. Une personne qui n'a pas une bonne posture (dos courbé, tête penchée, etc.) verra sa capacité d'augmenter son estime et sa confiance en elle-même diminuée.

Plusieurs ignorent que l'amélioration de leur apparence ou de leur forme physique peut leur donner une meilleure estime d'eux-mêmes. Les stratégies psychologiques et spirituelles ne sont pas les seuls moyens pour augmenter l'estime de soi et la confiance en soi. Il est important de s'occuper des trois dimensions de son être : spirituelle, psychologique et corporelle.

Cette stratégie touche aux domaines de l'alimentation, du repos et de la relaxation, de l'exercice musculaire et de l'exercice en plein air, de la vie sexuelle, de l'environnement, de l'habillement, des activités, du temps de loisirs et de vacances, des symptômes de la fatigue, des ennuis de santé et du vieillissement.

Stratégie

Rappel de quelques conseils de santé physique

L'alimentation

Avez-vous un régime alimentaire bien équilibré selon les lois de la diététique? Est-ce que ce régime est adapté à vos besoins énergétiques?

Prenez-vous le temps de vous préparer de bons repas?

Dans quelle atmosphère se déroulent vos repas? Dans un climat de détente en prenant le temps nécessaire pour bien mastiquer? Dans un lieu où vous pouvez éviter les tensions causées par l'environnement?

Le repos

Faites-vous une sieste lorsque vous vous sentez fatigué?

Pratiquez-vous une méthode de relaxation efficace pour vous?

Le sommeil

Préparez-vous votre sommeil en vous relaxant suffisamment et en faisant une coupure avec toutes les activités de la journée?

Vous accordez-vous suffisamment d'heures de sommeil pour vous permettre de refaire vos énergies?

L'exercice musculaire et l'exercice en plein air

Avez-vous un sport préféré? Le pratiquez-vous de façon régulière? Est-il adapté à vos besoins ou à vos capacités?

Saisissez-vous les occasions d'intégrer des exercices dans votre routine quotidienne? Vous créez-vous de telles occasions?

Exemple :

Monter et descendre les escaliers, marcher au lieu de prendre votre voiture, etc.

Vous oxygénez-vous suffisamment à l'extérieur?

Le besoin de tendresse

Avez-vous des moments de tendresse? Recevez-vous et donnez-vous régulièrement des caresses avec affection ou amour?

L'environnement matériel

Comment pourriez-vous améliorer votre environnement matériel (chambre, maison, lieu de travail, etc.) de façon à créer un milieu de vie harmonieux contribuant à votre épanouissement (couleurs, disposition des meubles et des objets, etc.)?

L'habillement

Dans quels vêtements vous sentez-vous à l'aise et bien dans votre peau?

Est-ce que vous vous estimez assez pour prendre le temps nécessaire de choisir des vêtements confortables et en harmonie avec vos goûts?

Les activités

Consultez-vous votre corps avant d'entreprendre des activités ou agissez-vous par obligation? Dans votre agenda, prévoyez-vous du temps pour vous-même?

Les vacances

Prenez-vous le temps de déconnecter mentalement de vos activités habituelles? Vos vacances ressemblent-elles à un marathon d'activités? Vos vacances sont-elles de vrais moments de récupération?

Les symptômes d'un corps fatigué

Êtes-vous sensible aux signes de fatigue de votre corps?

Les ennuis de santé

Comment les accueillez-vous? Est-ce que vous pouvez les relier à des événements malheureux dont vous n'avez pas fait le deuil ou encore à des conflits intérieurs persistants?

Vous pouvez vous référer aux stratégies « Travailler le deuil », p. 283, et « Guérir par la résolution de ses conflits », p. 381, dans la partie de l'estime du Soi.

Le déclin des forces

Vos activités et plus particulièrement votre travail sont-ils proportionnés à votre niveau d'énergie?

Réflexion personnelle

Partage sur l'expérience vécue

Stratégies émotives

2. Accepter des parties mal-aimées de son corps

Histoire

La petite souris de Brahmâ

Une souris vint se plaindre à Brahmâ : « J'ai peur des chats, s'il te plaît, transforme-moi en chat! » Elle fut transformée en chat. Le chat eut alors peur des tigres et voulut devenir un tigre. Ainsi dit, ainsi fait. Mais le tigre eut peur du chasseur. Brahmâ le transforma en chasseur. Et le chasseur, mal dans sa peau, rêvait d'être une femme. Son rêve devint réalité et la femme eut peur d'une souris. Brahmâ lui dit : « Sois une vraie souris, tu apprendras à vivre sans envie et sans peur… »

D'après *Paraboles de bonheur*
de Jean Vernette et Claire Moncelon

Objectifs

- Prendre conscience des parties de son corps qu'on a tendance à déprécier ou même à mépriser.
- Changer son attitude envers elles et les accepter.

Explication

Il arrive souvent que des gens n'apprécient pas leur corps parce qu'ils ne portent attention qu'aux parties de leur physionomie non conformes aux critères conventionnels de beauté. Ils ont, par exemple, une peau boutonneuse, une taille un peu forte, un ventre bedonnant. Ces personnes s'identifient avec telle ou telle partie imparfaite de leur corps et perdent de vue l'ensemble des traits agréables de leur physionomie.

L'exercice de visualisation suivant aide à accepter des parties mal-aimées de son corps, à se réconcilier avec elles, voire à les apprécier.

Stratégie

Visualisation des parties de son corps

Accompagné d'une musique douce, vous vous asseyez confortablement, les deux pieds posés sur le plancher et vous détachez vos vêtements trop serrés.

Pause

Vous regardez les objets qui vous entourent. Vous fermez les yeux et vous entrez peu à peu à l'intérieur de vous-même.

Vous entendez encore les bruits autour de vous; cela vous invite à entrer davantage en vous-même.

Vous prenez conscience de la position de votre corps sur la chaise, de vos pieds sur le sol. Cela vous amène à entrer plus profondément à l'intérieur de vous-même.

Imaginez maintenant les diverses parties de votre corps, celles dont vous êtes fier et celles dont vous ne l'êtes pas. Prenez le temps de bien les percevoir.

Prenez soin surtout de distinguer les parties de votre corps que vous détestez.

Choisissez une des parties de votre corps avec laquelle vous aimeriez dialoguer.

Assurez-la de votre attention, de votre écoute sympathique à sa souffrance. Touchez avec délicatesse cette partie mal-aimée; vous la connaissez sûrement puisque vous vivez avec elle 24 heures sur 24. Usez de beaucoup de tendresse à son égard, comme si elle était une personne souffrante et rejetée. Plus vous établirez un contact avec elle, plus vous la connaîtrez. Traitez-la comme une amie mystérieuse que vous êtes cependant enclin à méconnaître.

Imaginez qu'elle est une personne avec un visage, des yeux, un nez, une bouche, comme on en voit dans les bandes dessinées. Donnez-lui un nom; laissez-la se dire à vous.

Écoutez-la exprimer sa souffrance d'être trop souvent méprisée et d'être pour vous un objet de honte. Écoutez-la vous dire qu'elle s'est aperçue de votre honte quand les autres se moquaient d'elle.

Pendant qu'elle vous parle, approchez-vous d'elle comme si vous vouliez compatir de plus près à sa peine. Prêtez attention à chacune de ses paroles, à la tonalité de sa voix et observez son air quand elle vous parle.

Accentuez davantage le contact avec elle et demandez-lui pardon pour toute cette souffrance que vous lui avez occasionnée. Rappelez-lui que vous reconnaissez l'importance du rôle qu'elle remplit en vous. Avez-vous déjà songé à ce qui arriverait si cette partie mal-aimée refusait de collaborer avec vous?

Excusez-vous auprès d'elle de la honte que vous avez ressentie pour une aussi petite imperfection. Cette imperfection est un détail par rapport à la beauté de l'ensemble de votre corps. Faites-lui savoir que vous l'acceptez.

Comment réagit-elle à se sentir comprise par vous et à vous entendre lui demander pardon? Attendez sa réponse. Accepte-t-elle de vous pardonner? Si oui, vous en éprouverez une grande paix. Par ailleurs, si vous n'avez pas l'impression d'avoir été pardonné, continuez de la rassurer, de lui exprimer votre regret de l'avoir humiliée et de lui montrer votre considération. Peu à peu, elle reprendra dans votre corps la place et la fonction qui lui reviennent.

Vous venez de vous réconcilier avec la partie de vous-même que vous aviez rejetée parce qu'elle vous faisait honte. Vous l'acceptez maintenant et vous cherchez à l'apprivoiser davantage. Vous avez l'impression d'avoir une nouvelle amie. Vous en ressentez un grand bonheur et un grand bien-être.

Observez combien les gens vous regardent maintenant d'une autre manière, écoutez leurs commentaires. Et vous aurez raison de leur exprimer votre satisfaction. Vous vous sentirez plus à l'aise en compagnie de vos proches, de vos amis et des étrangers.

Plus vous apprécierez cette partie de vous-même, plus vous reconnaîtrez son importance, plus vous serez porté à prendre soin d'elle. Le plus étonnant est que vous aurez envie d'améliorer votre apparence. En effet, vous serez devenu plus conscient du rôle de chacune des parties de votre corps.

Vous êtes unique au monde et votre apparence corporelle reflète votre unicité. Tous les jours vous accepterez de plus en plus votre corps et vous chercherez à en améliorer l'apparence.

Prenez maintenant une inspiration profonde et laissez le sentiment de bien-être et de détente envahir tout votre être. À chaque inspiration, vous éprouvez une grande fierté et une grande reconnaissance.

Puis vous prenez le temps de sortir de votre intériorité et de revenir à l'extérieur de vous-même. Vous ouvrez les yeux; vous regardez autour de vous; vous entendez les bruits de l'extérieur; vous vous frottez les mains et vous revenez à l'extérieur de vous-même.

Réflexion personnelle

Partage sur l'expérience vécue

Stratégies émotives

3. Écouter les messages de son corps

Histoire

Celui qui ne se sentait pas

Un homme restait seul et silencieux, le regard fixé sur l'écran de télévision sans même voir ce qui s'y déroulait. Perdu dans ses pensées, il ressassait le dialogue qu'il avait eu avec sa compagne lors d'une dispute. Il s'était laissé emporter par un flot de paroles alors qu'il ne savait trop ce qu'il disait. Tout de suite après, sa compagne l'avait quitté. Il en avait les larmes aux yeux.

Il voulut se verser un verre d'alcool mais il se sentit tout à coup mal à l'aise. Il arrêta son geste; une boule lui serrait la gorge. Intrigué par son malaise, il chercha à en identifier la cause. Il se dit : « J'ai de la peine. » Il répéta : « J'ai de la peine. » Pour la première fois de sa vie, il nommait une de ses émotions.

Jean Monbourquette

Objectifs

- Prendre contact avec son corps.
- Reconnaître les états de tension et de malaise.
- Exprimer en paroles et en images les messages des tensions en vue de les dissoudre.

Explication

Le corps enregistre toutes les tensions. Entrer en contact avec son corps constitue un moyen privilégié de connaître son état psychologique. Nous pouvons nous mentir à nous-même, mais le corps, lui, ne ment pas. Cette stratégie montre comment gérer ses tensions, les faire parler et les traduire en paroles ou en images. Il devient ainsi possible de résoudre ses tensions psychologiques.

L'exercice suivant permet d'apprendre à se connaître, à avoir des idées plus claires, à se concentrer avant d'exécuter des tâches quotidiennes et à se produire en public, à faire la paix à l'intérieur de soi-même, à prendre une « distance-zen » vis-à-vis des événements et, enfin, à créer l'harmonie en soi.

Nous suggérons de refaire cet exercice aussitôt que monte en soi une tension ou un malaise. Cet exercice fournira l'occasion d'appliquer les stratégies suivantes.

Stratégie

Visualisation

Au son d'une musique douce, asseyez-vous confortablement, les deux pieds posés sur le sol; détachez tout vêtement trop serré.

Pause

Vous regardez d'abord les objets qui vous entourent. Puis vous fermez les yeux pour entrer à l'intérieur de vous-même.

Pause

Vous écoutez les bruits attentivement. Cela vous permet d'entrer en vous-même davantage.

Pause

Vous sentez votre corps sur la chaise, vos pieds sur le sol. Cela vous amène à entrer plus profondément à l'intérieur de vous-même.

Pause

Balayez tout votre corps de l'éclairage de votre conscience. Observez les tensions, les malaises, la fatigue et les contractions de votre corps.

Pause

Localisez la tension ou le malaise sur lequel vous allez vous concentrer. Arrêtez-vous à cette tension. Respirez, pour ainsi dire, à travers elle comme si elle vous servait de poumon; animez-la de votre souffle.

Pause

Demandez-vous ce qui se passe au juste dans cette tension, ce qu'elle a à vous dire. Attendez en silence sa réponse et écoutez-la. Soyez patient, ne vous contentez pas d'une réponse dictée par la raison.

Pause

Attendez sans avoir à vous juger, sans avoir à expliquer, sans avoir à nier, sans avoir à modifier ou à éliminer votre tension ou votre malaise.

Pause

Demandez ensuite à la tension ou au malaise : « Quelle image ou souvenir fais-tu monter à ma conscience en ce moment même? Quels symboles se profilent sur le fond de cette tension ou de ce malaise? » Accueillez les paroles qui surgissent et les images qui apparaissent en vous.

Pause

Lentement vous vous répétez ces paroles afin d'arriver à mieux comprendre le message que contient cette tension ou ce malaise. Demandez-lui : « Est-ce bien cela que tu veux me dire ou me faire comprendre? »

Pause

Faites de même avec les images et demandez-leur : « Que voulez-vous me dire et me faire comprendre? »

Pause

Si vous n'avez pas encore compris le message de votre tension ou de votre malaise, posez-lui une question plus directe : « Quel est au juste le message que veulent me livrer ces paroles et ces images? Quel est leur sens? »

Pause

Continuez à recevoir et à accueillir le message en question sans songer à le changer, sans chercher à l'expliquer, à le raisonner ou à le comprendre.

Pause

Accueillez le message avec sympathie et chaleur. Commencez à vous détendre.

Pause

Restez en silence avec le message de la tension ou du malaise.

Pause

Demeurez attentif à ce que vous ressentez. La tension ou le malaise a-t-il changé?

Pause

Puis remerciez votre intériorité de vous avoir livré le message et préparez-vous à la quitter.

Pause

Regardez maintenant autour de vous; vous entendez de nouveau les bruits de l'extérieur; vous vous frottez les mains, puis vous revenez dans la salle avec nous.

Réflexion personnelle

Partage sur l'expérience vécue

Stratégies émotives

4. Reconnaître ses états émotionnels et leurs messages

Histoire

Oser parler

Une dame se sentait profondément blessée par le comportement de son garçon de quinze ans. Chaque fois qu'ils sortaient ensemble, il marchait devant elle. Avait-il honte d'elle? Un jour, elle le lui demanda.

« Oh! m'man, non, répondit-il, embarrassé, c'est que tu as l'air tellement jeune : je ne voudrais pas que mes amis pensent que j'ai une nouvelle petite amie. »

La blessure de la dame disparut comme par enchantement.

Tiré de *Dieu est là dehors*
d'Anthony de Mello

Matière à réflexion

« Quand les émotions ne s'expriment pas, elles s'impriment! »

Jean Monbourquette

Objectifs

- Savoir reconnaître et nommer les états émotionnels.
- Apprendre à discerner leur message.
- Passer à l'action, s'il y a lieu, pour résoudre les états émotionnels.

Explication

Une émotion est un état affectif intense, caractérisé par une brusque perturbation physique et psychique.

Un sentiment est un état affectif complexe, assez stable et durable, lié à des représentations sensorielles (paroles et images).

Nous confondons souvent l'émotion et le sentiment et, par conséquent, nous employons ces mots indifféremment. Il reste qu'un sentiment n'est pas une émotion. Le sentiment est plus intuitif, plus subtil et moins troublant qu'une émotion.

Modifier ses émotions s'effectue de deux manières, soit directement ou indirectement. La façon directe consiste à changer son rythme respiratoire, sa posture physique et sa gestuelle. La façon indirecte requiert de changer ses représentations intérieures, c'est-à-dire ses images et ses paroles intérieures.

Stratégie

Première partie
Découvrir ses émotions

La découverte de ses émotions se fait en prenant conscience de son corps. C'est la voie royale pour avoir accès à son émotivité. Pour en savoir plus sur le sujet, on peut consulter la stratégie précédente, intitulée « Écouter les messages de son corps », page 157.

Si vous ne pouvez comprendre vos émotions et que vous les refoulez, vous risquez de les somatiser par toutes sortes de malaises et même de maladies.

Deuxième partie
S'appliquer à nommer ses émotions et ses sentiments

Beaucoup se comportent comme des « analphabètes » quand il est question de nommer leurs émotions; soit qu'ils n'en connaissent pas le vocabulaire, soit qu'ils se trompent sur leur nature.

Pour éviter ce danger, consultez la liste d'émotions qui suit. Les émotions sont regroupées par catégorie.

Il est important d'apprendre à identifier et à nommer correctement les nuances émotionnelles. Sans quoi, certains emploieront, par exemple, le mot colère pour signifier sans distinction une multitude d'émotions telles que la frustration, la révolte, la tristesse, l'irritabilité, la déception, la rage.

Vocabulaire des émotions

Joie	Tristesse	Colère	Confusion
bien dans sa peau	abandonné	agacé	agité
chanceux	abattu	agressif	angoissé
comblé	affligé	amer	anxieux
content	blessé	contrarié	bouleversé
emballé	chagriné	choqué	contrarié
enchanté	découragé	contrôlé	déboussolé
enthousiaste	déçu	critiqué	dérangé
épanoui	démoralisé	cruel	dérouté
excité	déprimé	dégoûté	désemparé
fasciné	désappointé	désolé	désorganisé
heureux	désespéré	enragé	désorienté
joyeux	désillusionné	exaspéré	distrait
paisible	désolé	froissé	embarrassé
pétillant	ennuyé	frustré	étonné
	malheureux	furieux	gêné

Joie	Tristesse	Colère	Confusion
ravi	mélancolique	impatient	incertain
rayonnant	misérable	indigné	incrédule
satisfait	morose	insatisfait	indécis
vivant	navré	insulté	mal à l'aise
	peiné	irrité	mélangé
	rejeté	mauvais	mêlé
	seul	méchant	paralysé
	triste	nerveux	perdu
	vide	offensé	pris
		outragé	surpris
		plein de	tourmenté
		ressentiment	tracassé
		railleur	troublé
		révolté	
		ridiculisé	
		trahi	

Peur	Faiblesse	Force	Amour
affolé	abattu	alerte	accepté
alarmé	accablé	brave	admiré
anxieux	affaissé	compétent	aimable
apeuré	affecté	confiant	aimé
atterré	blessé	considéré	apprécié
coincé	brisé	courageux	chaleureux
craintif	déchiré	décidé	compatissant
débordé	démuni	déterminé	compréhensif
dépassé	dépendant	énergique	compris
désespéré	ébranlé	enthousiaste	concerné
distant	épuisé	ferme	désiré
ébranlé	exténué	fort	dévoué
effrayé	faible	franc	doux
fébrile	fatigué	honnête	émerveillé
inquiet	fragile	important	enflammé

Peur	Faiblesse	Force	Amour
intimidé	frêle	indispensable	envié
menacé	impuissant	ouvert	estimé
nerveux	inutile	puissant	généreux
paniqué	las	rassuré	humain
peureux	méprisable	responsable	important
plaisant	résigné	robuste	patient
stressé	ridicule	sécurisé	proche
tendu	sans défense	sincère	respecté
terrifié	secoué	solide	spécial
timide	surmené	vigoureux	sympathique
			tendre
			valorisé
			zélé

Exercice

1. L'animateur invite les participants à former des groupes de trois.

2. A raconte à B et à C une situation émotionnelle qu'il a vécue. Il utilise à cette fin, avec le plus de justesse possible, la liste des émotions présentée plus haut.

3. B et C portent attention aux nuances émotionnelles avec lesquelles A s'exprime et l'aident au besoin.

4. L'exercice est repris. B raconte à son tour une situation émouvante. A et C l'écoutent et l'aident à exprimer ses émotions.

5. Quand les trois partenaires ont tour à tour raconté une situation émouvante, ils partagent ensemble leur expérience.

Troisième partie
Oser exprimer ses émotions et sentiments en message en « je »

L'affirmation de soi exige qu'on prenne le risque d'exprimer ses émotions. Si vous n'exprimez pas vos émotions, elles s'imprimeront en vous et créeront des tensions. Il existe un risque réel à exprimer ses émotions. L'émotion que vous exprimerez sera-t-elle acceptée par votre entourage? Sera-t-elle bien reçue? Ne passerez-vous pas pour une personne ridicule ou naïve? Les hésitations de ce genre peuvent fort bien vous empêcher de communiquer vos émotions. Rappelez-vous cependant qu'il n'existe pas de mauvaises émotions; elles sont toutes bonnes parce qu'elles ont toutes leur raison d'être. Dans les relations intimes, plus particulièrement, il est primordial d'exprimer ses émotions pour le maintien de l'intimité.

Les seules limites à l'expression des émotions découlent de la nécessité de choisir le contexte et le moment opportuns pour s'exprimer. Vous devez attendre que votre interlocuteur se trouve dans un état émotionnel propice et se montre réceptif pour lui faire part de vos émotions.

Dès l'instant où une émotion est exprimée, elle se met à évoluer; elle peut même céder la place à une autre émotion plus précise. L'expression d'une émotion de surface permet l'émergence d'une émotion plus profonde.

Exemple :

> Une émotion de frustration peut dissimuler une émotion de tristesse qui, à son tour, pourrait occulter un sentiment de vulnérabilité. Il s'agit de commencer à s'exprimer pour que la conversation se fasse plus intime.

Une façon merveilleuse et efficace d'exprimer vos émotions consiste à les transmettre par un message en « je ». Celui-ci se déroule en trois temps.

1. Précisez les circonstances où vous avez ressenti l'émotion en question. Exprimez votre émotion objectivement et sans faire aucune accusation.

Exemple :

« Quand tu arrives en retard... »

2. Exprimez votre émotion en « je ».

Exemple :

« ... je me fâche. »

3. Dites la ou les raisons pour lesquelles vous vous sentez ému.

Exemple :

« Je me fâche parce que je m'inquiète et que le souper va être froid. »

Il est probable que l'emploi du « je » modifiera au mieux le comportement de votre interlocuteur. Au pire, il invitera à un dialogue fructueux.

Exercice

1. L'animateur demande aux participants de s'inspirer de la liste de situations donnée plus bas pour formuler des messages en « je » avec les émotions et sentiments appropriés.

- Vous avez bousculé quelqu'un sans vous en apercevoir.
- À la vue d'un beau paysage, vous exprimez votre émerveillement.
- Vous voulez remercier quelqu'un.
- La vue d'une scène tragique vous bouleverse et vous attriste.
- Vous voulez manifester votre indignation devant une indiscrétion.
- Vous voulez exprimer votre surprise.
- Vous voulez exprimer l'attirance que vous ressentez pour quelqu'un.

- Vous souhaiteriez ne pas avoir entendu ce que votre interlocuteur vient de vous dire.

- Votre enfant vous dérange.

- Votre conjointe vous dit des bêtises.

- Votre petit garçon joue avec des allumettes.

- Votre conjoint se permet de passer l'aspirateur durant votre émission de télévision préférée.

2. Les participants se regroupent par trois et déterminent qui jouera le rôle de A, B et C. A invente des situations et exprime son message en « je ». B et C observent et évaluent la congruence de l'expression de A.

La congruence signifie l'harmonie entre l'expression verbale et l'expression non verbale de l'émotion (la voix, la position du corps, la gestuelle, etc.).

Réflexion personnelle

Partage sur l'expérience

Stratégies émotives

5. Passer à l'action à partir des émotions et des sentiments

Matière à réflexion

« Sans émotions, il est impossible de transformer les ténèbres en lumière et l'apathie en mouvements. »

Carl Jung

Objectifs

* Discerner les émotions et les sentiments réels de ceux qui ont été trafiqués.

* Savoir quoi faire avec les émotions et les sentiments : se donner le droit de les exprimer et de passer à l'action.

Explication

Les émotions et les sentiments trafiqués

Avant de passer à l'action, il est important de savoir discerner les émotions et les sentiments réels de ceux qui sont faux ou trafiqués.

Bon nombre de personnes ne se donnent pas le droit d'exprimer leurs émotions et leurs sentiments parce que ceux-ci étaient défendus dans le milieu où elles ont grandi. Prenons, par exemple, le cas de la colère. Sous le coup de cette émotion, la personne cherche pour sa colère un exutoire acceptable pour son entourage. Si l'expression de la colère n'est pas permise dans son milieu, peut-être que celle de la tristesse sera, elle, tolérée. Par conséquent, dès que la personne ressentira de la colère, elle l'exprimera sous forme de tristesse. La tristesse deviendra une émotion trafiquée ou falsifiée.

Voici les caractéristiques des émotions ou des sentiments trafiqués :

- Ils sont répétitifs et ne provoquent pas de réel défoulement.
- Ils ont quelque chose de superficiel et de non crédible.
- Ils n'épuisent pas l'énergie du sentiment ou de l'émotion.
- Ils suscitent l'ennui chez l'auditeur.

La liste suivante regroupe les émotions et les sentiments qui requièrent de passer à l'action. Pour chaque catégorie, nous présentons des émotions et des sentiments trafiqués sous-jacents.

Des émotions et sentiments qui demandent de passer à l'action

Les émotions et les sentiments de malaise

Ce sont des émotions d'ennui, d'impatience et d'inconfort, de détresse ou de légère confusion.

Leurs messages : les émotions et les sentiments de malaise avertissent que quelque chose ne tourne pas rond. Ils peuvent révéler une déception, une insatisfaction dans ses relations, un espoir non réalisé, une accumulation d'ennuis, etc.

La solution : il importe de clarifier de quelle émotion ou de quel sentiment il s'agit avant de pouvoir l'exprimer et passer à l'action. Souvent, l'appréhension d'un danger est plus douloureuse que le danger lui-même.

Attention au trafic d'émotions et de sentiments : l'émotion ou le sentiment de malaise peut dissimuler une foule d'émotions et de sentiments : la tristesse, la déception, la peur, la colère, la vulné-rabilité, etc.

Les émotions et les sentiments de peur

La peur se manifeste par de l'inquiétude et de l'appréhension, légère ou grave, pouvant aller jusqu'à l'affolement et la terreur.

Leurs messages : si l'objet de la peur demeure inconnu, il est impossible de déceler son message. À noter qu'on réserve le mot angoisse pour décrire la peur d'une partie inconsciente de soi-même, c'est-à-dire de son ombre. L'anxiété, elle, désigne une peur projetée sur l'avenir. Il s'agit souvent d'une peur imaginaire et exagérée.

La solution : il est important de clarifier s'il s'agit d'une peur réelle ou d'une peur imaginaire. Si l'objet de la peur est réel, un chien menaçant par exemple, il faut agir immédiatement pour éviter le danger (demander au propriétaire de maîtriser son animal). Dans le cas d'une peur imaginaire, il est nécessaire de vérifier et de changer ses images intérieures. Les phobies demandent une attention spéciale : ce sont des peurs apprises qui nécessitent un traitement particulier.

D'ordinaire, la peur est bonne conseillère. Elle nous permet d'éviter les situations dangereuses. Tous les spécialistes en arts martiaux donnent le même conseil : « Il vaut mieux prévenir le danger que d'avoir à le combattre. »

Attention au trafic d'émotions et de sentiments : la peur peut déguiser une agressivité non exprimée, le besoin de s'affirmer, un besoin d'affection ou d'attention, un sentiment de toute-puissance refoulé, etc.

Les émotions et les sentiments de tristesse

La tristesse (communément appelée *peine*) découle d'une perte : décès d'un être cher, perte d'une réputation, perte d'une amitié, perte d'une activité, diminution de la qualité de vie, perte d'un emploi, perte d'une faculté ou d'une habileté, perte d'un objet d'une valeur symbolique, etc.

Leurs messages : les sentiments de tristesse nous informent que nous subissons une perte douloureuse qu'il faut nous garder de nier. Ils signalent la nécessité de faire son deuil (vieux mot français qui signifie « endurer sa douleur temporaire »).

La solution : les pleurs sont le seul moyen de se débarrasser de sa tristesse. Toutefois, au lieu de pleurer seul, il est préférable de pleurer en présence d'une personne empathique et de lui raconter l'histoire de cette perte.

Attention au trafic d'émotions et de sentiments : la tristesse trafiquée peut dissimuler de la colère, une insatisfaction de soi-même, une dépression latente, etc.

Les émotions et les sentiments de colère

Les émotions associées à la colère peuvent s'étendre de la légère frustration à des débordements de ressentiment, de colère, de fureur et même de rage.

Leurs messages : la colère permet de défendre son intégrité physique et morale contre des menaces, des attaques ou des blessures éventuelles ou réelles venant d'un agent agresseur.

La solution : exprimer sa colère à son agresseur par le message en « je » d'une façon non violente mais ferme. Si l'agression continue, nous conseillons d'aller chercher de l'aide.

La colère est une émotion qui apparaît en second; elle est la conséquence d'une blessure. Pour se débarrasser d'un sentiment de colère persistant, il faut soigner la blessure dès que la menace est passée.

Attention au trafic d'émotions et de sentiments : la colère peut servir à masquer une faiblesse, une vulnérabilité, une déception de soi-même, une insatisfaction personnelle, une tristesse non avouée, etc.

Les émotions et les sentiments de déception

La déception est le sentiment intolérable de s'être laissé tromper par une fausse promesse ou de ne pas avoir atteint un objectif visé. Elle coïncide avec une prise de conscience que ses attentes ou ses espoirs sont anéantis.

Leurs messages : la personne se rend compte que ses attentes, réalistes ou irréalistes, ont été frustrées. Peut-être se laisse-t-elle emballer trop vite et se retrouve-t-elle souvent déçue.

La solution : avoir des attentes réalistes vis-à-vis des autres et de soi-même. Avant de s'emballer, il est préférable d'évaluer la pertinence de ses attentes à l'égard des autres. Il faut faire la distinction entre ce que ces personnes peuvent apporter et ce qu'elles ne peuvent pas ou ne veulent pas donner. Se réjouir de ses petites découvertes et se montrer persévérant dans la recherche d'objectifs réalisables constituent aussi des moyens pour se libérer d'un sentiment de déception.

Attention au trafic d'émotions et de sentiments : un sentiment de déception répétitif pourrait camoufler de la colère, du ressentiment, un manque de reconnaissance personnelle, une culpabilité latente, un désir d'être reconnu, etc.

Les émotions et les sentiments de culpabilité

Il existe deux sortes de sentiments de culpabilité. La première forme de culpabilité est objective et signifie que la personne a transgressé une règle importante à ses yeux. La seconde forme est de nature subjective et obsessionnelle. Elle cache une pulsion d'agressivité contre une personne, pulsion retournée contre soi-même.

Leurs messages : la culpabilité objective nous fait sentir fautifs et nous fait éprouver du remords. La personne sujette à la culpabilité obsessionnelle est en proie à un malaise dont elle se sent prisonnière. Elle se répète sans cesse : « J'aurais dû » ou « Je n'aurais pas dû… »

La solution : le simple aveu de sa faute à une personne peut suffire à éliminer la culpabilité objective. Quant à la culpabilité obsessionnelle, il faut saisir l'élément d'agressivité retourné contre soi-même et le diriger sur la personne concernée.

Exemple :

« Je me sens coupable vis-à-vis de toi et je t'en veux parce que… »

Attention au trafic d'émotions et de sentiments : la culpabilité peut servir à dissimuler une dépression, de la colère, une déception, de la tristesse, un besoin de se punir, etc.

Les émotions et les sentiments d'infériorité

Il existe un faux sentiment d'infériorité qui porte à se comparer plus ou moins inconsciemment à un idéal trop élevé. Un surmoi tyrannique nous impose alors des standards irréalisables.

Leurs messages : les sentiments d'infériorité contiennent le message que nous sommes inférieurs aux autres sans spécifier qui sont ces « autres ».

La solution : prendre conscience de cette comparaison inconsciente avec un idéal trop élevé et avec des personnages que nous croyons supérieurs à nous-même. Il faut éviter toute comparaison, apprendre à apprécier ses petits succès, comparer ses progrès entre eux et adopter un régime d'appréciation de soi-même.

Attention au trafic d'émotions et de sentiments : un sentiment d'infériorité cache habituellement un sentiment de toute-puissance, le désir d'un idéal trop élevé, voire une agressivité tournée contre soi-même.

Les émotions et les sentiments d'impuissance

L'impuissance recouvre les sentiments de vulnérabilité, de fragilité, de faiblesse, de désespoir. Il existe des situations où, quoi que nous fassions, nous sommes impuissants à changer le cours des choses, dans le cas du suicide d'un ami, par exemple.

Leurs messages : ces sentiments d'impuissance nous font toucher à nos limites existentielles et réelles (culpabilité existentielle).

La solution : pour soigner un sentiment d'impuissance, il s'agit de reconnaître ses limites de créature et d'accepter, par conséquent, son impuissance réelle. Il suffit de se dire tout simplement : « Je suis vulnérable et impuissant. »

Attention au trafic d'émotions et de sentiments : une émotion ou un sentiment d'impuissance peut occulter un appel au secours, une demande d'aide, un manque de confiance en soi, une dépendance hostile, etc.

Les émotions et les sentiments de solitude

Il est important de faire la distinction entre le sentiment de solitude et le sentiment d'isolement.

Leurs messages : le sentiment de solitude signifie que la personne est en contact avec son intériorité. La solution à la solitude, c'est de faire habiter son intériorité par des êtres chers. Dans une chanson, Georges Moustaki affirme : « Non, je ne suis jamais seul avec ma solitude. » La solitude prépare à un contact plus intime et plus profond avec les autres. Le sentiment d'isolement signale pour sa part que la personne entretient de la peur envers autrui.

La solution : pour enrayer le sentiment d'isolement, il s'agit d'apprivoiser peu à peu la présence d'autrui, de se faire des connaissances et, éventuellement, des amis.

Attention au trafic d'émotions et de sentiments : l'isolement chronique peut masquer un grand désir d'intimité, une hostilité non exprimée, une honte inavouée, un désir de paraître, etc.

Stratégie

Traitement de l'émotion et du sentiment trafiqué

Voici un exercice utile pour détecter une émotion ou un sentiment trafiqué et changer de comportement.

1. Repérez une situation où vous vivez une émotion ou un sentiment trafiqué. Les sentiments trafiqués sont répétitifs, superficiels, non crédibles, sans énergie émotionnelle et ennuyeux à écouter. Décrivez cette situation et l'émotion ou le sentiment qui l'accompagne. En quoi êtes-vous esclave des normes de votre milieu?

Exemple :

Situation : devant une figure d'autorité, j'agis de façon trop soumise et trop servile. Habituellement, je vais saluer cette personne avec déférence et courbettes. Je me conforme parfaitement aux normes de mon milieu sans déranger les autres.

2. Si vous décidez de changer de comportement, choisissez d'apporter de petites modifications à celui-ci. Quel nouveau comportement allez-vous adopter? Décrivez-le. Est-il plus fidèle à votre nature et moins conforme aux convenances?

Exemple :

Changement de comportement : cette fois, je veux être vrai avec moi-même. Je veux rester simple dans ma façon de saluer une figure d'autorité et exprimer ce que je pense réellement.

3. Vous adoptez un nouveau comportement même au risque de vous sentir un peu gêné ou mal à l'aise. Décrivez votre passage à l'acte. Quelle émotion ou sentiment vous a animé durant le passage à l'acte?

Exemple :

Passage à l'action : je salue de la main mon patron et je lui fais part de mes insatisfactions dans mon travail.

4. Quel sentiment ou émotion éprouvez-vous après avoir laissé s'exprimer cette nouvelle partie de vous-même?

Exemple :

Effet intérieur du changement : je me sens quelque peu mal à l'aise, mais je suis fier d'avoir été vrai et je suis heureux d'avoir été fidèle à moi-même.

Réflexion personnelle

Partage sur l'expérience vécue

Proposition musicale

Du CD *Les messages de l'amour* : « J'ose vous le dire ».

Stratégies émotives

6. Réciter les litanies de l'amour et de l'amitié

Histoire

L'homme d'affaires dépressif

Un homme d'affaires, ayant subi plusieurs échecs, cultivait des idées noires et s'enfonçait de jour en jour dans la dépression. Un ami lui suggéra de regarder autrement les personnes et les choses et de les voir comme des amies.

Petit à petit, il prit conscience qu'il était aimé par son entourage et que bien des objets étaient à son service. Il fit alors la liste de ce qui l'entourait. Il se rendit compte que sa mère l'aimait, que son chien l'affectionnait, que ses plantes assuraient une présence vivante dans sa maison, que ses peintures étaient là pour le réjouir, que le soleil le réchauffait…

Après quelques jours, un regain de vie l'envahit.

Jean Monbourquette

Objectifs

- Prendre conscience de l'amour que les êtres autour de soi manifestent : l'amour des personnes, des êtres vivants et des objets.

- Laisser vivre en soi le sentiment d'être aimé par tous ces êtres.

- Exprimer sa gratitude pour tant de signes d'affection.

Explication

Au lieu de tenir pour acquis l'amour de nos proches et des êtres vivants, les beautés de la nature et l'utilité des objets, fruits du travail d'autres personnes, il s'agit de prendre conscience des petits bienfaits de la vie et de s'en servir pour augmenter l'amour de soi. Il est plus facile de percevoir des signes d'amour chez les êtres vivants, mais que dire de tous ces objets créés par le labeur humain? Ces objets reflètent le dévouement, l'attention, l'intelligence de leurs créateurs.

L'Univers s'est construit pour favoriser la vie de la personne humaine.

Stratégie

Cet exercice est particulièrement profitable dans les moments de dépression.

Première partie
Les litanies de l'amour et de l'amitié

1. Retirez-vous dans un endroit tranquille.

2. Prenez une position confortable, détendez-vous et mettez-vous à réciter les litanies des êtres qui vous aiment chacun à leur manière : personnes, animaux, plantes et objets.

- Paul m'aime.
- Thérèse m'aime.
- Ma fougère m'aime.

- Maman m'aime.
- Mon chien m'aime.
- Ma peinture m'aime.

Allez-y rondement, sans analyser le type d'amour en cause et son intensité. L'important est de prendre conscience d'être aimé.

3. Allongez les litanies de vos amoureux et amoureuses et récitez-les à plusieurs reprises.

En peu de temps, vous serez surpris des changements survenus en vous.

Deuxième partie
Exprimer sa gratitude

Inventez votre propre rituel pour continuer de savourer l'amour de tous ces êtres pour vous. Mettez fin à ce rituel en exprimant votre gratitude pour l'amour surabondant de l'Univers :

- Merci pour les couleurs de l'automne.
- Merci pour le sourire du passant.
- Merci pour ma voiture qui démarre tout le temps.
- Merci pour le chant de l'oiseau.
- Merci pour l'eau chaude de ma douche.
- Merci pour la poignée de main de mon collègue de travail.

Réflexion personnelle

Partage sur l'expérience vécue

Proposition musicale

Du CD *Les messages de l'amour* : « Les messages de l'amour ».

Stratégies émotives

7. Ancrer ses ressources par le toucher pour répondre à ses besoins

Histoire

Psychologues désespérés

Un jour, Milton Erickson fit venir un jeune délinquant qui faisait le désespoir des psychologues. Pris de compassion pour Carl, il l'accueillit chaleureusement et le pria de s'asseoir à ses côtés. Puis, il lui posa les questions suivantes : « Carl, que serait ta vie si tu étais complètement — je dis bien complètement — transformé? Qu'est-ce que les autres verraient de différent en toi? Qu'est-ce qu'ils te diraient? De quelle manière les regarderais-tu? Qu'est-ce que tu te dirais à toi-même? Enfin, comment vivrais-tu cette transformation? » L'adolescent répondit : « Je serais heureux. »

Erikson reprit : « Montre-moi comment tu serais heureux. Lève-toi et fais-moi la démonstration d'un gars heureux. » Carl, débordant d'énergie et de joie, dit alors : « Les autres seraient tellement étonnés de me voir qu'ils n'en croiraient pas leurs yeux. Mes notes à l'école seraient les plus hautes. Je pourrais devenir un avocat qui aiderait des personnes comme moi. Les policiers feraient autre chose que de venir me rencontrer à l'école ou chez moi. Ma mère serait folle de joie. »

Or, pendant que Carl parlait de sa transformation, Erickson n'avait pas cessé de lui toucher le bras en souriant. À la toute fin, il lui dit : « Maintenant, tu peux partir. »

Les psychologues et les proches de Carl n'ont jamais compris comment Erickson s'y était pris pour l'amener à se transformer.

Histoire du folklore de la PNL

Objectifs

- Connaître les conditions requises pour que l'ancrage tactile réussisse.

- Savoir utiliser l'ancrage tactile, surtout lorsque le sujet se trouve dépourvu de ressources.

Explication

L'ancrage tactile est une technique qui consiste à associer un toucher avec un état émotionnel ou une représentation visuelle.

Exemple :

Erickson a fait un ancrage tactile au moment où l'adolescent se voyait réussir sa vie, s'entendait parler de transformations et ressentait une grande joie.

L'ancrage tactile vise à réveiller un souvenir émotionnel ou une aspiration et à l'utiliser comme ressource. Il a un effet positif quand il met le sujet en contact avec ses propres ressources et lui permet de s'accomplir. Par contre, il a une portée négative quand il enlève au sujet toutes ressources pour passer à l'action.

Exemples :

- Ancrage positif : donner une poignée de main à une personne heureuse de ce qui lui arrive et qui en est fière ancre en elle sa fierté ou son bonheur.

- Ancrage négatif : donner une tape amicale à une personne en dépression risque d'ancrer en elle son état dépressif.

Les conditions de réussite des ancrages tactiles

Première condition

Il faut profiter d'un état émotif précis chez une personne ou encore en susciter un.

Exemple :

Une personne est en train de se rappeler un succès important à ses yeux.

Deuxième condition

Il est important de toucher la personne lorsqu'elle vit cet état intensément.

Exemple :

Au moment précis où vous vivez une expérience intense de bonheur, serrez votre petit doigt. Dorénavant, chaque fois que vous serrerez votre petit doigt, vous réactiverez votre expérience de bonheur. Vous pourrez ainsi accumuler les expériences heureuses dans votre mémoire et vous les rappeler grâce à l'ancrage tactile.

Stratégie

Première partie
Faire son propre ancrage tactile

1. Retrouvez une situation où vous vous étiez senti sûr de vous-même, confiant en vos moyens.

2. Reprenez la même posture que vous aviez à ce moment-là.

3. Serrez ensuite votre main droite. Respirez comme vous le faisiez quand vous étiez confiant en vous-même et continuez à serrer votre main droite.

4. Répétez les mêmes gestes en vous rappelant d'autres expériences heureuses dans différents domaines. Associez-leur chaque fois le serrement de votre main droite.

5. Pensez à trois situations qui se présenteront prochainement et qui vous demanderont d'avoir confiance en vous-même. Projetez-vous dans chacune d'elles et activez chaque fois, en vous serrant la main droite, l'ancrage de confiance en vous-même.

Deuxième partie
Transférer ses ressources dans un autre contexte

Cette stratégie s'adresse à une personne seule ou à un groupe. Dans un groupe, les participants forment des dyades. Une personne seule devra jouer successivement les rôles de A et de B.

1. Les participants déterminent qui est A et qui est B. A est l'opérateur et B, le client.

2. B choisit une situation où il se trouve sans ressources mais qu'il désire transformer.

3. A lui demande de revivre la dernière fois où il s'est retrouvé dépourvu de ressources.

4. A ancre l'état de B en touchant le dessus de sa main gauche (ancrage 1).

5. A distrait B en le faisant sortir de l'état où il se trouve sans ressources.

6. A demande à B de revivre une situation où il se sentait plein de ressources.

7. Au moment où B revit intensément la situation où il se sentait plein de ressources, A touche le dessus de sa main droite (ancrage 2). Il est possible à A de multiplier les ancrages positifs en touchant le dessus de la main droite de B.

8. A distrait B par des questions banales.

9. A touche ensuite le dessus de la main gauche de B (ancrage 1) en lui disant : « Quand tu te retrouveras dans cette situation, rappelle-toi que tu as en toi toutes les ressources nécessaires pour la vivre. »

En même temps, A touche le point d'ancrage des ressources sur le dessus de la main droite de B, exactement au même endroit où l'ancrage 2 a été fait.

Pont vers le futur

10. A demande à B de penser à des situations où il prévoit prochainement se sentir dépourvu de ressources et de s'y projeter.

11. Au moment où B se sent dépourvu de ressources, A active l'ancrage des ressources en lui touchant la main droite.

Troisième partie
Ancrer ses ressources pour mieux réussir

Première étape

1. Identifiez une situation où vous désirez améliorer votre performance.

Exemples :

- Prendre la parole en public.
- Exécuter une pièce musicale.
- Réussir une épreuve.
- Vaincre la peur de nager en eau profonde.
- Augmenter votre performance dans un sport.

La performance désirée doit remplir certaines conditions. Elle doit être positive, réalisable par votre propre initiative et vérifiable ensuite d'une façon sensorielle.

2. Déterminez et nommez les ressources dont vous aurez besoin pour accomplir votre performance : compétences, enthousiasme, assurance, dynamisme, confiance en vous, etc.

Deuxième étape

3. Identifiez trois expériences où vous avez déjà utilisé vos ressources.

4. Revivez chacune de ces expériences séparément. Déposez ensuite les ressources choisies dans votre main droite et refermez la main après y avoir mis chacune de vos ressources.

Troisième étape

Vous intégrez les ancrages de la manière suivante :

5. Mettez dans votre main gauche ouverte la situation dans laquelle vous désirez améliorer votre performance à l'aide de vos ressources.

6. En même temps, serrez la main droite qui contient toutes les ressources nécessaires et placez votre main droite dans votre main gauche.

7. Arrêtez-vous un moment pour bien prendre conscience que vous possédez toutes les ressources nécessaires pour effectuer votre performance.

À vous de répéter cette stratégie autant de fois qu'il sera nécessaire pour améliorer et réussir vos performances dans diverses activités.

Réflexion personnelle

Partage sur l'expérience vécue

Proposition musicale

Du CD *Les messages de l'amour* : « Hymne à la vie ».

Stratégies émotives

8. S'exercer à prendre la meilleure décision pour soi-même

Histoire

L'âne de Buridan

Après une longue journée de labeur, fourbu, assoiffé et affamé, l'âne rentra à l'étable. Il y trouva un boisseau débordant d'avoine et un seau d'eau fraîche.

Il se dit : « Que cela me semble bon! Je vais commencer par m'abreuver de cette bonne eau, mais je me sens trop faible pour m'y rendre. Je vais commencer par l'avoine. Mais si je commence par l'avoine, je vais m'étouffer parce que je manquerai d'eau. Je décide donc de boire en premier, mais je suis si las que j'aurais besoin de manger. »

Le lendemain, le fermier trouva son âne mort entre le boisseau d'avoine et le seau d'eau fraîche.

L'âne
fable attribuée à Jean Buridan

Objectif

- Apprendre une méthode efficace pour prendre une décision qui fait appel aux divers systèmes de représentations VAKO.

Explication

Pour qu'elle soit prise de manière efficace, une décision doit se baser sur des informations visuelles et être confrontée aux réflexions intérieures et aux commentaires d'autrui.

Une fois les informations visuelles et auditives recueillies pour chacune des options positives, le ressenti profond détermine l'issue de la décision.

Par ailleurs, il est essentiel, pour suivre efficacement cette méthode, de ne pas se sentir trop bouleversé, déprimé ou confus. Un état émotionnel instable influencerait trop le ressenti. Dans ce cas, il est conseillé d'attendre d'avoir une plus grande stabilité émotive pour entreprendre le processus de prise de décision.

Stratégie

Il est important de suivre chacune des étapes suivantes.

Première partie
Choisir des options positives

Les options possibles ne doivent pas dépasser le nombre de quatre. Il importe de formuler ces options de façon positive.

Exemples :

- Faire de la natation ou de la gymnastique.
- Commencer des études, continuer mon travail actuel ou chercher un travail plus spécialisé.

Ne pas formuler ses options de façon négative.

Exemples :

- Faire de la natation ou non.
- Commencer des études ou ne pas commencer d'études.
- Travailler ou non.

Deuxième partie
Choisir des options dont on porte la responsabilité

Les diverses options doivent être réalisables par soi-même. Il ne faut pas retenir les options qui dépendent de la volonté d'une autre personne.

Exemple :

> Au lieu de prendre la décision de changer le comportement de son conjoint alcoolique, prendre la décision de lui demander de se faire soigner.

Troisième partie
Travailler une option à la fois

Pour chaque option possible, prenez une feuille séparée et répondez aux questions suivantes.

Informations visuelles

Quels renseignements visuels avez-vous?

Voyez-vous dans la situation et décrivez ce que vous voyez de la situation.

Comment vous voyez-vous agir dans la situation?

Vous êtes dans la situation, que voyez-vous?

Comment les personnes significatives pour vous vous voient-elles dans la situation?

Informations auditives (rationnelles)

Que vous dites-vous de l'option?

Que dites-vous de vous dans cette option?

Qu'est-ce que les autres disent de la situation? Que disent-ils de vous dans la situation?

Quels sont les avantages ou les désavantages de cette option?

Informations kinesthésiques

Que ressentez-vous face à cette option revue et commentée?

Efforcez-vous d'aller chercher votre sentiment profond et évaluez-le.

Quatrième partie
Chiffrer de 1 à 10 l'intensité de son sentiment

1. Évaluez votre sentiment pour chaque option en lui donnant un chiffre de 1 à 10. Inscrivez ce chiffre à côté de chacune des options.

2. Comparez les degrés d'intensité de votre sentiment entre les diverses options. Choisissez la meilleure option pour vous en vous basant sur le degré le plus élevé d'intensité de votre sentiment. L'option qui représente la meilleure décision sera précisément celle dans laquelle vous vous serez senti le plus vivant, le plus enthousiaste et le plus satisfait de votre choix.

3. Vérifiez si l'option choisie est la meilleure pour vous aujourd'hui. Si c'est le cas, elle vous donnera un sentiment d'assurance qui vous convaincra de la mettre en œuvre. Vous vous sentirez en paix et reposé. Votre décision correspondra au sens que vous voulez donner à votre vie et contribuera à l'épanouissement de votre personnalité. Elle tiendra compte de toutes les instances, de toutes les composantes de votre être et vous délivrera des tiraillements que vous ressentiez auparavant. Vous trouverez la force de répondre aux appels de la vie, d'assumer vos décisions, de passer aux actes, d'accomplir votre mission.

Cinquième partie
Compenser pour les options non choisies

Cherchez de quelle manière vous pourrez compenser pour les options mises de côté.

Exemple :

> Si j'ai choisi de faire du ski au lieu d'aller voir ma mère, je pourrai en compensation lui téléphoner après ma randonnée. Si j'ai choisi

d'aller faire du ski au lieu de continuer à travailler, je pourrai me consacrer à mon travail après ma sortie.

Sixième partie
Discernement spirituel

Si vous désirez, au cours de votre processus de prise de décision, faire un discernement spirituel, répondez aux questions suivantes :

Informations visuelles

Qu'est-ce que le Soi, ou guide intérieur, voit dans les diverses options qui me sont offertes?

Informations auditives (rationnelles)

Qu'est-ce que le Soi, ou guide intérieur, dit de ces différentes options?

Informations kinesthésiques

Quel sentiment spirituel est-ce que j'éprouve à la suite des inspirations du Soi?

Les personnes croyantes peuvent s'adresser directement à l'être spirituel de leur choix : l'Être suprême, la puissance intérieure, Jésus Christ, Dieu le Père, etc.

Réflexion personnelle

Partage sur l'expérience vécue

Stratégies émotives

9. Acquérir une plus grande autonomie à l'égard d'une dépendance affective

Histoire

Grandir

M'attacher à toi
a mis au jour et mon égoïsme et ma générosité,
m'a permis de développer et ma tendresse
et ma froideur,
m'a fait prendre conscience et de ma sexualité
et de ma spiritualité,
m'a fait connaître et l'enfant et l'adulte en moi.

Me détacher de toi
m'a fait explorer et ma tristesse et ma joie,
m'a fait connaître et la détresse
et la force d'en sortir,
m'a fait découvrir et ma dépendance
et mon autonomie,
m'a révélé et ma peur de mourir
et mes ressources de vie.

« Non, rien de rien, non, je ne regrette rien! »

Jean Monbourquette,
Aimer, perdre et grandir

Objectifs

- Prendre conscience d'une dépendance affective et s'en faire une image symbolique.
- Développer ses ressources en devenant l'héritier des qualités aimées de l'être cher.

Explications

Dans les relations affectives, beaucoup de personnes éprouvent souvent la peur d'être abandonnées. Cette peur est la manifestation d'une dépendance affective. Les personnes sujettes à ce type de dépendance ont l'impression de vivre en symbiose avec les autres, d'avoir avec eux des relations fusionnelles. Leur sentiment de dépendance affective peut se traduire par des images d'un intérêt vital pour elles.

Exemples :

- Un homme se voit relié à son épouse par le cœur.
- Une femme s'imaginait toute petite collée au flanc de sa mère.
- D'autres s'imaginent que des cordes les attachent à la personne dont ils se sentent dépendants.

Ces dépendants affectifs craignent que si le lien avec l'autre se défait ils seront abandonnés et en mourront.

Stratégie

Première partie
Visualiser la personne et ses liens avec elle

1. Trouvez un endroit tranquille et placez-vous debout avec suffisamment d'espace autour de vous.
2. Imaginez devant vous la personne dont vous êtes dépendant.

3. Commencez à ressentir le grand attachement que vous éprouvez envers cette personne.

4. Commencez à marcher tout autour d'elle.

5. Observez-la, touchez-la, tout en étant attentif à ce que vous ressentez à ce moment précis.

6. Prenez conscience du lien très fort qui vous relie à elle.

7. Imaginez-vous être attaché à elle physiquement. Comment décririez-vous la nature de ce lien? Quelle partie de votre corps est reliée à la partie du corps de la personne aimée? Où se trouve le point d'attache?

8. Ressentez pleinement les sensations provoquées par ce lien.

Deuxième partie
Les qualités admirées chez cette personne

1. Que représente cette personne pour vous? Quelles sont les qualités que vous aimez chez elle? Quelles sont vos attentes par rapport à elle?

Prenez le temps nécessaire pour avoir des réponses précises.

2. Trouvez des symboles qui représentent les qualités admirées chez cette personne.

Si ces qualités vous ont beaucoup attiré, c'est parce qu'elles étaient en vous dans votre inconscient à l'état latent.

Ces qualités que vous avez projetées dans l'autre, êtes-vous prêt à les récupérer afin de transformer votre lien avec cette personne?

3. Une fois les symboles trouvés, donnez-leur une forme artistique : objets, dessins, sculptures, etc.

Troisième partie
Construire un nouveau moi

Vous construisez votre nouveau moi en vous servant des qualités projetées chez l'autre.

1. Disposez vos symboles autour de vous et dites : « Cette qualité que j'ai projetée en toi, que je t'ai vu vivre et qui s'est épanouie durant notre relation, je la reprends pour me construire. »

2. Levez-vous, prenez le symbole et déposez-le sur votre poitrine.

Pour chaque qualité ainsi récupérée, voyez-vous vivre cette qualité, entendez-vous parler avec cette qualité, sentez-vous doté de cette qualité.

Quatrième partie
Se projeter dans l'avenir

1. Imaginez-vous en train de vivre ces nouvelles qualités dans un mois, dans six mois, dans un an.

2. Constatez les changements que ces qualités apportent à votre personnalité. Quels sont-ils?

3. Quels sont les effets de ces qualités sur votre entourage : proches, amis, collègues de travail?

Cinquième partie
Créer un sanctuaire

Créez un espace de recueillement où vous disposerez une photo de vous-même entourée des symboles représentant vos liens d'attachement transformés.

Réflexion personnelle

Partage sur l'expérience vécue

Stratégies d'affirmation

I. Définir ses frontières personnelles

Histoire

Définir son espace

Cerné par trois jeunes bien musclés, un petit garçon se sentait menacé. Très intelligent, il se mit à une certaine distance de ses assaillants, traça une ligne sur le sol, recula de quelques pas et, le regardant droit dans les yeux, défia le plus imposant de ses adversaires : « Je te défie de franchir ma frontière », dit-il. Provoqué par une telle assurance, le caïd enjamba la ligne. Le jeune garçon fit un grand sourire : « À présent, nous sommes deux à avoir passé la ligne. »

D'après *Histoires qui touchent le cœur*
d'Alice Gray

Objectifs

- Apprendre à établir les frontières de son espace de bien-être.
- Éprouver son bien-être dans un espace protégé.
- Prendre conscience des réactions de malaise qui résultent de blessures provoquées par l'abandon et l'invasion d'autrui.

Explication

Les frontières délimitent l'espace physique, énergétique et émotionnel nécessaire à chaque personne. Elles sont le lieu de résidence de soi.

L'exercice consiste d'abord à reconnaître l'espace vital nécessaire à son bien-être et à prendre conscience de sa sensibilité lors de l'abandon et de l'envahissement de ses frontières par autrui.

Cet exercice permettra à la personne de canaliser son énergie à l'intérieur de ses frontières, d'y trouver un espace de confort, de s'y décontracter et d'exiger le respect de son espace vital. Il aidera aussi le participant à identifier son système de défense dans la vie. Ce système défensif résulte des blessures d'abandon et d'envahissement infligées par autrui. Cette prise de conscience lui permettra de modifier ses comportements défensifs en vue d'acquérir une meilleure affirmation de lui-même.

Stratégie

Matériel requis

Pour chaque participant : corde de 3 à 4 mètres de long et de plus ou moins 1/2 cm de diamètre.

Première partie
Définir ses frontières

Chaque participant choisit un partenaire et travaille en dyade avec lui.

1. À l'aide d'une corde placée par terre, A et B établissent chacun leurs frontières personnelles, à proximité l'un de l'autre.

2. Ils entrent dans leur espace et vérifient s'il s'agit d'un espace de bien-être.

3. Ils prennent le temps d'ajuster leurs frontières et choisissent l'endroit où ils veulent se placer à l'intérieur de leur espace.

Deuxième partie
S'ajuster à l'autre

1. Quand A et B ont établi leur espace de confort, ils se regardent silencieusement et réajustent la distance entre eux, si nécessaire.

Ils prennent le temps d'observer ce qui se passe en eux tout en observant l'autre pendant 5 à 10 minutes.

2. A et B se décrivent mutuellement leur expérience à la suite de l'établissement de leurs frontières.

Troisième partie
Entrer chez l'autre

1. Après l'échange, chacun se réinstalle en silence dans son espace de bien-être. A et B reprennent contact visuellement l'un avec l'autre.

2. A s'approche du territoire de B et y pénètre. Tous deux demeurent attentifs à ce qu'ils vivent dans cette situation de proximité.

3. A et B reprennent position dans leur espace de confort et c'est au tour de B de pénétrer dans le territoire de A. Ils demeurent attentifs à ce qu'ils vivent dans cette situation de proximité.

4. A et B entament un dialogue. Ils se laissent guider par les questions suivantes :

- Quelles ont été leurs réactions ou leurs non-réactions (paralysie, dénégation ou vide) à l'envahissement de l'autre? Quelles ont été leurs images et souvenirs, leurs paroles intérieures, leurs émotions?

- Ont-ils conservé leur position initiale dans leur espace de bien-être ou se sont-ils déplacés?

- Quel a été leur ressenti quand le partenaire s'est éloigné?

- Se sont-ils déplacés avec leur corde? Si oui, quelles ont été leurs réactions à ce déplacement?

Quatrième partie
Ajuster une distance de confort

1. A et B reviennent à leur position initiale dans leur espace de confort.

2. A s'éloigne de B en déplaçant sa frontière. A et B observent leurs réactions intérieures.

3. A reprend sa position initiale.

4. B s'éloigne à son tour de A, en déplaçant sa frontière. A et B observent à nouveau leurs réactions intérieures.

5. Ils partagent ensuite leurs réactions à cette expérience.

Réflexion personnelle

Partage sur l'expérience vécue

Stratégies d'affirmation

2. Relever les défis de l'affirmation de soi avec intégrité

Histoire

Combien?

Combien d'incompréhensions causées par des non-dits?

Combien de rencontres ratées à cause d'ouvertures non faites?

Combien de frustrations engendrées à la suite de silences lourds?

Combien de besoins inassouvis par peur de demander?

Combien de conflits envenimés pour ne pas avoir éclairé la situation?

Combien de peurs inutiles pour ne pas les avoir confrontées au réel?

Combien de malentendus occasionnés par souci de gentillesse mal placée?

Combien d'élans retenus par peur de se dévoiler?

Combien d'intuitions évanouies pour ne pas avoir osé se prononcer?

Combien d'envolées créatives mortes pour ne pas avoir échangé ses idées?

Isabelle d'Aspremont et Jean Monbourquette

Objectifs

- Prendre conscience de son intériorité et oser l'affirmer.
- Maîtriser certaines des méthodes efficaces de communication et d'affirmation :

    le message en « je »;
    l'écoute active.

- Risquer de dire tout haut ce qu'on pense tout bas, s'il y a lieu.

Explication

Le défi de l'affirmation de soi consiste à oser exprimer son intériorité : ses attentes, ses pensées, ses idées, ses questions, ses besoins, ses désirs, ses réactions, etc. Le message en « je » constitue un excellent moyen de pratiquer l'affirmation de soi. Pour établir et poursuivre une véritable communication, il est important de comprendre et d'accepter la réaction de l'autre grâce à l'écoute active.

Tout le monde apprend, selon les convenances sociales, à dire des choses gentilles, des demi-vérités, des sous-entendus, des phrases stéréotypées. Mais, en tout cela, nous cachons souvent le fond de notre pensée et nos commentaires personnels.

Il y a un prix à agir ainsi parce qu'on s'épuise à retenir ses pensées, ses émotions, ses jugements, sa vision des choses, etc. Le manque d'intégrité dans l'affirmation de soi coûte cher en énergie retenue et finit par entraver les relations interpersonnelles : il empêche toute spontanéité et toute ouverture. Les messages personnels deviennent confus et ambivalents.

Nous prenons l'habitude de nous taire à propos de choses insignifiantes. Mais l'accumulation de ces non-dits entraîne des conséquences pénibles, telles que le manque de loyauté envers soi-même, le manque d'authenticité avec les autres, les tensions internes, etc.

Stratégie

Première partie
Prendre conscience de son intériorité

Beaucoup de personnes ne parviennent pas à s'exprimer tout simplement parce qu'elles n'ont pas conscience de leur intériorité. On trouvera à la page 157 une stratégie utile pour la conscientisation de soi intitulée « Écouter les messages de son corps ».

Deuxième partie
Prendre le risque d'extérioriser son intériorité

Certaines personnes n'osent pas exprimer ce qu'elles vivent à l'intérieur d'elles-mêmes, et ce pour différentes raisons ou résistances :

- Peur du rejet des autres.
- Désir de minimiser ce que l'on vit.
- Peur de blesser l'autre.
- Peur d'être ridicule.
- Peur de l'incompréhension.
- Peur de perdre le contrôle et de ne pas pouvoir se maîtriser.
- Peur de perdre la relation.
- Peur de transgresser des normes sociales et éducatives.
- Peur de ne pas être *politically correct*.
- Etc.

Ces peurs et ces interdits provoquent une censure dans l'affirmation de soi.

Que perdez-vous lorsque vous vous laissez mener par la peur et les interdits dans l'expression de vous-même?

- Perte du respect de vous-même.
- Perte du respect pour autrui : faire du commérage, parler dans le dos de quelqu'un, etc.

- Perte de son bien-être : ce qui n'est pas exprimé s'imprime en tensions et en malaises.

- Perte d'une occasion de vivre des moments d'intimité et de communication authentique.

- Perte d'une occasion de croissance.

- Perte d'un moyen de comprendre, de clarifier et d'approfondir votre monde intérieur.

- Perte de l'occasion de prendre votre place, de vous affirmer et d'augmenter votre estime de vous-même.

- Etc.

Vous reconnaissez-vous dans ces différents exemples de perte?

La considération de ces pertes vous incite-t-elle à prendre le risque de l'affirmation de vous-même?

Que gagneriez-vous en vous exprimant?

- La fidélité à vous-même.

- Le bien-être physique et psychologique qu'apporte l'expression de soi.

- Une meilleure compréhension de votre intériorité.

- De meilleures relations avec vous-même et avec les autres.

- La possibilité d'une plus grande objectivité par rapport à vous-même.

- La possibilité de prendre votre place.

- La sensation de liberté intérieure.

- Etc.

Troisième partie
Un moyen de vous exprimer : le message en « je »

Pour une définition du message en « je », voir la stratégie émotive intitulée « Reconnaître ses états émotionnels et leurs messages », troisième partie : « Oser exprimer ses émotions et sentiments en message en "je" », page 166.

Quatrième partie
L'écoute active

On se méprend souvent sur la signification réelle de l'affirmation de soi. Pour certains, s'affirmer veut dire accabler l'autre, lui exprimer toutes ses émotions et ses sentiments de façon accusatrice et brutale sans tenir compte de lui avec pour résultat de rompre la communication et d'amplifier encore davantage la peur de s'affirmer.

L'écoute active constitue une excellente stratégie de communication. Elle consiste à écouter la réaction de l'autre, à prendre le temps qu'il faut pour recevoir et reformuler les propos de son interlocuteur.

Les composantes de l'écoute active sont les suivantes :

- *Un silence respectueux et présent* à travers un comportement corporel attentif.

- *Des phrases d'ouverture* telles que « J'ai le temps de t'écouter », « Veux-tu en dire davantage? », « Je constate que ça ne va pas ». À noter qu'inviter l'autre à parler ne veut pas dire le forcer à parler.

- *Des mots d'accompagnement* tels que « Ah oui », « Oui », « C'est vrai », « Ah », etc.

- *La reformulation* dans vos mots de l'essentiel du message de l'interlocuteur pour lui permettre de prendre ses distances à l'égard de son problème et de compter sur votre écoute.

- *Le reflet* de l'émotion qui consiste à détecter l'émotion vécue par l'interlocuteur à travers ses paroles et à la lui exprimer. Au delà du contenu du message, il existe, en effet, une tonalité émotionnelle qui transparaît surtout dans le ton de la voix, la mimique, l'attitude corporelle, etc. Un reflet juste a pour effet de détendre l'interlocuteur, de l'aider à se comprendre et à trouver ses propres solutions.

Cinquième partie
Le changement de vitesse

Le changement de vitesse, c'est la combinaison du message en « je » et de l'écoute active. La communication ressemble alors à une danse : on s'affirme devant l'interlocuteur et on écoute sa réaction. Une suite d'affirmations, de messages en « je » et d'écoute active aboutira à une entente ou à une négociation.

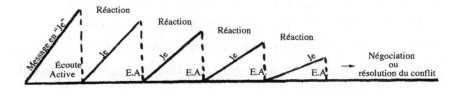

Si l'interlocuteur réagit de façon émotive, il ne faut pas poursuivre le dialogue avec un message en « je », mais bien retourner à l'écoute active. Il est important de respecter ce jeu d'alternance.

Vous connaissez maintenant la technique de base en communication : l'affirmation de soi et l'écoute de l'autre.

Exercice d'écoute active

1. Les participants se regroupent en triades. Ils déterminent qui est A, B et C.

2. A raconte un événement en s'exprimant par un message en « je ».

3. B fait de l'écoute active selon la méthode décrite plus haut. A et B interagissent pendant 5 minutes.

4. C décrit les changements observés dans l'attitude de A quand il est écouté selon la méthode de l'écoute active.

5. Les participants intervertissent les rôles et recommencent l'exercice.

Exercice de changement de vitesse

1. Les participants forment des triades et déterminent qui est A, B et C.

2. A fait une remontrance à B et se prépare à écouter la réaction de B.

3. B réagit spontanément par une réaction de défense.

4. A écoute la réaction de défense de B et poursuit son affirmation par un message en « je » et ainsi de suite.

5. C observe l'échange entre A et B et décrit le changement de vitesse de A et la réaction de B.

6. Les participants intervertissent les rôles et reprennent l'exercice.

Sixième partie
Affirmation de soi avec intégrité

Première étape : s'exprimer avec intégrité

Cet exercice permet d'augmenter le respect de soi-même et de tendre à plus d'intégrité.

1. Prenez une feuille de papier, faites la liste des personnes que vous côtoyez sur une base régulière et exprimez-leur par écrit l'« inexprimable », c'est-à-dire ce que vous souhaiteriez tant leur dire.

Aux personnes intimes : parents et amis

Exemples :

- Je voudrais dire plus souvent à mon époux que je l'aime.

- Je voudrais exprimer ma frustration à mon fils quand il se montre impoli.

- Je suis ennuyé quand mon ami me répète toujours les mêmes histoires.

- Je voudrais que mon père me félicite davantage.

Aux personnes qui sont en autorité

Exemples :

- À mon patron, j'aimerais dire que j'attends de lui des félicitations pour mon travail.
- À mon directeur, j'aimerais laisser savoir que j'attends de sa part plus de considération pour mes idées.
- À ma directrice, je souhaiterais dire que je déteste ses remarques désobligeantes.

Aux collègues de travail

Exemples :

- Je voudrais exprimer toute la chance que j'ai de travailler avec eux.
- J'accumule des griefs que je voudrais parvenir à exprimer simplement.
- Je n'accepterai plus qu'ils négligent de tenir compte de mon opinion.

Deuxième étape : oser s'exprimer

2. Pour faire preuve de plus de respect envers vous-même et de plus d'honnêteté, demandez-vous quelles vérités seraient bonnes à dire dans l'immédiat.

3. Reformulez vos déclarations en messages en « je » et demandez-vous dans quel contexte et à quel moment vous auriez les meilleures chances d'être entendu par votre interlocuteur.

Bon courage! L'habitude d'être vrai s'acquiert de plus en plus facilement avec l'exercice.

Réflexion personnelle

Partage sur l'expérience vécue

Stratégies d'affirmation

3. Négocier lors d'un conflit de besoins

Matière à réflexion

« L'art de la négociation est le sommet de la communication. »

Auteur inconnu

Objectifs

* Reconnaître l'existence d'un conflit de besoins.
* Utiliser une méthode de résolution de conflit où les deux parties sont gagnantes.

Explication

Faisons d'abord la distinction entre un conflit de besoins, un conflit de valeurs et une situation illégale ou immorale.

Le conflit de besoins

Dans un conflit de besoins, un malaise ou un inconfort physique s'interpose entre les parties. Ce type de conflit se résout par la négociation.

Exemple :

> Le père a besoin de silence et de calme et le fils écoute de la musique trop forte.

Le conflit de valeurs

Quand les besoins physiques des différentes parties n'entrent pas en cause, le conflit porte sur des valeurs. Le conflit de valeurs ne peut se résoudre par la négociation. Il exige des deux parties beaucoup de respect mutuel et se règle par la simple affirmation de ses propres valeurs dans le but d'influencer l'autre.

Exemple :

> Le père n'aime pas la même musique que son fils. Il aime la musique classique; son fils, lui, aime la musique « techno ». Le fils déteste la musique classique.

Les situations illégales ou immorales

Les situations illégales ou immorales nécessitent une interpellation. L'interpellation, qui n'est ni une négociation ni une tentative pour amener l'autre à changer ses valeurs, doit déboucher sur une modification du comportement de la personne fautive.

Exemple :

> Un jeune prend de la drogue.

Stratégie

Première partie
Conflits de besoins, conflits de valeurs et situations illégales ou immorales

Parmi les cas présentés ci-dessous, déterminez s'il s'agit d'un conflit de besoins, d'un conflit de valeurs ou d'une situation illégale ou immorale.

1. Votre fils s'amuse à torturer les grenouilles; il aime ça.

2. Votre fille de 18 ans aime mieux travailler dans un salon de coiffure que d'aller au collège.

3. Votre fils vous annonce qu'il ne mange désormais plus de viande.

4. Votre amie vous demande de lui faire cuire un bifteck qu'elle grignote à peine.

5. Votre conjoint n'aime pas votre coiffure.

6. Votre mari s'objecte à vos dépenses chez le coiffeur.

7. Vous faites monter dans votre voiture des jeunes auto-stoppeurs. Vous n'êtes pas de la même opinion qu'eux sur l'usage de la marijuana.

8. Même situation qu'au numéro précédent mais cette fois-ci, les auto-stoppeurs vous déclarent qu'ils transportent 200 grammes de marijuana.

9. Votre fille de 14 ans a des relations sexuelles sans aucune protection.

10. En faisant la file devant le cinéma, une personne fume le cigare et vous envoie la fumée au visage.

Réponses :

1. Situation immorale

2. Conflit de valeurs

3. Conflit de valeurs

4. Conflit de besoins

5. Conflit de valeurs

6. Conflit de besoins

7. Conflit de valeurs

8. Situation illégale

9. Conflit de besoins

10. Conflit de besoins

Deuxième partie
La méthode sans perdant

La méthode sans perdant permet aux gens impliqués dans un conflit de chercher ensemble une solution acceptable aux deux parties. Dans ce cas, les deux parties occupent des positions égales. Cette méthode exige une collaboration mutuelle, de la créativité, de l'estime de soi et de la confiance en soi. Elle requiert aussi l'utilisation de l'écoute active et du message en « je ».

Certaines conditions sont nécessaires pour entamer ce type de négociations :

- Les deux parties doivent être conscientes d'être en présence d'un conflit de besoins.
- Elles doivent déterminer ensemble le moment, le lieu et la durée de la rencontre.

Voici un procédé de négociation où chacun se sent respecté.

Préciser les besoins de chacun

C'est l'étape cruciale. Si la négociation bloque à une étape ou l'autre, il importe de revenir à la définition des besoins respectifs de chaque partie.

1. Exposez vos besoins par un message en « je ».
2. Aidez votre interlocuteur à définir les siens grâce à l'écoute active.
3. À la fin, faites un résumé des besoins exprimés de part et d'autre.

Chercher des solutions

C'est le moment de la créativité, de la tempête d'idées, où il importe d'éviter toute critique ou jugement négatif.

4. Faites par écrit une liste des solutions trouvées par les deux parties.

Évaluer les solutions par rapport aux besoins exprimés

5. Considérez chaque solution sur le plan des avantages et des inconvénients.

6. Retenez les solutions acceptables aux deux parties.

7. Modifiez certaines solutions ou apportez-en de nouvelles.

Décider du choix d'une ou de quelques solutions

8. Définissez clairement les solutions retenues.

9. Vérifiez si elles sont mutuellement acceptables en fonction des besoins de chaque partie.

10.Mettez les décisions par écrit.

Mettre en application la décision

11.Décidez qui fera quoi, quand et comment.

12.Acceptez de vous parler si l'une ou l'autre des deux parties oublie ou néglige d'appliquer les termes de l'entente.

Évaluer les résultats

13.Vérifiez, après quelque temps, si les solutions aident à résoudre le conflit ou s'il y a lieu d'y apporter des modifications.

Troisième partie
Exercice de la méthode

1. Les participants choisissent un conflit de besoins, c'est-à-dire un conflit où des aspects physiques sont en jeu.

2. Ils se divisent en triades et déterminent qui est A, B et C.

3. A amorce la négociation et suit les directives qui conduisent à une solution sans perdant.

B est un interlocuteur ignorant la méthode.

C est le consultant de A. Il le guide à travers les étapes de la méthode. Il se porte garant de l'application de la méthode; il ne parle qu'à A et il n'intervient pas dans les interventions entre A et B.

4. Quand A et B arrivent à une entente, les participants intervertissent les rôles et reprennent l'exercice.

Les points à surveiller au cours de la négociation

- Utilisez l'écoute active et communiquez avec des messages en « je ».

- Ne changez pas de sujet.

- Évitez d'impliquer dans la négociation une troisième personne absente.

- Servez-vous de la méthode sans perdant. Il importe de ne pas imposer sa propre décision, ce qui reviendrait à la méthode autoritaire. Par exemple, le parent décide que l'enfant doit sortir les déchets alors qu'il n'a pas ouvert le débat sur la distribution des tâches domestiques.

- N'imposez pas la négociation mais prenez le temps nécessaire pour expliquer à l'interlocuteur que vous voulez éviter que l'un des deux soit perdant.

- Trouvez des solutions nouvelles et originales.

- Refusez de faire appel aux méthodes autoritaires ou permissives. Si la négociation échoue, voyez à quel moment et pourquoi la procédure n'a pas fonctionné.

- Pour de petits conflits courants, si les solutions se révèlent évidentes, évitez de vous engager inutilement dans des négociations.

Réflexion personnelle

Partage sur l'expérience vécue

Stratégies d'affirmation

4. Gérer les conflits de valeurs

Histoire

La musique et le sourd

J'étais sourd comme un pot. Je voyais les gens se tenir debout et tournoyer de toutes les manières : ils appelaient ça de la danse. Ça me paraissait absurde. Mais un jour j'entendis la musique — et ce jour-là, je compris. Que la danse était belle!

Tiré de *Comme un chant d'oiseau*
de Anthony de Mello

Objectifs

- Vérifier s'il s'agit de conflits portant sur des valeurs.
- Clarifier ses propres valeurs.
- Apprendre à influencer l'autre sans toutefois chercher à lui imposer ses propres valeurs.

Explication

Une valeur est ce qui, aux yeux d'une personne en particulier, représente un gage de qualité de vie et donne un sens à l'existence.

Un besoin signifie, quant à lui, un manque à combler. Le choix de ses valeurs implique une certaine liberté. Les besoins, eux, sont conditionnés par les aspects physiques.

Exemple :

> Manger pour calmer sa faim répond à un besoin; choisir des mets raffinés peut répondre à une valeur.

Il est plus facile de reconnaître un conflit de besoins qu'un conflit de valeurs. Dans un conflit de besoins entre un parent et son enfant, par exemple, le parent et l'enfant constatent la présence d'un effet physique tangible. Dans un conflit de valeurs, le parent se sait atteint dans ses valeurs par le comportement de son enfant, mais l'enfant ne comprend pas qu'il le dérange en dérogeant à une de ses valeurs.

Exemple :

> Un adolescent porte un anneau dans le nez au désespoir de sa mère et il ne comprend pas que ce geste la dérange.

Stratégie

Première partie
Clarifier ses valeurs

Le temps accordé à chacune de vos valeurs

1. Faites une liste de vos valeurs.

2. Numérotez-les par ordre de priorité.

3. Prenez conscience du temps que vous allouez à chacune d'elles, soit pour l'actualiser, soit pour en parler ou encore pour la promouvoir. Évaluez, en le calculant approximativement, le temps que vous consacrez à l'actualisation de votre valeur prioritaire.

4. Avez-vous quelque chose à changer chez vous à la lumière de vos découvertes?

Exemple :

Je vais réajuster mes priorités dans la liste de mes valeurs.

Vos armoiries personnelles

L'animateur remet à chacun des participants une copie de l'« Écusson familial » (p. 220) et les invite à le compléter à partir des indications suivantes. L'activité peut aussi être réalisée en famille.

1. Dans la partie 1 de votre écusson, dessinez ce que vous considérez être la plus grande réussite de votre vie.

2. Dans la partie 2, dessinez la valeur à laquelle vous ne voudriez déroger à aucun prix.

3. Dans la partie 3, dessinez ce que vous aimeriez le plus réussir dans votre vie. Imaginez-vous que vous avez accompli cette réussite.

4. Dans la partie 4, dessinez la valeur que vous aimeriez voir vivre et partager par tout le monde ou par tous les membres de votre famille.

5. Dans la partie 5, inscrivez quatre qualités que vous aimeriez voir figurer sur votre épitaphe.

Découverte des valeurs familiales

1. Remémorez-vous les propos tenus en famille ainsi que les dictons familiaux sur l'argent, le travail, les étrangers, la mort, la sexualité et l'expression de l'amour, de la colère, de la faiblesse, de la force, etc. Faites-en la liste.

2. Acceptez-vous encore ces principes tels qu'ils furent énoncés par les membres de votre famille? Sinon, comment les adapteriez-vous à votre vie actuelle?

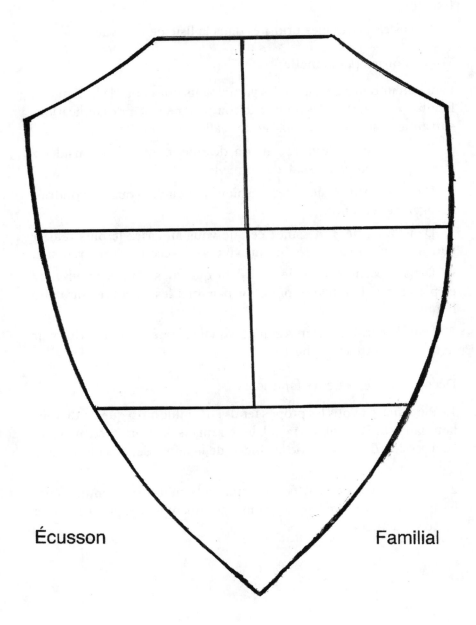

Écusson   Familial

Deuxième partie
Savoir influencer les autres en matière de valeurs

Pour devenir un bon conseiller en matière de valeurs, nous vous proposons d'adopter les attitudes et les comportements suivants :

- Savoir exactement de quoi vous parlez, c'est-à-dire être bien informé sur les valeurs que vous désirez transmettre, vous enquérir, si possible, des dernières études et de l'avis des experts sur le sujet et, enfin, avoir observé des personnes qui vivent ces valeurs.

Exemple :

Si vous voulez être un conseiller efficace sur la valeur de l'amour sexuel, vous devez vous informer sur les dernières recherches et les statistiques et entendre des témoignages sur le sujet.

- Dans votre vie, donnez l'exemple de vos valeurs. L'exemple est, en effet, le plus puissant facteur d'influence que vous puissiez avoir. Exprimez vos valeurs à l'aide de messages positifs, car les messages négatifs engendrent ce que vous voulez éviter.

Exemple :

Attention à ne pas dire : « Je te défends de fumer de la marijuana » mais plutôt : « Apprends à dire non au *dealer* ». Par un commandement négatif, vous incitez la personne à faire ce que vous lui défendez.

- Évitez le harcèlement par des répétitions trop fréquentes de vos interventions. Vous mettez votre interlocuteur sur la défensive et il se sentira obligé de prendre la position contraire à votre opinion.

- Une fois que vous aurez témoigné de vos valeurs par votre vie et par vos paroles, laissez la personne décider de son comportement.

Troisième partie
Rester ouvert et apprendre la tolérance

Rester ouvert à l'évolution des valeurs d'autrui et apprendre la tolérance signifie vous montrer prêt à vous laisser influencer par des valeurs vécues par d'autres, en particulier par celles des jeunes.

Comment répondriez-vous aux questions suivantes?

- Imaginez tenter de vivre, pendant un certain temps, les valeurs d'un autre pour en expérimenter les effets sur vous. Quelles seraient vos réactions?

- Vous demandez-vous comment l'autre en est arrivé à penser et à agir ainsi?

- Vous sentez-vous menacé par des gens qui ont des comportements différents des vôtres?

- Êtes-vous accueillant seulement à l'égard des personnes qui vous ressemblent?

Réflexion personnelle

Partage sur l'expérience vécue

Stratégies d'affirmation

5. Interpeller autrui
dans des situations délictueuses

Histoire

Le vol d'un billet

Avertie par des voisins que sa fille de six ans achetait des bonbons avec un billet de 20 dollars, une femme téléphone à son psychologue. Celui-ci lui suggère d'interpeller sa petite fille dès son retour à la maison.

Il reçoit alors un deuxième appel de la mère disant qu'elle a interpellé sa fille et l'a questionnée sur l'achat de bonbons avec un gros billet. Sa fille s'est mise à pleurer abondamment. La mère, découragée, a pensé demander à nouveau l'aide de son psychologue. Celui-ci lui recommande de la laisser pleurer le temps nécessaire et de dire à sa fille qu'elle poursuivra l'interpellation une heure plus tard. Ainsi dit, ainsi fait.

Le psychologue reçoit alors un troisième appel téléphonique de la mère lui disant que la grand-mère s'est objectée fermement à la poursuite de l'intervention. Le psychologue conseille à la mère d'inviter la grand-mère à quitter la maison pour qu'elle puisse régler personnellement cette affaire sérieuse.

Suit un quatrième appel pendant lequel sa cliente lui annonce que sa fille avait bien volé le billet de 20 dollars dans son portefeuille pour acheter des bonbons et se faire des amis. Le psychologue recommande à la mère d'en rester là pour aujourd'hui et de proposer à sa fille, dès le lendemain, un petit montant d'argent de poche pour ses dépenses personnelles.

Jean Monbourquette

Objectifs

- Reconnaître une situation délictueuse.
- Apprendre une méthode d'interpellation efficace dans les situations délictueuses.

Explication

L'interpellation

Dans l'interpellation, la personne se voit confrontée à ses actions immorales, illégales ou destructrices. L'interpellation amène l'interpellé à fournir une explication des faits, à prendre conscience de ses actes délictueux et de leurs conséquences et finalement à élaborer un plan de redressement. L'interpellé doit s'impliquer dans les trois étapes de l'interpellation.

Première étape : l'explication des faits

Prenons l'exemple d'un parent qui trouve une grande quantité de drogue dans la chambre de son adolescent. Le parent demande au jeune comment il explique la présence de la drogue dans sa chambre. Il le fait calmement et se garde de l'accuser. Il ne poursuit pas la démarche de l'interpellation tant qu'il n'a pas reçu d'explication satisfaisante. Si le jeune refuse de répondre, soit en s'en allant soit en insultant le parent, ce dernier maintient la pression sur l'adolescent en lui disant qu'il lui reposera la même question ou qu'il prendra les mesures nécessaires, comme aviser les autorités.

Deuxième étape : la prise de conscience des conséquences

Le parent interroge l'adolescent sur les conséquences morales et légales de la possession de drogue. Il doit éviter d'identifier les conséquences du geste délictueux à la place du jeune.

Troisième étape : le plan de redressement

Une fois l'interpellateur satisfait de la description faite par le jeune des conséquences de son geste, il lui demande de dresser lui-même un plan de redressement. Il lui offre son aide s'il s'aperçoit que l'adolescent se sent dépassé par certaines tâches comme celles de recourir à un avocat ou à la police ou encore de s'adresser à un organisme d'aide pour les jeunes aux prises avec des problèmes de drogue.

L'interpellation n'est pas à confondre avec le message en « je », la résolution des conflits de valeurs et la négociation des conflits de besoins. Elle requiert cependant toutes les habiletés de communication vues précédemment : l'écoute active des émotions, le changement de vitesse, etc.

L'utilisation du message en « je » est mal venue dans la confrontation; en effet, toute émotivité enlèverait à l'interpellation son caractère objectif. Cela s'avère particulièrement vrai dans les relations de travail (patron et employé) qui ne sont pas des relations d'intimité ou d'affection.

L'interpellation est employée dans les cas de nature délictueuse, illégale ou immorale. Voici quelques exemples de situations où il y a lieu d'utiliser l'interpellation :

- Votre conjoint conduit dangereusement sa voiture.
- Votre enfant accumule dans sa chambre des objets qu'il n'avait pas les moyens de s'acheter.
- Les ouvriers prolongent la durée de leur pause au-delà du temps alloué.

- Votre fille de 15 ans a assisté à une partouze avec des personnes adultes.
- Votre fils adolescent appartient à un groupe reconnu pour ses actes de vandalisme sur des édifices publics.
- Un employé arrive systématiquement en retard.

Parmi les raisons invoquées pour ne pas utiliser l'interpellation, on retrouve :

- Préférer fermer les yeux.
- Avoir peur de compromettre ses relations avec l'interpellé.
- Espérer que le désordre disparaîtra tout seul.
- Vouloir avoir l'air dans le vent et non vieux jeu.

Conditions requises pour favoriser un heureux déroulement de l'interpellation

- Intervenir dès que l'on possède assez de preuves; surtout ne pas laisser la situation se dégrader.
- Intervenir en s'appuyant sur des témoignages crédibles et non sur de simples rumeurs.
- Interpeller avec objectivité, toujours dans des moments de calme. Ne pas accuser.
- Ignorer les excuses.
- Faire savoir à l'interpellé que l'on refuse de jouer au « sauveur » et lui dire qu'il devrait avoir assez de maturité pour agir de façon responsable.
- Éviter toute action punitive, mais faire découvrir les conséquences de certains actes.
- S'armer de patience et de persévérance et chercher des appuis chez le conjoint ou la conjointe ou encore chez des amis. L'interpellation demande beaucoup d'énergie : elle peut durer plusieurs semaines, voire plusieurs mois.

Stratégie

1. L'animateur invite les participants à se regrouper en triades. Chacun repère dans sa vie une situation qui aurait exigé une interpellation.

2 Les participants déterminent qui sera A, B et C.

3. A choisit d'interpeller B. C se fait le consultant de A. Il le conseille au cours des trois étapes de l'interpellation telles que décrites plus haut.

4. Quand A a terminé d'interpeller B, les participants inversent les rôles. B devient l'interpellateur, C, l'interpellé, et A conseille B. Ils reprennent l'exercice.

Réflexion personnelle

Partage sur l'expérience vécue

Stratégies d'affirmation

6. Être capable de donner des marques d'attention et d'affection

Histoire

Ressusciter quelqu'un

Ne vous a-t-on jamais ressuscité?

Personne ne vous a-t-il jamais parlé, pardonné,

aimé assez pour vous ressusciter?

N'avez-vous jamais assisté à des résurrections?

N'avez-vous jamais ressuscité personne?

Avez-vous expérimenté la puissance de vie qui jaillit

dans un sourire, dans un pardon, dans un accueil?

Tiré de *Oser parler*
de Louis Évely

Objectifs

- Connaître la nature d'une marque d'attention et d'affection.
- Respecter les conditions requises pour donner correctement des marques d'attention et/ou d'affection.
- Apprendre comment donner les marques d'attention et d'affection.

Explication

Le rôle des marques d'attention et d'affection dans l'estime de soi et la confiance en soi

Définition des marques d'attention

Les marques d'attention englobent toutes les paroles, les gestes et les attitudes par lesquels nous reconnaissons à l'autre son existence et sa dignité. Ces marques sont de nature à susciter chez celui-ci l'estime de soi pour ses compétences et éventuellement la confiance en soi.

Exemples :

> Une poignée de main, un signe de reconnaissance, un remerciement, des félicitations, un compliment, la célébration d'une réussite, un cadeau inattendu pour un service rendu, etc.

Définition des marques d'affection

Les marques d'affection regroupent les paroles, les gestes et les attitudes par lesquels nous manifestons à une personne notre affection et notre amour. Ces marques sont de nature à susciter chez celle-ci l'estime de soi pour sa personne et éventuellement l'amour de soi.

Exemples :

> Une caresse, une embrassade, la célébration d'un anniversaire, des paroles d'affection et d'estime, un geste gratuit, l'écoute des émotions et des sentiments de l'autre, etc.

Comment donner gratuitement des marques d'attention et/ou d'affection?

Pour les marques d'attention

- Employer le message en « je » pour bien signifier qu'on prend soi-même la responsabilité de son jugement et qu'on ne la laisse pas à l'autre, ce qui se produirait si l'on exprimait son message en « tu ».

Exemple :

« J'admire l'ordre et la propreté de ta chambre » au lieu de dire : « Tu es propre et ordonné. »

• Éviter de complimenter une personne en la comparant à une autre.

Exemple :

Éviter de dire : « Ta chambre est plus en ordre que celle de ton frère. »

• Ne pas restreindre la portée de son compliment en le formulant avec un « mais ».

Exemple :

Éviter de dire « Ta chambre est propre et ordonnée, mais tu as oublié tes chaussettes sous le lit. »

Pour les marques d'affection

• Adresser ses paroles ou gestes d'affection à la personne même et non à ses actions.

Exemple :

Caresser une personne par amour pour elle et non par amour de son heureuse performance.

• Poser un geste affectueux d'une façon congruente. En l'occurrence, les paroles doivent traduire une affection réelle et non artificielle.

Stratégie

Première partie
Prendre conscience de ses marques d'attention et d'affection

Répondez aux questions suivantes pour prendre conscience des marques d'attention et/ou d'affection que vous donnez aux autres.

Depuis votre réveil, avez-vous donné des marques d'attention et/ou d'affection à quelqu'un?

À qui les avez-vous données?

À quel moment précis?

Quelles sortes de marques d'attention et/ou d'affection avez-vous données?

- Verbales ou non verbales?
- Gratuites ou non gratuites?
- Positives ou négatives?

Exemples :

Marque d'attention positive : « Tu t'es réveillé à l'heure. »
Marque d'attention négative : « Tu n'as pas fait ton lit. »

Croyez-vous qu'il vous serait possible de donner plus de marques d'attention positives dans votre vie? Si oui, à qui aimeriez-vous en donner? Dans quelles circonstances?

Préparez mentalement une marque d'attention et/ou d'affection que vous donnerez aujourd'hui même.

Quelles résistances rencontrez-vous à l'idée d'avoir à donner des marques d'attention et/ou d'affection?

Deuxième partie
Donner des qualités et apprendre à en accueillir

1. L'animateur remet aux participants une copie de la feuille intitulée « Donner et accueillir des qualités ».

2. Il propose aux participants d'ajouter de nouvelles qualités dans les cases vides. Si certains le souhaitent, ils peuvent se référer à la liste des ressources et des qualités à la page 235.

3. Les participants lisent attentivement les qualités inscrites dans chacune des cases.

4. Ils se trouvent un partenaire.

5. Chaque participant choisit deux qualités qui représentent le mieux son partenaire. Il nomme son partenaire et lui dit : « N., ce que j'aime chez toi, c'est... (il nomme deux qualités), parce que... (il donne des exemples concrets de ces qualités chez cette personne). Acceptes-tu ces qualités? »

Si la personne accepte ces qualités, elle coche sur sa propre feuille les cases des qualités correspondantes. Elle peut refuser une des qualités si celle-ci n'est pas, par exemple, étayée par des gestes concrets. Il est possible que ce refus révèle un manque d'estime de soi. L'animateur peut conseiller à la personne d'imaginer à l'intérieur d'elle-même un coffre au trésor dans lequel elle dépose la qualité refusée. Elle pourra toujours, au besoin, y retrouver cette qualité à ses yeux inacceptable.

6. Chaque participant demande à son partenaire laquelle des deux qualités a sa préférence.

7. Celui qui a donné les qualités se met maintenant en position de se faire attribuer deux qualités par son partenaire.

8. Quand la dyade a terminé, chacun se trouve un autre partenaire.

9. À la fin de l'exercice, les participants font la liste des qualités que les autres leur ont attribuées en comptabilisant le nombre de crochets dans chaque case. Ils répondent ensuite à la question suivante : « Qu'avez-vous découvert au sujet de votre personnalité pendant cet exercice? »

Donner et accueillir des qualités

aimable	fidèle	flexible		mature
courageux	sympathique	optimiste	confiant	fiable
délicat	sociable	ordonné	créatif	généreux
amical	sincère	ponctuel		attentif
ouvert	patient	honnête	affectueux	
discret	juste	doux	brave	plaisant
calme	leader	heureux	charitable	réaliste
actif	populaire		ambitieux	
amusant	rassurant	éloquent	agile	
sportif	responsable	endurant	appliqué	décisif
déterminé	persévérant	énergique	athlétique	autonome
tolérant	organisé	enjoué	aventurier	informé
persistant	intelligent	éveillé	compétent	prudent
inventif	efficace	connaissant	dévoué	positif

Liste des ressources et des qualités

accessible

accommodante

accueillante

active

adéquate

admirable

adorable

adroite

affable

affectueuse

agile

aimable

aimante

aimée

ambitieuse

amicale

amoureuse

amusante

appliquée

articulée

artistique

assidue

assurée

athlétique

attentionnée

attentive

attirante

attrayante

audacieuse

authentique

autonome

aventurière

belle

brillante

bien élevée

bienfaisante

bonne

brave

calme

capable

chaleureuse

chanceuse

charitable

charmante

chaste

clairvoyante

cohérente

comblée

comique

compatissante

compétente

compréhensive

conciliante

concrète

confiante

consciencieuse

consciente

consolatrice

constante

contente

convaincante

convaincue

coopérative

cordiale

courageuse

créatrice

curieuse

débrouillarde

décidée

délicate

désirable

désireuse

détendue

déterminée

dévouée

digne

diligente

diplomate

disciplinée

discrète

disponible

docile

douce

droite

dynamique

éblouissante

éclairée

éclatante

économe

efficace

élogieuse

éloquente

émerveillée

émotive

empressée

endurante

énergique

enjouée

enthousiaste

entreprenante

équilibrée

érudite

éveillée

exemplaire

expérimentée

experte

expressive

extraordinaire

ferme

fiable

fidèle

fière

fine

flexible

fonceuse

franche

généreuse

gentille

gracieuse

grande

habile

harmonieuse

héroïque

heureuse

honnête

honorable

hospitalière

humble

humoristique

imaginative

importante

incomparable

indépendante

indulgente

inébranlable

influente

informée

inimitable

innovatrice

intègre

intellectuelle

intelligente

intense

intéressée

intérieure

intime

intuitive

inventive

jolie

joviale

joyeuse

juste

laborieuse

leader

libératrice

libérée

libre

logique

loyale

lucide	miséricordieuse	observatrice
magnanime	modeste	optimiste
magnifique	motivée	ordonnée
majestueuse	naturelle	organisée
merveilleuse	nourrissante	originale
méthodique	obéissante	ouverte
minutieuse		

Troisième partie
L'admirateur inconnu

1. Les participants écrivent leur nom sur un morceau de papier et le mettent dans une boîte. Chaque participant tire au hasard le nom d'un autre participant et devient son admirateur inconnu.

2. L'admirateur inconnu observe discrètement son ami secret pendant un certain temps. Il lui trouve des qualités touchant sa personne et ses comportements. Il écrit une carte ou une lettre signée dans laquelle il lui révèle ses découvertes.

3. À la fin de la période d'observation, l'animateur invite un participant à se placer au centre du groupe et à lire sa lettre à la personne admirée. Le participant remet ensuite sa lettre à la personne admirée. Celle-ci accueille les marques d'attention ou d'affection qui lui sont adressées. La personne admirée exprime comment elle reçoit ces marques d'attention ou d'affection.

4. La personne admirée lit à son tour sa lettre à son ami secret et ainsi de suite.

Réflexion personnelle

Partage sur l'expérience vécue

Stratégies d'affirmation

7. Être capable de recevoir des marques d'attention et d'affection

Histoire

Coutume amérindienne

Les Amérindiens ont la réputation d'être ingrats. Ils ne disent pas merci lorsqu'ils reçoivent un cadeau et ne font pas de cadeau en échange. Ils attendent, gardent en mémoire le don et s'en imprègnent. Quelques années plus tard, ils expriment éventuellement leur reconnaissance par un cadeau. Ils agissent ainsi pour éviter le « donnant, donnant ».

Jean Monbourquette

Matière à réflexion

« Recevoir est plus important que l'acte de donner : recevoir, c'est se donner dans sa vulnérabilité. »

Jean Monbourquette

Objectif

* Apprendre à nourrir son estime de soi et sa confiance en soi par l'accueil de marques d'attention et d'affection.

Explication

La façon de recevoir les marques d'attention et d'affection est le facteur déterminant de l'estime de soi. Si nous ne sommes pas prêts à accueillir les marques d'attention et d'affection des autres, il est très difficile de grandir dans l'estime de soi-même. Certaines personnes sont incapables de recevoir ces marques d'attention et d'affection à cause de leurs résistances. Voici une liste de ces différentes résistances.

- Elles interprètent mal les marques d'attention et d'affection. Elles les voient comme des tentatives de manipulation.

Exemple :

Ces personnes ont vécu des expériences où les marques d'attention et d'affection cachaient une demande.

- L'image qu'elles ont d'elles-mêmes est tellement détériorée qu'elles ne croient plus à l'authenticité de la marque d'attention et d'affection qui leur est manifestée.

- Elles refusent les marques d'attention et d'affection à cause de leur éducation qui prônait l'humilité et qui leur a appris à s'abstenir de tout sentiment de fierté.

- Elles ont peur de montrer leur vulnérabilité et leurs émotions quand elles reçoivent des marques d'attention et d'affection. Elles veulent garder un contrôle rigide, voire maladif, sur leur supposée « faiblesse ».

- À la suite de marques d'attention et d'affection, elles s'attendent à des reproches.

- Etc.

Après avoir vaincu ses résistances, voici comment accueillir et recevoir des marques d'attention et d'affection :

- Se concentrer sur la marque d'attention et d'affection reçue.

- Prendre le temps de s'en imprégner.

- Remercier l'autre avec courtoisie.

- Continuer à s'en nourrir par la suite.

Exemples :

> Après avoir reçu une carte de remerciements, la garder un certain temps bien en vue.

> Se souvenir d'un compliment et se le redire pour continuer à s'en nourrir.

Stratégie

Première partie
Détecter ses résistances

Pour une personne seule

1. Pensez à une marque d'attention ou d'affection que vous avez reçue récemment.

2. Relisez la liste des différentes résistances devant des marques d'attention ou d'affection. Vous reconnaissez-vous dans la description de l'une de ces résistances?

3. Dans votre résistance, que voyez-vous? que vous dites-vous? que ressentez-vous?

4. Comment changeriez-vous vos images, vos paroles et votre ressenti pour faire évoluer votre résistance?

Pour un groupe

1. Le groupe se sépare en triades. Les participants déterminent qui est A, B et C.

2. A donne une marque d'attention et/ou d'affection à B.

3. B prend contact avec son intériorité pour identifier une résistance éventuelle. Il exprime sa résistance à A et à C.

C joue le rôle d'observateur.

4. B fait une tentative pour changer sa façon d'accepter la marque d'attention et d'affection reçue sans faire d'objections, en faisant silence, en accueillant intérieurement la marque d'attention.

5. C fait ses commentaires sur la façon dont B a reçu la marque d'affection et d'attention de A. B réajuste sa réaction si nécessaire.

6. Les participants refont l'exercice en alternant les rôles.

Deuxième partie
Sous le feu de l'appréciation

1. L'animateur remet aux participants un exemplaire de la page intitulée « Sous le feu de l'appréciation ». Les participants doivent se trouver des qualités. Pour s'aider, ils peuvent se référer à la liste des ressources présentée précédemment, pages 235-237.

2. Dans la petite étoile au centre de la grande étoile, les participants écrivent cinq ou six de leurs qualités.

3. Les participants numérotent chacune de leurs qualités par ordre d'importance.

4. Ensuite, les participants forment des groupes de cinq ou six personnes. Il n'est pas nécessaire que les participants se connaissent entre eux. Ils décident qui sera A, B, C, D et E.

5. Au verso de la page du dessin de l'étoile, ils dessinent une colonne pour chaque membre de l'équipe.

A – Paul	B – Jeanne	C – André	D – Marie	E – Isabelle

Sous le feu de l'appréciation

6. A remet à B l'étoile contenant ses cinq qualités.

7. B, en regardant A, nomme la première qualité de A et lui pose les deux questions suivantes :

- Comment sais-tu que tu possèdes cette qualité?
- Pourquoi cette qualité a-t-elle de l'importance à tes yeux?

8. Pendant que A répond à ces deux questions, B, C, D et E écoutent attentivement les réponses de A tout en cherchant à découvrir chez lui d'autres qualités.

À mesure qu'ils lui trouvent une nouvelle qualité, ils l'ajoutent sur leur propre feuille dans la colonne sous le nom de A.

A – Paul	B – Jeanne	C – André	D – Marie	E – Isabelle
patient	joyeuse	artistique	discrète	organisée
ordonné	leader	intelligent	douce	intelligente
attentif	méthodique	athlétique	fiable	compatissante
honnête	nourrissante	charitable	franche	compréhensive
etc.	etc.	etc.	etc.	etc.

9. Pendant une minute environ, chacun des quatre participants regarde A dans les yeux et lui dit ce qu'il aime, admire, apprécie et respecte chez lui avec des paroles sincères. Un secrétaire inscrit, dans l'espace de la plus grande étoile, toutes les qualités attribuées à A. Les quatre participants jouent le rôle de secrétaire chacun à leur tour pendant que A se voit attribuer des qualités.

10. A écoute et accueille silencieusement les qualités qui lui sont attribuées.

11. Le tour de table terminé, B remet à A son étoile. A prend tout le temps nécessaire pour accueillir ces marques d'attention et exprime sa réaction vis-à-vis les commentaires reçus.

12. B remet son étoile à C et les participants reprennent l'exercice à partir du numéro 8.

13. À la fin de l'exercice, chaque participant écrit à l'extérieur de sa grande étoile les qualités qu'il a attribuées aux autres en se servant du tableau au verso de sa feuille. S'il a pu voir ces qualités chez les autres, c'est qu'il les possède lui-même. Son étoile en sera tout agrandie.

Centration sur « Mon étoile », accompagnée d'une musique douce

Contemplez silencieusement les richesses de votre étoile que vous tenez maintenant dans vos mains.

Prenez une bonne inspiration et laissez votre étoile sortir de vos mains pour entrer à l'intérieur de vous-même.

Laissez votre étoile envahir de son rayonnement votre personne. Laissez ses multiples rayons illuminer et réchauffer les gens que vous aimez.

Quand vous regarderez le ciel étoilé, rappelez-vous la clarté et la luminosité de votre étoile.

Dans une trentaine de secondes, vous sortirez lentement de votre profonde méditation.

Vous reprenez contact avec nous en bougeant lentement les doigts, la tête et en ouvrant doucement les yeux.

Vous regardez tout autour de vous; vous entendez de nouveau les bruits de l'extérieur; vous vous frottez les mains et vous revenez dans la salle avec nous.

Quatrième partie
Se jouer dans le dos

L'animateur propose aux participants une façon différente de « se jouer dans le dos ». Le jeu consiste à attribuer des qualités aux autres.

1. Chaque participant dessine un cœur et se le fait épingler dans le dos.

2. Au son d'une musique douce, les participants circulent en silence et inscrivent dans le cœur des autres une qualité ou un commentaire positif en signant leur nom au complet.

3. Une fois l'exercice terminé, chaque participant choisit un ou deux commentaires qui l'ont particulièrement touché. Il en nomme les auteurs. Il exprime, devant tous, sa satisfaction et explique par quoi il s'est senti rejoint.

Réflexion personnelle

Partage sur l'expérience

Proposition musicale

Du CD *Les messages de l'amour* : « Je m'aime enfin ».

Stratégies d'affirmation

8. Acquérir l'art de demander ce dont on a besoin

Histoire

Le fossé

Entre

Ce que je pense demander
Ce que j'aimerais demander
Ce que je crois demander
Ce que je demande

Et

Ce que vous entendez
Ce que vous croyez comprendre
Ce que vous voulez comprendre
Ce que vous comprenez!

Isabelle d'Aspremont

Objectifs

- Reconnaître ses besoins, les nommer et les exprimer.
- Prendre conscience de ses manières de demander sans demander.
- Savoir demander d'une manière efficace.

Explication

« Demandez et l'on vous donnera; cherchez et vous trouverez; frappez et l'on vous ouvrira » (*Matthieu* 7, 7).

Combien de personnes, parce qu'elles n'osent pas faire de demandes, vivent malheureuses et frustrées! Ne pas faire de demandes claires ou laisser les autres deviner ses besoins est la source d'un grand nombre de conflits dans les relations sociales.

Une personne qui ne formule pas bien ses demandes risque d'être mal comprise par son interlocuteur et de ne pas voir sa demande exaucée. Pourtant, la plupart du temps, les gens désirent vraiment combler les demandes de leur entourage. Il est donc important d'exprimer ses besoins de façon claire et précise.

Stratégie

Première partie
Connaître ses besoins et bien les exprimer

Avant de faire une demande, il est important de savoir ce que l'on veut.

1. L'animateur invite les participants à faire la liste de leurs besoins :

   - matériels : les objets nécessaires dans le quotidien (un nouvel ordinateur, des vêtements, etc.);

   - psychologiques : besoin d'être reconnu, écouté, compris, sécurisé, aimé, besoin d'être l'objet de marques d'attention et d'affection;

   - sociaux : besoins touchant les relations, le travail, le statut social, la réputation;

   - spirituels : recherche de sens, besoin de croître, besoin de vie spirituelle, de vivre des expériences spirituelles.

2. Les participants se choisissent un partenaire et s'exercent à lui exprimer trois des besoins de leur liste.

Deuxième partie
Reconnaître sa façon de demander sans demander

Vous reconnaissez-vous dans l'une ou l'autre des façons suivantes de faire une demande sans demander?

- Laisser l'autre deviner ce que vous voulez obtenir.
- Faire seulement allusion à votre besoin ou tourner autour du pot.
- Bouder pour attirer l'attention de quelqu'un et pour qu'il fasse la demande à votre place.
- Donner aux autres ce que vous voulez demander pour vous.
- Vous montrer frustré que l'autre n'ait pas compris votre besoin.
- Reprocher à l'autre de n'avoir pas deviné votre besoin.
- Parler de voisins qui ont des choses que vous n'avez pas.
- Faire savoir à l'autre que s'il vous aimait vraiment il devrait savoir ce dont vous avez besoin.
- Demander en sabotant sa demande, c'est-à-dire en donnant à votre interlocuteur des raisons de ne pas y répondre.
- Faire sa demande sans aucune conviction.

Quels résultats obtenez-vous en demandant de cette manière?

Troisième partie
S'exercer à demander de façon claire et ferme

Voici les conditions à respecter pour formuler une demande de façon claire et ferme :

- Formulez avec précision l'objet de votre demande pour vous-même d'abord.
- Commencez votre demande par un message en « je » et d'une façon ferme, cohérente et convaincue. Utilisez des expressions telles que « j'aimerais », « j'ai besoin », « je voudrais », « je veux », « je ne veux pas ».

- Choisissez le moment propice pour une telle démarche.
- Assurez-vous que votre interlocuteur a bien compris votre demande et donnez-lui le temps d'y réfléchir.

Exercice

Pour une personne seule

Exercez-vous seul à formuler clairement votre demande et à la réajuster selon les conditions définies plus haut (ton, posture, etc.).

Pour un groupe

1. L'animateur invite les participants à formuler une demande relative à l'un des trois besoins retenus de leur liste de besoins (voir première partie de la stratégie, page 248). Ils ajustent leur demande selon les critères mentionnés à la deuxième partie de la stratégie.

2. Les participants se divisent en triades. Ils déterminent qui sera A, B et C.

3. A fait une demande claire et précise à B.

4. B fait ses commentaires sur la demande de A en tenant compte des points suivants : clarté, précision, fermeté du ton, conviction, etc.

5. C commente à son tour l'interaction entre A et B.

6. Si nécessaire, A répète sa demande en tenant compte des remarques de B et de C.

7. À tour de rôle, ils reprennent l'exercice.

Quatrième partie
Demander une marque d'attention ou d'affection qu'on aurait aimé recevoir

La stratégie suivante a la forme d'un jeu de rôle.

1. L'animateur invite chaque participant à trouver une marque d'attention ou d'affection qu'il aurait aimé recevoir à un certain moment de sa vie de la part d'une personne significative : père, mère, frère, sœur, professeur, ami, employeur, etc.

2. L'animateur demande aux participants de choisir parmi le groupe une personne dont ils aimeraient recevoir cette marque d'attention ou d'affection et qui jouerait le rôle de la personne significative pour eux.

Le demandeur est A et la personne qui donne la marque d'attention ou d'affection est B.

3. A explique à B les circonstances dans lesquelles il aurait aimé recevoir cette marque d'attention ou d'affection. A décrit à son partenaire la marque d'attention ou d'affection qu'il aurait aimé recevoir.

Exemple :

> J'aurais aimé que mon père me félicite lorsque j'ai obtenu mon diplôme.

4. B s'assure d'avoir bien compris la situation et la marque d'attention ou d'affection demandée.

5. B prend un moment d'intériorité et imagine la situation dans laquelle se trouvait A.

Exemple :

> B se met dans la peau du père, fier de sa fille.

6. B joue le rôle de la personne et donne la marque d'attention ou d'affection à A le plus correctement possible.

Exemple :

> « Je te demande pardon pour ma froideur. Je veux te dire combien je suis fier de toi. Je tiens à te féliciter pour ton travail et ta détermination. »

7. A accueille en silence la marque d'attention et prend conscience de ce qu'il vit intérieurement. Il prend le temps de se laisser nourrir par cette marque d'attention ou d'affection.

B prend lui aussi conscience de ce qu'il ressent quand il donne ainsi une marque d'attention ou d'affection.

8. A remercie B. S'ils le souhaitent, A et B peuvent partager leurs impressions.

9. L'exercice se poursuit avec d'autres partenaires.

Mise en garde pour l'animateur

Cet exercice suscite souvent beaucoup d'émotions. L'animateur prendra le temps de laisser les participants exprimer leur vécu à la fin des dyades et en groupe après l'exercice.

Réflexion personnelle

Partage sur l'expérience vécue

Stratégies d'affirmation

9. S'exercer à refuser avec courtoisie

Histoire

La soupe de maman

Un jour, une mère servit de la soupe à son fils. Celui-ci lui dit : « Maman, je sais bien que ta soupe est excellente et que tu l'as faite avec beaucoup d'amour, mais je dois te dire que je n'ai pas faim pour manger de la soupe. »

Jean Monbourquette

Matière à réflexion

« Lorsqu'on veut dire "non" et qu'on dit "oui", c'est à soi qu'on dit "non". »

Jean Monbourquette

Objectifs

- Reconnaître les situations où un refus est nécessaire.
- Se respecter en opposant un refus courtois.

Explication

Qu'est-ce qui nous fait dire « oui » quand nous voulons dire « non »?

- Le désir de ne pas déplaire.
- Le désir de plaire.
- Le désir d'être aimé.
- La volonté de faire plaisir.
- La volonté de ne pas se sentir coupable.
- La volonté de se conformer à des principes de politesse.
- La volonté de ne pas faire de la peine à l'autre.
- La peur de s'affirmer.
- La volonté de ne pas perdre son temps et son énergie à négocier.
- Etc.

L'incapacité de dire « non » aux autres provoque de la frustration, de la culpabilité, de la mésentente, de la tension, de l'hypocrisie et de la fausseté dans les relations.

Les attitudes énumérées plus haut sont signes qu'il est grand temps d'apprendre à refuser mais avec courtoisie. La personne capable de dire « non » aux autres avec courtoisie se respecte et préserve en même temps l'authenticité de sa relation avec le demandeur.

Stratégie

Première partie
Apprendre à dire « non » avec courtoisie

Pour refuser la demande d'une personne tout en sauvegardant la confiance et l'authenticité de votre relation avec elle, formulez votre refus en trois mouvements.

1. Reconnaissez le bien-fondé de la demande en reformulant le besoin exprimé par le demandeur.

Exemple :

> Ma sœur m'accompagne en voyage et elle voudrait arrêter pour manger. Elle me dit : « Je voudrais m'arrêter pour manger. » Je lui réponds : « Je comprends très bien que tu aies faim. »

2. Dites pourquoi vous devez refuser de satisfaire sa demande dans les circonstances.

Exemple :

> Je précise aussitôt à ma sœur : « Je suis pressée d'arriver à destination car un ami m'attend. »

3. Trouvez un moyen quelconque de compenser pour votre refus.

Exemple :

> J'offre une solution de rechange à ma sœur : « Désires-tu manger la pomme que j'ai dans mon sac? »

Exercice

1. L'animateur demande aux participants de former des dyades et de déterminer qui sera A et qui sera B.

2. A fait une demande.

3. B refuse d'y acquiescer avec courtoisie :

- Il reconnaît le bien-fondé de la demande de A.
- Il lui donne les raisons de son refus.
- Il propose une forme de compensation, s'il y a lieu.

4. A dit comment il reçoit le refus de B.

5. Les participants inversent les rôles. B fait une demande et A la refuse avec élégance.

6. L'exercice se poursuit jusqu'à ce que le réflexe de refuser avec courtoisie soit bien ancré chez les participants.

Deuxième partie
Prendre conscience des marques d'attention et d'affection indésirables

Il est important de s'autoriser à refuser d'une façon courtoise les marques d'attention et d'affection inconvenantes ou indésirables.

Voici des exemples de marques d'attention et d'affection inconvenantes ou indésirables :

- Des compliments faux et artificiels.
- Des compliments sarcastiques.
- Des compliments intéressés.
- Des embrassades et touchers envahissants.
- Des compliments ou caresses dans des circonstances inappropriées.
- Des compliments ou caresses qui ont déjà été refusés.

À quels critères reconnaissez-vous les situations où quelqu'un vous offre des marques d'attention et d'affection inconvenantes ou indésirables?

- Vous vous sentez gêné.
- Vous vous sentez embarrassé.
- Vous vous sentez mal à l'aise.
- Vous sentez que la relation est fausse.
- Vous sentez que la situation est fausse.
- Vous figez.
- Vous éprouvez une réaction physique de recul.
- Vous vous sentez pris dans une relation que vous n'avez pas choisie.
- Etc.

Vous pourriez avoir un échange avec quelques personnes sur vos réactions aux marques d'attention et d'affection indésirables ou inconvenantes.

Troisième partie
Refuser des marques d'attention et d'affection
indésirables

1. Les participants forment des dyades. Ils déterminent qui est A et qui est B.

2. A raconte une situation où il s'est senti mal à l'aise en recevant une marque d'attention ou d'affection jugée inconvenante.

3. A se remet dans cette situation passée.

4. A se prépare à refuser d'une manière polie la marque d'attention ou d'affection jugée inconvenante. A commence en reconnaissant le caractère indésirable de cette marque d'attention ou d'affection. Il la refuse en donnant ses raisons.

5. A décrit la marque d'attention et d'affection acceptable pour lui.

6. A et B changent de rôle et reprennent l'exercice.

Réflexion personnelle

Partage sur l'expérience vécue

Stratégies d'affirmation

10. Parler en public avec aisance

Histoire

La plus grande peur

D'après un sondage, savez-vous quelle est la plus grande peur aux États-Unis?

La peur de parler en public, c'est-à-dire de se mettre debout devant les gens et de dire quelque chose.

Selon le même sondage, savez-vous quelle est la troisième plus grande peur aux États-Unis?

La peur de mourir.

La majorité des personnes préféreraient mourir plutôt que de parler devant un groupe de gens nombreux.

D'après *Self-Esteem and Peak Performance*
de Jack Canfield

Objectifs

- Se préparer psychologiquement à parler en public en se concentrant et en ancrant ses ressources.
- Créer un rapport avec son auditoire.

- S'exercer à parler devant de petits groupes.
- Avoir préparé un texte pour une allocution.

Explication

Beaucoup de gens craignent de parler en public. Au début du moins, ils s'imaginent devoir affronter de larges auditoires hostiles. Ils ne se donnent pas la possibilité de s'y préparer d'une façon systématique et progressive.

Stratégie

Première partie
Se centrer et ancrer ses ressources
Se centrer

1. Une préparation immédiate s'impose avant d'affronter un public. Elle consiste à prendre 15 à 30 minutes pour se centrer. Dans un endroit calme et isolé, commencez à vous parler calmement en vous demandant : « Qu'est-ce qui se passe en moi? »

2. Une partie de vous est sans doute paniquée à la pensée d'avoir à vous adresser à un auditoire. Concentrez-vous sur cette partie agitée de vous-même et écoutez-la vous parler sans songer à la nier ou même à vouloir la changer. Il est fort probable que votre agitation prenne de l'ampleur en vous. Si vous persistez à écouter cette partie de vous-même, à l'accueillir, à la rassurer, vous la pacifierez jusqu'à ce que vous trouviez une zone de confort en vous.

Ancrer ses ressources

3. Une fois votre zone de confort atteinte, ancrez vos ressources. Souvenez-vous de trois expériences de succès dans d'autres domaines. Serrez le poing chaque fois que vous éprouvez des émotions liées au succès. Si vous connaissez la salle où vous prendrez la parole, vous

ancrez votre sentiment de succès en visualisant les tableaux qui y sont exposés ou tout autre objet qui s'y trouve.

Deuxième partie
S'exercer à prendre la parole en public

Il existe plusieurs moyens de vous exercer progressivement à prendre la parole en public dans des endroits non menaçants :

- Écoutez-vous parler seul devant un miroir.
- Exercez-vous à parler devant de petits groupes.
- Dites votre accord à la suite de l'intervention d'une personne.
- Donnez simplement votre opinion à un comité.
- Posez des questions en classe.
- Émettez une idée personnelle en société.

Troisième partie
Créer un rapport avec l'auditoire

Vingt ou trente minutes avant l'allocution, il est important de vous familiariser avec la salle où vous parlerez.

1. Parcourez votre espace à l'avant-scène. Vérifiez le micro ainsi que le son du haut-parleur. Habituez-vous à entendre votre voix.

2. Demandez un lutrin ou une table pour déposer vos feuilles et un verre d'eau. Écrivez le plan de votre discours sur un tableau ou sur un carnet, etc.

3. En activant vos ancres, vous vous sentez sûr de vous-même et de votre apparence physique. Vous arborez un sourire.

4. Pour occuper vos yeux, vous décidez de regarder votre auditoire. Canaliser votre énergie visuelle à l'extérieur de vous en regardant l'auditoire vous empêche de vous demander comment vous voient les autres.

5. Pour occuper votre ouïe, vous vous répétez les premières phrases de votre introduction en vous concentrant sur le message que vous

voulez transmettre à l'auditoire. Cet exercice permet de se mettre à l'extérieur de soi pour éviter de se préoccuper des commentaires des gens et de se demander : « Qu'est-ce qu'ils disent de moi? »

Quatrième partie
S'exercer à donner une courte allocution

1. Vous vous présentez devant l'auditoire muni d'un aide-mémoire et, si possible, de dispositifs audiovisuels.

2. Assurez-vous de connaître par cœur les premières phrases de votre allocution.

3. Dans votre présentation, appliquez-vous à être courtois et gentil avec l'auditoire. Donnez le plan de votre discours et annoncez une période de questions à la fin de l'allocution. Un orateur inexpérimenté ne devrait pas accepter des questions durant son allocution.

4. Lisez lentement votre texte et faites des pauses tout en regardant l'auditoire. Plus vous serez familier avec le sujet de votre texte, plus vous pourrez vous permettre d'improviser la formulation des phrases.

5. À la période de questions, faites-vous aider par un animateur qui dirige l'ordre des interventions. Celui-ci devra répéter la question pour vous afin de vous laisser le temps de préparer votre réponse.

Réflexion personnelle

Partage sur l'expérience vécue

Stratégies pour faciliter le passage
de l'estime de soi à l'estime du Soi

Le passage de l'estime de soi à l'estime du Soi

Les imageries guidées pour faire le passage du soi au Soi

Histoire

Le plus petit des dieux

Les dieux s'aperçurent de leur erreur après avoir créé les êtres humains curieux, intelligents, assoiffés de connaissances et attirés par la recherche spirituelle. Ils se mirent à craindre qu'en peu de temps les humains ne les défient. Tous les dieux se réunirent pour savoir où cacher les dons précieux de l'âme humaine. Ils émirent une foule de suggestions : sur la plus haute montagne? dans les profondeurs de la mer? dans les abîmes profonds? dans les jungles impénétrables? sur la lune et les autres planètes?

Le plus petit des dieux, resté silencieux jusque-là, prit la parole : « Je connais un endroit où les humains ne penseront jamais pouvoir trouver leur âme. Cachons-la au plus profond d'eux-mêmes. »

D'après l'histoire « The Littlest God »
dans *The Magic of Metaphor*
de Nick Owen

Objectifs

- Utiliser des métaphores qui marquent le passage de l'ego au Soi dans l'évolution de son être.
- Favoriser les forces symboliques du Soi pour permettre son rayonnement.

Explication

Nous avons choisi les imageries guidées présentées ici parce qu'elles stimulent le conscient et l'inconscient et qu'elles permettent de progresser dans la croissance psychologique et spirituelle. Ces imageries agissent en effet comme des métaphores sur plusieurs niveaux du conscient et de l'inconscient et proposent un chemin de croissance pour faire le passage entre la psychologie et la spiritualité. Bref, elles établissent des canaux de communication entre le soi et le Soi.

L'utilisation répétée de ces imageries permet de puiser aux sources de sa sagesse intérieure et d'élargir ses perspectives en vue de solutionner les situations problématiques de la vie.

Stratégie

Première imagerie
Le symbole de la rose

Plusieurs traditions de l'Occident et de l'Orient représentent le Soi à l'aide du symbole de la rose. En Chine, on retrouve le symbole de la *Rose d'or*; en Inde et au Tibet, le symbole du lotus; en Europe, les troubadours racontaient *Le roman de la rose*; Dante décrit la *Rose éternelle*. Nombre de traditions spirituelles placent la rose au centre de la croix.

L'imagerie de la rose qui pousse et atteint sa maturité représente le développement de la personne et stimule les processus de croissance.

La vitalité de la rose incite le Soi à grandir et invite le soi à faire de même, c'est-à-dire à se libérer de ses liens et à se mettre sous la conduite du Soi, son centre transpersonnel.

Imagerie de la rose

Vous prenez une position confortable dans un endroit tranquille. Vous fermez les yeux et, en respirant profondément, vous sentez la relaxation s'emparer de toutes les parties de votre être.

Voyez un rosier garni de boutons et de roses… Portez votre attention sur un de ses boutons. Il est encore enfermé dans son enveloppe verte, le calice, mais vous apercevez tout au bout un point rosé.

Concentrez-vous sur cette image et fixez-la.

Vous constatez que l'enveloppe verte commence à s'ouvrir, révélant peu à peu les pétales roses encore à moitié fermés… Le calice continue de s'ouvrir jusqu'à ce que vous puissiez voir l'intérieur de la rose. Vous pouvez vous imaginer la poussée vitale de la rose et la résistance qu'elle éprouve à grandir ainsi.

Puis les pétales commencent à se déplier eux aussi, en se séparant lentement les uns des autres. Vous sentez un parfum exquis et vous voyez une rose s'épanouir peu à peu. Vous respirez son parfum qui vous remplit de joie.

Maintenant, imaginez un rayon de soleil briller sur la rose en lui apportant chaleur et lumière… Prenez le temps de contempler cette rose ensoleillée.

Si vous regardez au centre de la rose, vous verrez apparaître le visage d'un vieux sage très compréhensif et rempli d'amour pour vous.

Parlez-lui de ce qui est important dans votre vie actuelle. Sentez-vous libre de lui poser des questions significatives pour vous : les problèmes qui assombrissent votre vie, les choix que vous devez faire, les orientations importantes qui vous concernent, etc. Donnez-vous le temps de dialoguer avec lui.

Identifiez-vous à la rose : imaginez que vous êtes cette rose. Soyez conscient que vous portez l'homme sage à l'intérieur de vous avec toutes ses qualités de conseiller intime.

Vous êtes cette fleur, cette rose. La même vie qui anime l'Univers et a créé cette rose est capable de réveiller et de développer votre être profond et tout ce qui rayonne à partir de lui.

Maintenant vous devenez le rosier entier... Vous ressentez que vous êtes bien planté dans la terre et que vous en soutirez la nourriture... Vos feuilles et vos fleurs continuent de pousser, nourris de l'air ainsi que de l'énergie et de la chaleur du soleil.

Soyez conscient des autres rosiers, des autres plantes et arbres, tous animés par la même énergie vitale sur toutes les parties de la planète. Devenez conscient de l'Univers entier.

Quand vous aurez fini de contempler ce spectacle, prenez le temps de revenir dans la salle en ouvrant les yeux et en vous sentant calme, reposé et plein d'énergie.

Remarques

Il est nécessaire de refaire souvent cette imagerie pour signaler à votre inconscient que vous voulez profiter du rayonnement du Soi.

Vous aimerez sans doute noter votre dialogue avec l'homme sage et ses précieux conseils ou toute autre considération qui vous a marqué.

Deuxième imagerie
Le gland

Vous prenez une position confortable dans un endroit tranquille. Vous fermez les yeux et, en prenant quelques inspirations profondes, vous sentez la relaxation s'emparer de toutes les parties de votre être.

Vous imaginez un chêne majestueux. Soudain, vous voyez un gland tomber sur le sol. Vous le ramassez et l'examinez bien sous tous ses angles : son capuchon et son fruit.

Peu à peu, vous vous identifiez à ce gland. Vous avez le sentiment d'une immense énergie contenue en vous. Vous reconnaissez en vous toutes les possibilités de devenir un chêne grand, fort, solide, porteur de milliers de feuilles qui pousseront au printemps et qui tomberont à l'automne.

Comme vous êtes un gland minuscule, vous vous accrochez aux moindres particules de terre autour de votre lieu d'impact. Des radicules se mettent à pousser et sucent toute l'humidité environnante pour nourrir la vie naissante et fragile en vous.

En même temps, vous sentez votre coquille extérieure se décomposer et éclater. Vous prenez conscience que votre intérieur se met à germer. Vous captez la lumière et la chaleur du soleil. Par la photosynthèse, vous transformez cette lumière et vous vous en nourrissez.

Vos racines plongent vigoureusement dans la terre et vous apercevez une tige qui monte et quelques feuilles qui font leur apparition.

Vous devenez un petit arbre solide, porteur de la promesse d'un avenir de force et de beauté. Et tout autour de votre centre, vous accumulez les couches de bois nourri par la sève venue de vos racines.

Peu à peu, vous devenez un chêne impressionnant, capable de résister aux bourrasques du vent et à la sécheresse. Même les épreuves que vous subissez vous renforcent. Vous vivez les saisons avec joie : la renaissance au printemps; l'épanouissement sous les chauds rayons du soleil l'été; l'agonie et la perte de vos feuilles brunes et ocres à l'automne; et, enfin, la paralysie et la mort apparente de l'hiver.

Vous faites désormais partie de l'Univers avec vos racines profondes, votre tronc droit, vos feuilles dirigées vers le ciel. Vous échangez de l'énergie avec la terre, l'eau et l'air. Vous êtes un créateur d'oxygène et un facteur de santé pour les êtres humains. Vous êtes un lieu de vie où les oiseaux font leur nid et où les diverses bestioles ont leur refuge.

Vous êtes un symbole vivant par vos racines bien ancrées dans le sol et votre feuillage pointé vers le firmament. Vous êtes l'Arbre de la Vie qui se perpétue par ses fruits. Vous faites partie de l'évolution de l'ensemble de l'Univers.

Troisième imagerie
La marche vers le jardin intérieur

L'objectif de cette imagerie est de vous faire passer par divers niveaux de conscience : psychologique, mythique et religieux. Elle vous permettra d'intégrer diverses expériences de votre vie.

Imagerie du jardin intérieur

Vous prenez une position confortable dans un endroit tranquille. Vous fermez les yeux et, en prenant quelques inspirations profondes, vous sentez la relaxation s'emparer de toutes les parties de votre être.

Imaginez-vous dans une plaine au pied d'une montage un beau jour ensoleillé. Vous profitez de l'énergie des rayons du soleil qui vous réchauffent. Vous suivez un sentier vous conduisant au pied de la montagne. Peu à peu, vous vous retrouvez dans un jardin luxuriant. Vous avez l'impression d'être dans un paradis terrestre : les plates-bandes de fleurs exotiques variées vous remplissent la vue et le cœur de joie; les arbres fruitiers produisent des odeurs délicieuses et des parfums subtils; les oiseaux font entendre un concert de chants. Vous êtes envahi par toutes ces sensations bienfaisantes qui réveillent vos sens et les stimulent.

Dans ce jardin de délices, vous repérez un arbre qui vous est familier. Vous le reconnaissez, c'était un arbre de votre enfance où vous alliez vous réfugier quand vous vouliez être tranquille. Cet arbre était votre confident. Il était le témoin de vos pensées secrètes de même que de vos joies et de vos peines. Vous laissez monter en vous des souvenirs d'événements importants qui ont peuplé votre enfance.

Peu à peu, des souvenirs heureux et malheureux vous viennent à l'esprit. Vous visitez votre enfance et vous en profitez pour vous laisser enthousiasmer par les souvenirs heureux qui ont contribué à la construction de votre estime de vous-même. Quant aux souvenirs malheureux, vous saisissez l'occasion d'en faire le deuil et de nettoyer votre passé. Prenez le temps qu'il vous faut pour faire ce travail.

Si vous ne voulez pas aller plus loin, prenez le temps de revenir dans la salle en ouvrant lentement les yeux et en prenant conscience de ce qui vous entoure.

Quatrième imagerie
La montée vers le temple du silence

De votre jardin, vous apercevez un sentier qui escalade la montagne. Intrigué, vous le suivez. Vous avez hâte de vivre cette aventure. Plein d'enthousiasme, vous entreprenez l'escalade en empruntant le sentier.

Dans une aire de repos, vous arrêtez votre montée pour admirer le paysage qui s'étale devant vous. Vous prenez quelques moments pour l'admirer et apprécier les efforts que vous avez déployés pour faire cette escalade.

Vous regardez le chemin qu'il vous reste à parcourir. Et tout à coup, vous apercevez une clairière au sommet et, au centre de celle-ci, vous entrevoyez un temple.

Vous continuez votre montée vers le sommet avec le désir d'aller visiter le temple. Vous pressez le pas sans faire trop d'efforts. Vous avez de plus en plus le sentiment d'élévation et d'espace... Rendu à la clairière, vous commencez à éprouver un grand calme et vous ressentez l'énergie spirituelle qui émane de ce temple enveloppé de silence.

À mesure que vous avancez vers le temple, votre corps se détend, envahi d'un silence doux et profond... Vous vous dirigez lentement vers l'entrée du temple... Dès le moment où vous entrez dans le temple, vous vous sentez imprégné d'une énergie spirituelle de calme et de sérénité. Vous goûtez à cette énergie.

Tout au haut de la coupole de ce temple, une ouverture laisse passer la lumière du soleil. Vous vous mettez dans cette lumière, vous avez l'impression que c'est non seulement votre corps qui plonge dans ce silence, mais aussi votre esprit qui devient tranquille, alerte et clair...

Laissez-vous pénétrer par ce rayon de soleil. C'est de lui qu'émane tout le silence. Permettez que ce silence envahisse tout votre être. Vous vous tournez vers le soleil et vous vous ouvrez à cette énergie qui vient d'en haut. Goûtez à cette expérience spirituelle aussi longtemps que vous le désirez.

Puis, à votre rythme et animé de la conscience du silence, vous revenez dans la salle. Prenez conscience de votre corps... de la pièce dans laquelle vous êtes assis... et écoutez les bruits autour de vous... dès que vous serez prêt, ouvrez les yeux.

Sur une feuille de papier, décrivez l'essence ou la qualité de votre aventure du temple du silence. Il se peut que vous ayez besoin d'employer des comparaisons pour décrire votre périple spirituel.

Réflexion personnelle

Partage sur l'expérience vécue

Les stratégies
de l'estime du Soi

Voie négative

I. Rechercher son identité profonde par la « désidentification »

Histoire

La religieuse qui se disait généreuse

Durant un atelier, une religieuse disait d'elle-même : « C'est dans ma nature d'être généreuse, je suis toujours généreuse et mes consœurs confirment cette réalité-là chez moi. »

Je lui dis alors : « Vous avez la qualité de la générosité. » Mais elle s'objecta : « Je suis toute générosité. »

Je la mis alors à l'épreuve : « Si vous êtes toujours généreuse, donnez-moi cent dollars. » Elle me répondit : « Pourquoi vous donnerais-je cent dollars? » Je lui répondis : « Vous ne pouvez me refuser cela parce que vous êtes la générosité même! »

Jean Monbourquette

Objectifs

• Comprendre et s'exercer à la « désidentification ».

• Élaguer les identités superficielles pour s'approcher du Soi.

Explication

Le Soi, qui contient l'identité profonde de la personne, échappe au moi conscient. Une première façon de s'approcher du Soi consiste à dire ce qu'il n'est pas : c'est l'exercice de la « désidentification », cher à l'école de psychosynthèse de Roberto Assagioli. Cet exercice consiste à ne plus se laisser définir par ses identités artificielles pour se libérer d'elles.

La « désidentification » permet d'adopter une attitude zen. Cette dernière permet à son tour une distanciation intérieure à l'égard des diverses sensations et émotions du quotidien. Cette forme de méditation nous donne une position privilégiée pour observer l'ensemble des phénomènes de notre personnalité.

Voici quelques conséquences bienfaisantes de cet exercice de « désidentification ». Si j'ai une migraine, par exemple, il est important de ne pas m'identifier à elle comme si tout mon être était devenu une migraine. Je dirai donc : « J'ai une migraine, mais je ne suis pas ma migraine. » Faire cette distinction favorise une meilleure maîtrise de ma douleur. La même règle s'applique dans le domaine émotionnel. À l'occasion d'une déception, si je me dis : « J'ai une déception, mais je ne suis pas ma déception, car je suis plus que ma déception », je me « désidentifie » d'elle. J'évite donc de croire ou de laisser croire que tout mon être n'est que tristesse ou peine. Cet exercice permet de créer à l'intérieur de soi un espace de paix et de liberté par rapport à un mal psychique ou à un état d'âme pénible.

Stratégie

Première partie
Premier exercice de « désidentification »

Cet exercice sert à mettre de l'ordre dans les perceptions que vous avez de vous-même.

1. Faites l'inventaire des qualités et des attributs que vous reconnaissez en vous. Placez-les dans des catégories qui vous

définissent, à partir des aspects les plus extérieurs de vous-même jusqu'aux aspects les plus intérieurs.

2. Au centre d'une feuille de papier, inscrivez votre prénom puis encerclez-le. Pendant une dizaine de minutes, répétez-vous la question : « Qui suis-je? » Chaque fois que vous vous posez la question, répondez-y par un mot ou deux.

Évitez de censurer vos réponses; laissez-les jaillir spontanément et inscrivez-les immédiatement autour de votre nom. Si une réponse ne se présente pas, inscrivez « bloqué » et continuez à vous questionner. Même si vous pouvez faire cet exercice seul, il est préférable d'être accompagné par une personne qui vous répète la question : « Qui suis-je? »

Exemple :

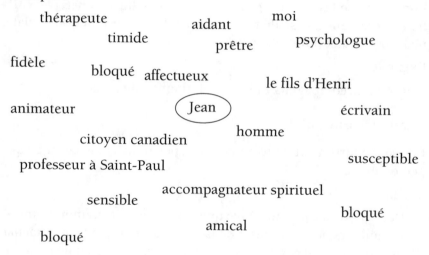

3. Une fois la démarche terminée, transcrivez les mots que vous avez choisis sous l'une ou l'autre des catégories suivantes.

Première catégorie

Elle renvoie au travail, à la fonction, au statut social.

Exemple :

Citoyen canadien, professeur, écrivain, animateur, fils d'Henri.

Deuxième catégorie

Elle regroupe sans distinction les traits de caractère positifs et négatifs.

Exemple :

Timide, fidèle, sensible, susceptible, affectueux, amical.

Troisième catégorie

Elle embrasse les idéaux spirituels qu'on appelle « archétypes ». Ils ne représentent pas seulement un travail ou une fonction sociale, mais des idéaux qui nous tiennent à cœur.

Exemple :

Prêtre, accompagnateur spirituel, thérapeute, aidant.

Quatrième catégorie

Elle se rapporte à l'identité propre de la personne et ne regroupe que peu de mots.

Exemple :

Dans mon cas, je n'ai trouvé que trois mots : Jean, moi, homme. Par ailleurs, je m'empresse de faire remarquer que le mot *homme* ne rend pas tout à fait justice à qui je suis, parce qu'il ne tient pas compte de l'aspect féminin de mon être.

4. Une fois que vous aurez réparti vos qualités et attributs dans les quatre catégories, reprenez chaque élément en vous l'attribuant. Pour les trois premières catégories, employez le verbe « avoir ». Réservez l'emploi du verbe « être » pour la quatrième catégorie.

Exemples :

- Première catégorie : j'ai la citoyenneté canadienne, j'ai une carrière de professeur, j'ai un rôle d'animateur, j'ai un lien filial avec Henri, mon père, etc.

- Deuxième catégorie : j'ai de l'amitié, j'ai de la fidélité, j'ai de la susceptibilité, etc.

- Troisième catégorie : j'ai la vocation sacerdotale, j'ai une mission d'accompagnateur spirituel, etc.

- Quatrième catégorie : je suis moi; je suis un homme; je suis Jean.

Demandez-vous ensuite ce que vous avez ressenti lorsque vous avez substitué le verbe « avoir » au verbe « être ». À cette question, les participants répondent habituellement qu'ils se sont sentis plus libres et dégagés. Ils affirment prendre conscience qu'ils ne se laissent plus définir par des attributs qui ne décrivent pas ce qu'ils sont en vérité. Ces personnes ont appris à pratiquer la « désidentification », c'est-à-dire à se libérer de leurs identités superficielles.

L'emploi du verbe « être » doit être strictement réservé à la description de son identité. Trop souvent, ce verbe est improprement employé. En découlent des identités superficielles qu'on attribue faussement aussi bien à soi-même qu'à autrui. Ainsi, on dira à mauvais escient : « Je suis un alcoolique »; « Je suis un menteur »; « Tu es un paranoïaque ». Il serait plus juste et plus libérateur de dire : « J'ai une tendance à abuser de l'alcool »; « Je raconte parfois des mensonges »; « Tu as des attitudes paranoïaques ».

Deuxième partie
Deuxième exercice de « désidentification »

Cet exercice de « désidentification » permet d'acquérir une connaissance intuitive de son identité réelle. Il équivaut donc à un lâcher prise de l'identification de soi-même avec certains aspects superficiels de soi.

L'exercice peut s'accompagner du geste rituel suivant : vous tenez en main une branche couverte de feuilles et, au fur et à mesure que se déroule l'imagerie, vous arrachez une feuille et la laissez tomber par terre. À la fin, tout ce qui vous reste dans la main, c'est la branche nue, symbole du Soi. Vous prenez le temps de contempler la branche dépouillée de ses feuilles.

Imagerie

Installez-vous confortablement. Prenez le temps d'entrer à l'intérieur de vous-même. Fermez les yeux. Laissez se dénouer les tensions de votre corps.

Demeurez en contact avec votre respiration, inspirations et expirations. Vous entrez ainsi plus profondément à l'intérieur de vous-même.

Vous n'avez pas à faire d'effort ou à chercher à comprendre; laissez-vous tout simplement emporter au fil des paroles.

J'ai un corps, mais je ne suis pas mon corps.

Des milliers de cellules de mon corps meurent tous les jours tandis que des milliers d'autres naissent. Mon corps change et vieillit, mais moi, je demeure stable. Il évolue sans cesse, mais moi, je suis toujours le même.

Je suis conscient d'avoir de multiples sensations, mais je ne suis pas mes sensations; elles changent continuellement, mais moi, je demeure qui je suis.

J'ai des douleurs, mais je ne suis pas mes douleurs.

Les douleurs évoluent, vont et viennent, mais je demeure toujours le même.

J'ai des émotions, mais je ne suis pas mes émotions.

J'ai des frustrations, mais je ne suis pas mes frustrations.

J'ai des craintes, mais je ne suis pas mes craintes.

J'ai des préoccupations, mais je ne suis pas mes préoccupations.

Mes émotions, mes frustrations, mes craintes, mes préoccupations vont et viennent sans cesse, mais moi, je demeure immuable.

J'ai dans la tête des images, des fantasmes, mais je ne suis ni ces images ni ces fantasmes. Ces images et ces fantasmes apparaissent et disparaissent, mais moi, je demeure inchangé.

J'ai des idées, mais je ne suis pas mes idées. Elles évoluent sans cesse, mais moi, je suis toujours identique à moi-même.

J'ai des désirs et des espoirs, mais je ne suis ni mes désirs ni mes espoirs. Ceux-ci changent et évoluent, mais moi, je suis toujours le même.

J'ai une volonté et une intelligence, mais je ne suis ni ma volonté ni mon intelligence. Ces facultés se développent ou s'affaiblissent, mais moi, je ne change pas.

J'ai un cœur et des amours, mais je ne suis ni mon cœur ni mes amours. Mon cœur et mes amours sont sujets à des fluctuations, mais moi, je ne subis aucune fluctuation, car je demeure le même.

J'ai subi des pertes dans ma vie, j'ai des deuils à résoudre, mais je ne suis ni mes pertes ni mes deuils. J'oublierai mes pertes et je guérirai de mes deuils, mais, à travers ces changements, je serai toujours le même moi.

Je suis plus que mon corps, plus que mes émotions, plus que mes facultés, plus que mes amours, plus que mes deuils.

Moi, je suis...

Gardez maintenant le silence pendant quelques minutes. Vous éprouverez un sentiment de paix et de tranquillité. Ce sera le signe que vous êtes présent à votre identité réelle, à vous-même, à votre Soi.

À votre propre rythme, prenez le temps de revenir au monde extérieur et de reprendre contact avec votre entourage.

Réflexion personnelle

Partage sur l'expérience vécue

Voie négative

2. Travailler le deuil

Histoire

Les cendres de ma fille

Un jour, une cliente me dit : « J'ai perdu ma fille de 13 ans et je garde précieusement ses cendres dans ma chambre, près de mon lit. » Je lui demandai quel sens prenait le deuil qu'elle avait à traverser. Elle m'arrêta tout de suite en disant : « Je te vois venir avec ta question. Tu veux me parler de Dieu, je n'embarque pas là-dedans! »

Une semaine plus tard, elle m'appela et me dit : « Je crois que je suis devenue folle, ta question m'a poursuivie. En pensée, j'ai confié ma fille à une amie décédée elle aussi. Lors de sa mort, sa plus grande peine était de n'avoir jamais eu d'enfants alors que c'était son rêve. Au ciel, ma fille n'avait pas de mère et ma meilleure amie n'avait pas d'enfant. Je lui ai donné ma fille en adoption. Je suis heureuse que ma fille ait maintenant une mère au ciel, cela m'a permis d'enterrer ses cendres dans mon jardin. »

Jean Monbourquette

Objectifs

- Découvrir ses ressources pour faire ses deuils.
- Suivre les étapes du deuil.
- Faire l'inventaire de ses deuils pour libérer le Soi.

Explication

Le travail du deuil appartient à la voie négative. Cette dernière permet de se dégager d'attachements nuisibles à l'autonomie et, par conséquent, au rayonnement du Soi.

Il ne s'agit pas ici de se lancer dans une recherche maladive de la souffrance et de la tristesse, mais bien de prendre conscience des pertes qu'on a subies dans sa vie.

Il est important de distinguer :

- Les pertes d'ordre prévisible : les pertes dues aux grands passages de la vie (naissance, perte du sein maternel, perte de l'intimité familiale à l'âge d'aller à l'école, perte de l'enfance à l'adolescence, départ du jeune adulte de la famille, perte de la vie de célibataire dans le mariage, mitan de la vie, vieillesse et mort).

- Les pertes accidentelles ou imprévisibles : les accidents, la perte d'un emploi, les séparations et le divorce, la faillite, la perte de réputation, le changement de travail, la maladie, les infirmités, etc.

Aux pertes prévisibles, il est possible de se préparer tandis que pour les autres, non prévisibles, le travail du deuil est plus difficile.

Stratégie

Première étape
Constater que ses deuils ne sont pas terminés

Quels indices ou symptômes vous permettent de constater que vos deuils ne sont pas terminés?

- Avez-vous des résistances à parler de vos pertes? Malaise, nostalgie, angoisse...

- Vous sentez-vous émotif en racontant une de vos pertes?

- Est-ce que certains lieux ou certaines personnes vous rappellent des souvenirs pénibles?

- Conservez-vous des photos, des objets qui envahissent votre existence?

- Faites-vous des projections sur des personnes représentant une image parentale?

- Avez-vous des peurs exagérées?

- Avez-vous peur d'avancer dans la vie?

- Évitez-vous toutes les situations qui vous rappellent la maladie ou la mort?

- Avez-vous des symptômes ressemblant à ceux de la maladie de la personne décédée?

- Avez-vous l'impression que la vie s'est arrêtée à la suite d'une perte grave?

Deuxième étape
Faire l'inventaire de ses ressources

Reconnaissez-vous l'importance de faire vos deuils? Êtes-vous habitué à faire des deuils? Si oui, vous référez-vous à vos expériences réussies de deuils?

Mise en garde

Si vous êtes déprimé, que vous avez de multiples deuils ou que vous vous trouvez dans des circonstances défavorables, vous feriez mieux de retarder le travail du deuil. Laissez-vous vivre au jour le jour, le temps de laisser votre énergie revenir ou que les circonstances deviennent plus favorables. Pourquoi? Parce que le travail du deuil demande beaucoup d'énergie.

Ressources personnelles

Une première démarche consiste à s'informer sur le deuil en lisant des ouvrages comme *Aimer, perdre et grandir* de Jean Monbourquette, *Vivre le deuil au jour le jour* de Christophe Fauré, *Groupe d'entraide pour personnes en deuil* ou *Groupe d'entraide pour personnes séparées/ divorcées* de Jean Monbourquette.

Ressources personnelles émotives

Quelle est votre aptitude à exprimer la tristesse, la vulnérabilité, la colère, la culpabilité?

Énumérez vos qualités morales telles que le courage, la persévérance, l'endurance à la tristesse.

Vous donnez-vous la permission de prendre congé de votre deuil en prenant soin de vous et en vous gâtant?

De votre famille ou de votre entourage, qu'avez-vous appris sur le deuil? Si on vous a transmis des modèles de deuil néfastes comme le déni, la consommation de médicaments et de drogues, l'idéalisation de la personne décédée, la substitution de la personne décédée, prenez conscience de l'inutilité de ces façons d'agir et donnez-vous le droit de changer vos manières de faire votre deuil et d'en apprendre de nouvelles.

Quels seraient les rituels personnels ou familiaux susceptibles de vous aider dans le travail du deuil?

Ressources sociales

La qualité de l'accompagnement de l'endeuillé constitue le facteur le plus important de la résolution du deuil.

Avez-vous des personnes à qui vous pouvez raconter votre deuil et qui vous laissent exprimer vos émotions?

Connaissez-vous parmi vos proches des personnes dont la présence est discrète et non envahissante?

Acceptez-vous de continuer à être entouré par quelqu'un deux ou trois mois après le décès?

Auriez-vous besoin d'un groupe pour personnes endeuillées?

Si votre deuil se compliquait, verriez-vous la nécessité de rencontrer un thérapeute pour personnes endeuillées?

Quels seraient les rituels culturels qui pourraient vous aider?

Exemples :

Funérailles, exposition du corps avant les funérailles, prière, inhumation, etc.

Il existe aussi des rituels spontanés.

Exemples :

Écrire au défunt, allumer une chandelle, laisser s'envoler un ballon, planter un arbre, etc.

Si vous avez surmonté avec succès le passage douloureux d'un deuil, vous pouvez vous référer à cette expérience de deuil réussi.

Troisième étape
Faire l'inventaire de ses pertes

1. Prenez une feuille de papier.

2. Inscrivez-y votre nom ainsi que la date d'aujourd'hui.

3. Reculez de cinq ans et repassez les pertes subies durant cette période. Notez-les.

4. Retracez ainsi, par tranches de cinq ans, votre ligne de vie jusqu'à votre naissance.

5. Remontez la ligne du temps en accordant la priorité aux pertes qui ont provoqué une réaction émotive plus vive et plus intense.

6. Une fois ces pertes retracées, classez-les par ordre d'importance émotive.

7. Choisissez le deuil qui a comporté la plus grande intensité émotive et qui a freiné votre croissance psychospirituelle.

8. Travaillez ce deuil selon la méthode suivante.

Quatrième étape
Suivre une démarche efficace pour faire son deuil

Cette démarche porte sur le travail du deuil d'une personne décédée mais peut aussi s'appliquer à n'importe quelle perte majeure survenue dans votre vie.

1. Racontez plusieurs fois l'histoire de votre perte à une personne empathique. Chaque fois, de plus en plus de détails doivent émerger de votre mémoire.

2. Pendant la narration de votre histoire, autorisez-vous à exprimer vos émotions telles que l'anxiété, l'impuissance, la tristesse, la colère, la culpabilité, le sentiment de libération et, enfin, à vous laissez aller à la grande lamentation qui signifie l'acceptation du deuil.

3. Avez-vous eu à poser des actes concrets : ranger les photos, donner les vêtements de la personne décédée, tenir les promesses faites au mort, accomplir les rites funéraires, respecter les volontés exprimées dans le testament, etc.? Il est essentiel d'accomplir ces gestes car ils aident à poursuivre le processus du deuil.

4. Quel sens avez-vous donné à cette perte? Comment cette perte vous a-t-elle permis d'avoir une plus grande connaissance de vous-même? Comment cette perte vous a-t-elle permis d'acquérir plus de maturité? Avez-vous maintenant une plus grande conscience de vos fragilités et de vos limites? Êtes-vous devenu plus humain, attentif aux autres dans leurs pertes? Êtes-vous plus compatissant envers les autres? Quelle mission avez-vous découverte à la suite de cette perte?

5. Faites un échange de pardons afin de réduire votre sentiment de culpabilité et de colère. Pour soigner votre sentiment de culpabilité, demandez pardon à la personne décédée pour ne pas l'avoir assez aimée et pour les fautes que vous auriez pu commettre à son égard. Pour adoucir votre colère, recevez la demande de pardon de la personne décédée pour vous avoir quitté et pour les fautes qu'elle a commises envers vous.

6. Accueillez l'héritage spirituel de la personne décédée. Pour ce faire, dressez la liste des qualités que vous avez aimées chez la personne décédée. Demandez-lui de vous communiquer les qualités que vous avez aimées chez elle (cf. le rituel de l'héritage dans *Aimer, perdre et grandir* de Jean Monbourquette, pages 159-168).

Réflexion personnelle

Partage sur l'expérience vécue

Voie négative

3. Réintégrer ses ombres

Histoire

Manger son ombre

Un jour, j'aperçus un aigle qui plongeait comme une pierre dans les eaux turquoises d'une baie en Gaspésie. Arrivé à la surface de l'eau, il se débatit violemment; tantôt, il s'élevait un peu au-dessus du niveau de l'eau, tantôt, il disparaissait à nouveau.

Finalement, il parvint à se dégager. Frappant lourdement de ses ailes la surface de l'eau, il souleva un saumon aussi gros que lui et le transporta dans son nid accroché à la falaise. Là, il le déchiqueta de son bec acéré et le mangea à petites bouchées.

D'après *Callings,*
Finding and Following an Authentic Life
de Greg Levoy

Objectifs

- Pouvoir reconnaître ses ombres.
- Apprendre à les reconnaître dans ses projections sur les autres.
- Savoir faire la réintégration de ses ombres à partir du Soi.

Explication

L'ombre, c'est l'ensemble de ce que nous avons refoulé dans l'inconscient par crainte d'être rejeté par les personnes qui ont joué un rôle déterminant dans notre éducation.

Les ombres personnelles se manifestent par de la gêne sans raison apparente, de l'anxiété, un malaise inexplicable, un sentiment d'infériorité ou de supériorité, la peur d'être connu sous son vrai jour, etc. La personne cache quelque chose qui lui fait honte et qu'elle ne veut pas laisser deviner par les autres. Les ombres projetées, quant à elles, se manifestent par un sentiment de fascination pour quelqu'un, soit sous forme d'attraction irrésistible soit sous forme de répulsion incontrôlable.

Au lecteur qui souhaiterait approfondir les notions théoriques sur l'ombre, nous suggérons le livre *Apprivoiser son ombre* de Jean Monbourquette.

Stratégie

Première partie
Mettre au jour ses ombres

Plusieurs exercices permettent de prendre conscience de son ombre et de la réintégrer. L'ouvrage *Apprivoiser son ombre* en propose plusieurs (pages 103 à 130). En voici une nouvelle série. Ces exercices ont pour but de révéler une partie de votre être que vous avez laissée en friche dans l'obscurité et de rendre possible un travail d'intégration de vos ombres. Il ne s'agit pas d'accumuler les prises de conscience à propos de vos ombres. Il faut s'assurer de bien « digérer » ces dernières au fur et à mesure de leur apparition.

S'exercer à faire le contraire

Dans la tradition religieuse des Sioux américains, il existe un ministère des Contraires. Les Sioux vénèrent un personnage appelé

Heykoka qui fait l'inverse des coutumes de la tribu. Il rappelle ainsi que la réalité sacrée est plus complexe qu'elle n'en a l'air; elle n'est pas unidimensionnelle. Par exemple, contrairement à la coutume, *Heykoka* place l'ouverture de sa tente à l'ouest plutôt qu'à l'est; il monte à cheval le dos tourné à la tête de l'animal; pendant les cérémonies religieuses, il pète et défèque en public.

Dans son ouvrage *Gestalt Therapy*, Frédéric Perls propose des exercices semblables. Il suggère de faire l'inverse de ce que demande la coutume. Ces exercices permettent d'aller à l'encontre de ce que pratique la *persona* qui, elle, reste fidèle aux bonnes manières et aux règles sociales.

Exemples :

- Écrire de la main opposée.
- Écrire les mots en commençant par la fin.
- Marcher à reculons.
- Prendre un chemin différent pour se rendre au même endroit.
- Se présenter en tendant la main gauche.
- Commencer son repas par le dessert.
- Penser et faire le contraire de ce qu'on pense et fait normalement.
- Faire le contraire de désirer quelque chose.
- Faire le contraire d'attendre quelqu'un.
- Faire le contraire de réaliser un projet.
- Faire le contraire de détester quelque chose ou une personne.
- Faire le contraire de se venger, etc.
- Faire tout autre exercice similaire à ceux-ci.

Le jeu des lettres

1. Formez plusieurs mots avec les lettres de votre prénom et de votre nom de famille. Vous pouvez utiliser les mêmes lettres plusieurs fois.

Exemple :

Jean Monbourquette : an, barque, mont, route, mon, marque, bout, net, nette, étonner, rente, brute, brouter.

2. Dans liste de mots formés avec les lettres de votre prénom et de votre nom, choisissez le mot que vous préférez et le mot que vous détestez le plus.

Exemple :

Mon mot préféré : route.

Mon mot détesté : brute.

3. Écrivez à partir de ces deux mots tout ce qui vous vient spontanément à l'esprit : une histoire, une phrase, un proverbe, une croyance, etc.

4. Qu'avez-vous découvert à ce jeu?

La récupération des qualités de l'ombre

1. Décrivez-vous à l'aide de trois adjectifs qui, selon vous, expriment le mieux votre personnalité. Écrivez-les sur une feuille de papier.

2. Pensez maintenant à trois adjectifs contraires. Imaginez-vous posséder ces attributs opposés et décrivez-vous en conséquence. De quoi avez-vous l'air? Comment vous sentez-vous dans la peau de ce nouveau personnage? À quoi ressemble votre vie? Prenez le temps de bien vous identifier à lui.

3. Revenez à votre moi normal et comparez-le avec le nouveau personnage que vous venez d'assumer. Qu'est-ce qui se passe alors en vous?

L'identification à l'autre sexe

1. Imaginez avoir changé de sexe. Si vous êtes une femme, vous êtes devenue un homme; si vous êtes un homme, vous êtes devenu une femme. Prenez conscience de votre nouveau corps doté des organes génitaux et des traits du sexe opposé. Prenez tout le temps nécessaire pour bien constater cette transformation.

2. Efforcez-vous de sentir ce que ressent ce nouveau personnage. Vous voyez-vous marcher différemment? Vous voyez-vous affronter les diverses réactions des gens de votre entourage?

3. Si l'idée de changer de sexe vous est apparue intolérable, ne vous dites pas : « Je ne le peux pas », mais dites plutôt : « Je ne le veux pas. » Analysez votre résistance.

4. Si vous réussissez l'exercice, analysez votre nouvel état. Vous sentez-vous à l'aise ou mal à l'aise? Cette expérience a-t-elle été agréable ou désagréable? Vous sentez-vous apaisé ou confus?

5. Revenez à la personne que vous êtes avec sa sexualité propre. Comment vous sentez-vous maintenant? Quelles différences constatez-vous après avoir fait alterner ces deux identités sexuelles? Est-ce que cette expérience vous libère ou vous angoisse davantage?

Réflexion sur l'exercice

En s'identifiant à l'autre sexe, certaines personnes feront immédiatement des découvertes sur elles-mêmes et pourront se sentir excitées par la présence d'une vie cachée en elles. Toutefois, il est probable que d'autres éprouvent un certain malaise, et même de l'angoisse pendant l'exercice. À ceux-là, nous conseillons de demeurer avec leur malaise ou leur angoisse, puis de se demander ce que ces états intérieurs veulent leur exprimer ou leur dire.

Deuxième partie
Découvrir ses vraies émotions

Les exercices suivants permettent de découvrir ses véritables émotions cachées sous les émotions trafiquées.

L'angoisse se change en enthousiasme

Dans *Apprivoiser son ombre* (pages 86 à 91), on retrouve des questions de nature à débusquer l'ombre. Si vous ressentez un malaise, une gêne, une angoisse, c'est qu'il existe une partie de vous-même qui souffre et qui est écrasée. Le terme angoisse signifie « se sentir à l'étroit dans son être ». Ce malaise est signe qu'une partie de l'ombre veut émerger à la conscience et se réaliser.

Exercice

Il est possible de transformer une crise d'angoisse en un élan d'enthousiasme.

1. Dans un endroit tranquille, demeurez avec votre angoisse pour bien la ressentir.

2. Commencez à respirer profondément, car l'angoisse coupe la respiration.

3. Demandez-vous quelle situation a provoqué une telle crise.

4. Posez-vous la question suivante : « Quelle partie de moi-même n'est pas autorisée à s'exprimer dans cette situation? »

5. Commencez par dire : « J'ai le droit de m'affirmer en disant ou en faisant ce que je pense être juste. » Par exemple, vous avez le droit de dénoncer une injustice à vos supérieurs, même si vous êtes une personne plutôt soumise.

6. Répétez de plus en plus fort : « J'ai le droit, j'ai le droit, je me donne le droit… » en respirant de plus en plus profondément et en mobilisant votre énergie.

Cet exercice permettra à la partie refoulée dans l'ombre de refaire surface et de vous faire éprouver une sorte d'exaltation. Du même coup, votre angoisse aura disparu. La partie de vous-même qui était refoulée reprendra vie.

L'enthousiasme, mot qui signifie « laisser émerger un dieu en vous », prendra le dessus sur la peur et sur l'angoisse.

La culpabilité obsessionnelle

Un sentiment de culpabilité tenace envers quelqu'un trahit la présence, dans l'ombre, d'une agressivité inconsciente dirigée vers cette personne. Cette agressivité est difficile à avouer, de peur d'être taxé d'infantilisme. Ce sentiment est fréquent après le départ soudain d'une personne aimée (dans le cas d'un suicide) ou pendant une absence prolongée de l'être cher à cause d'une maladie.

Exercice

Voici comment dissoudre un sentiment de culpabilité obsessionnelle.

1. Vous vous imaginez devant la personne à l'égard de qui vous vous sentez coupable.

2. Vous lui exprimez votre sentiment de culpabilité et les raisons pour lesquelles vous vous sentez coupable.

3. Puis vous modifiez votre discours intérieur. Au lieu de lui dire : « Je me sens coupable », vous dites : « Je t'en veux parce que... » Vous répétez la phrase « je t'en veux » jusqu'à ce qu'elle ait un sens pour vous.

4. Quand vous aurez réussi à exprimer votre agressivité, vous sentirez un net soulagement parce que vous aurez extériorisé l'émotion occultée. Vous pouvez terminer votre dialogue intérieur par les phrases suivantes : « Je t'aime parce que... », « Je suis triste de ton départ parce que... »

Troisième partie
Changer ses défauts en qualités

Il n'est pas toujours nécessaire de suivre une thérapie pour réintégrer ses ombres, contrairement à ce qu'affirment certains auteurs. Souvent, il suffit de mettre au jour le côté obscur de soi-même et d'apprendre de nouveaux comportements.

Chaque personne se voit attribuer par son entourage certaines qualités ou certains défauts qui contribuent à son identité. Ne serait-il pas plus intéressant et bienfaisant de voir ses qualités dans une perspective de croissance au lieu de les sentir plaquées sur soi comme une fatalité? Il serait alors possible d'aller chercher dans son ombre ce qui manque à son développement et d'équilibrer ainsi sa vie morale et sociale.

La sagesse populaire classe les comportements en qualités et en défauts. En croissance personnelle, il serait préférable de ne plus parler de défauts, mais de parler d'améliorer les qualités « en trop » ou « en trop peu ». L'idéal pour accéder à une vie morale équilibrée serait de développer ces qualités complémentaires les unes des autres. Prenons, par exemple, la générosité, une qualité excellente quand elle est exercée d'une manière appropriée. Si une personne fait preuve d'un excès de générosité, elle exerce cette qualité de façon disproportionnée, « en trop ». Sa générosité s'apparente alors à de la complaisance ou à de la faiblesse. Pour remédier à ce « trop » de générosité, il lui faudrait apprendre à cultiver une qualité complémentaire de la générosité comme la capacité de penser à soi, l'économie ou la retenue. Par ailleurs, chez une personne qui manque de générosité, cette qualité « en moins » devient tout simplement de l'égoïsme. Cette personne aurait avantage à compenser son manque de générosité par plus de bienveillance ou de courage pour partager davantage avec les autres.

Exercice

L'exercice consiste à découvrir les qualités « en trop » ou « en trop peu » que votre entourage vous attribue et à vous accorder le droit de développer les qualités complémentaires.

Voici un tableau de qualités complémentaires. Choisissez une qualité que votre entourage vous reconnaît (qualité de la *persona*) et exercez-vous à pratiquer la qualité complémentaire (qualité de l'ombre).

Qualités de la *persona*	Qualités de l'ombre
soumise	affirmative, originale
généreuse	capable de refuser
authentique	discrète à propos d'elle-même
fidèle dans ses relations	ouverte à toutes relations
intelligente	ignorante

débrouillarde	incapable, vulnérable
tranquille	active, enthousiaste, vivante
gênée	à l'aise, décontractée, détendue
confiante	méfiante
prudente	capable de prendre des risques
mûre, sérieuse	spontanée, enfantine, enjouée
aimable	honnête, critique
etc.	

En vous exerçant à pratiquer la qualité complémentaire, vous vous dites :

- J'ai le droit d'apprendre à…
- Je m'imagine dans une situation où j'exerce la qualité contraire.
- Je pose de petits gestes allant dans le sens de ma nouvelle qualité.
- Je tolère l'angoisse que suscite l'exercice d'une qualité nouvelle qui m'est étrangère.

Si vous persévérez dans l'exercice du nouveau comportement, l'angoisse se changera en enthousiasme.

Exemple :

- « Je suis considéré comme timide par mon entourage. Désormais, je me donne le droit de m'affirmer. » Vous décidez de poser de vous-même des gestes d'affirmation graduelle. Vous vous imaginez en train de vous affirmer dans une situation concrète. Commencez par bien vous voir dans cette situation. Vous vous exercez alors à faire une demande ajustée. Ensuite, vous évaluez votre prestation jusqu'à ce qu'elle soit adaptée aux circonstances. Évitez d'entretenir des fantasmes d'affirmation extrême de vous-même. Ces derniers risquent de vous faire peur et de vous décourager. Vous tomberiez alors dans l'excès contraire de la timidité. De tels excès sont fréquents lorsqu'on tente de s'imaginer en train d'assimiler une qualité nouvelle qui est dans l'ombre.

Quatrième partie
Réintégrer les projections de l'ombre

Le sentiment d'être objet de colère

Il arrive que l'on se sente objet d'agressivité ou de rejet de la part des autres. En l'absence de motifs évidents de se sentir rejeté, ce sentiment de persécution signifie généralement que l'on est soi-même en colère et que l'on rejette les autres.

Exercice

Voici comment identifier votre véritable émotion.

1. Dans un premier temps, reconnaissez que les autres vous en veulent ou vous rejettent.

2. Au lieu de vous sentir l'objet de la colère ou du rejet des autres, renversez votre sentiment d'exclusion et dites-vous : « Je suis en colère contre… » ou « Je ne veux pas être en contact avec… » Vous pouvez employer d'autres formules au besoin.

3. Restez en contact avec votre sentiment de colère ou de rejet jusqu'à ce que vous ayez l'impression de l'avoir bien ressenti.

4. Si vous exprimez une émotion avec justesse, elle tendra à s'évanouir, car c'est dans la nature de l'émotion (*é-movere*) de disparaître ou de se transformer une fois exprimée.

Projections sur les personnes antipathiques

Voici un exercice pour récupérer ses projections et enrichir sa personnalité. Il est très important de réintégrer ses projections sur les autres, surtout les projections sur les personnes qui nous sont antipathiques.

Exercice

1. Faites la liste des personnes qui vous sont nettement antipathiques, celles qui vous « tombent sur les nerfs ».

2. Pour chaque personne de votre liste, spécifiez quels sont les traits ou les défauts qui vous la rendent antipathique.

Exemple :

> Cette personne m'est antipathique à cause de son arrogance.

3. Voyez si ce trait ou ce défaut se retrouve chez d'autres personnes de votre liste. Si vous découvrez ce trait ou ce défaut plusieurs fois sur votre liste, il est urgent de le traiter en priorité. Vous vous êtes fort probablement appliqué à cultiver le trait ou la qualité contraire de ce défaut répugnant et à éviter ce dernier.

Exemple :

> Si l'arrogance me dégoûte, j'ai sans doute cherché à développer chez moi l'humilité et la soumission.

4. Trouvez une forme moins prononcée du trait ou du défaut que vous considérez comme irritant chez les autres et que vous auriez avantage à cultiver.

Exemple :

> Je déteste l'arrogance, mais je reconnais que je devrais m'affirmer davantage.

5. Appliquez-vous à développer ce que vous trouvez déficient en vous, comme vous l'avez fait dans l'exercice précédent.

6. Vous avez la possibilité de concilier des qualités complémentaires.

Exemple :

> Vous mettez symboliquement l'humilité dans votre main droite et l'affirmation de vous-même dans votre main gauche. Vous réunissez lentement les deux mains en demandant au Soi de guérir cette division de votre être et d'unir ces deux qualités pour qu'elles deviennent complémentaires.

Projections des parties de soi refoulées

Plusieurs personnes, lors du changement brusque d'un trait de leur caractère ou d'une conversion soudaine, sont portées à refouler certains côtés de leur personnalité. Elles n'ont pas eu la chance d'intégrer suffisamment leur vie passée à leur conscience. Ces côtés refoulés de leur personnalité augmentent leur ombre.

Une jeune femme avait brusquement changé de vie. À la suite d'une tentative de suicide, elle avait cessé de se prostituer et s'était convertie à une vie plus morale. Elle s'était trouvé un travail honnête, mais se sentait constamment poursuivie par son passé. Elle était angoissée à la pensée qu'on découvre sa vie antérieure de prostituée. Chaque fois qu'elle rencontrait des femmes légères, elle ressentait de la haine pour elles. Au cours d'une thérapie, la jeune femme réussit à se réconcilier avec la prostituée en elle. Cette réconciliation lui permit de se guérir de la peur de son passé et de ses antipathies envers les prostituées.

Exercice

Voici un exercice pour réintégrer à la conscience une partie de sa vie qui aurait été occultée et jetée dans l'ombre lors d'une brusque conversion.

1. Prenez conscience d'un événement douloureux que vous avez vécu et au cours duquel vous avez décidé de changer carrément de vie, de caractère ou d'attitude. Bref, un événement qui a provoqué en vous un désir de conversion.

2. Rappelez-vous le trait de caractère ou l'attitude que vous avez voulu changer. Identifiez bien clairement ce que vous étiez avant le changement. Par exemple : « J'étais très colérique. »

3. Demandez-vous ce que vous avez fait de ce trait ou de cette attitude.

4. Réintégrez cette partie de vous-même que vous avez changée en utilisant la technique qui consiste à joindre les mains. Mettez dans votre main droite le trait ou l'attitude que vous avez adopté, par exemple la douceur. Puis, dans votre main gauche, placez le trait ancien refoulé, par exemple la colère. En réunissant vos mains, demandez à votre Soi de faire l'intégration de ces deux traits, la colère et la douceur par exemple.

C'est une règle en thérapie de ne jamais rien rejeter de sa personnalité, mais bien de songer à en intégrer les parties opposées en permettant au Soi de les ajuster l'une à l'autre.

Réflexion personnelle

Partage sur l'expérience vécue

Voie négative

4. S'exercer aux détachements volontaires

Histoire

Le don de la pierre précieuse

Au cours d'un voyage, un moine trouva une pierre précieuse qu'il s'empressa de déposer dans sa besace. Un jour, il rencontra un voyageur et partagea avec lui ses maigres provisions. Son compagnon de fortune vit la pierre précieuse et la lui demanda. Le moine la lui donna sans hésiter. Le voyageur le remercia et s'en alla en emportant ce cadeau inattendu, source de richesse et de sécurité. Quelques jours plus tard, notre voyageur se mit à la recherche du moine mendiant. Quand il l'eut trouvé, il lui remit la pierre précieuse en le suppliant : « Donne-moi quelque chose de plus précieux que ce bijou, je t'en prie. Donne-moi ce qui t'a permis de me le donner. »

D'après *Sans arme ni bagage*,
Tony de Mello, Un prophète pour notre temps
de Carlos Gonzales Vallés

Objectifs

* Découvrir où le détachement s'impose dans sa vie et ses résistances dans ce détachement.

* Se détacher spontanément au nom d'un idéal.

- Poser des actes préférentiels en fonction de sa mission et du Soi.

Explication

Le fait de posséder un idéal rend le détachement plus facile. On éprouve alors un minimum de résistances et d'efforts à suivre son idéal.

Exemples :

- Une femme enceinte va choisir de ne plus fumer pour la santé de son bébé.
- Quand j'accomplis ma mission, je « sacrifie » des moments de loisirs.
- Une personne préoccupée par la conservation de l'environnement prend la peine de trier les déchets ménagers pour le recyclage et fait du compost.

Les objets dont il faut se détacher sont imprégnés d'une valeur symbolique qui les rend importants à nos yeux.

Exemple :

La valeur symbolique de l'argent en fait un synonyme de puissance, de sexualité, de domination, de prestige, de reconnaissance, etc.

Le terme détachement fait penser au mot sacrifice. Ce dernier signifie « rendre sacré » (*sacrum facere*). Le sacrifice consiste à rendre sacré un geste quotidien en vue de lui donner une valeur supérieure ou transcendante. On a galvaudé le terme sacrifice au point de lui conférer une signification de pénitence, voire de masochisme. Le détachement n'a de sens que s'il est fait en fonction d'un but supérieur. En l'occurrence, le détachement permet de se mettre en lien avec le Soi et l'Univers.

Stratégie

Première partie
Découvrir les détachements indispensables

1. Faites la liste de ce qui vous encombre dans votre quotidien. Il peut s'agir :

- d'objets : livres, jouets, vêtements, bijoux, meubles, etc.;
- d'activités : loisirs inutiles, relations non satisfaisantes, etc.;
- d'attitudes : la recherche de renommée, de gloire personnelle, de savoir ou de domination, la peur de manquer de biens matériels, des habitudes devenues des routines stériles et inadéquates ou le gaspillage des ressources, le non-respect de la nature, etc.;
- de qualités reconnues par l'ego : la reconnaissance sociale, le paraître, la domination, le pouvoir, etc.

2. Choisissez un domaine où le détachement s'impose à vous. Nommez et définissez le domaine le plus précisément possible.

3. Symbolisez ce dont vous avez à vous détacher par un dessin, une histoire, un moulage, etc.

Pour une personne seule

4. Établissez un dialogue entre vous et le symbole à l'aide des questions suivantes :

- Qu'est-ce que tu représentes pour moi aujourd'hui?
- Qu'as-tu représenté?
- Quels liens gardes-tu avec moi?
- Qu'est-ce qui m'arriverait si je me détachais de toi?
- Est-ce que j'éprouve des hésitations ou des tiraillements à l'idée de me détacher de toi?
- De quelle manière préserver ce que j'ai appris avec toi?

- Qu'est-ce que j'apprends en me détachant de toi?
- Quelle est la motivation profonde qui me permet de me détacher de toi?

5. Libérez-vous de votre symbole en le détruisant de manière respectueuse (en le brûlant, en le déposant dans une rivière ou en l'enterrant, etc.).

Pour un groupe

4. Chaque participant, à tour de rôle, dit au groupe ce dont il va se détacher, en s'inspirant des questions précédentes.

5. Chaque participant s'accorde un moment de réflexion personnelle avant de choisir de se détacher définitivement de son symbole.

6. L'animateur met de la musique. Tous les participants se lèvent et se promènent avec leur symbole.

7. Dès que l'animateur arrête la musique, les participants donnent leur symbole à la personne la plus proche d'eux.

8. L'animateur remet la musique et le groupe refait le même scénario cinq à six fois.

9. Chaque participant se retrouve avec un symbole appartenant à une autre personne ou, éventuellement, avec le sien.

10. L'animateur propose aux participants de suivre un rituel de transformation où chacun va se libérer du symbole reçu en le détruisant de manière respectueuse (en le brûlant, en le déposant dans une rivière ou en l'enterrant, etc.).

11. Les participants s'acquittent de leur tâche individuellement. Après le temps requis pour le rituel de transformation, ils se retrouvent en groupe.

12. L'animateur demande à chacun des participants de nommer la motivation profonde qui l'a incité à faire ce geste de renouvellement. Les participants décrivent les effets de cette motivation sur leur état au niveau des images, des paroles, des émotions et des sentiments

qui accompagnent celle-ci. L'animateur invite les participants à s'imprégner de cet état particulier.

Réflexion personnelle

Partage sur l'expérience vécue

Voie symbolique

I. Décrire et valoriser les expériences-sommets

Histoire

Expérience océanique

« Par moments, je suis comme répandu dans le paysage et dans les choses et je vis moi-même dans chaque arbre, dans le clapotis des vagues, dans les nuages, dans les animaux qui vont et viennent et dans les objets [...] Ici, il y a place pour le domaine des arrière-plans situé hors de l'espace. »

Carl Jung, *Ma vie*

Objectifs

* Définir la nature d'une expérience-sommet.
* Pouvoir reconnaître ses expériences-sommets et les décrire.
* Se souvenir de ses expériences-sommets pour s'en nourrir dans la vie et s'appuyer sur elles dans les moments difficiles.

Explication

Une expérience-sommet est une expérience de caractère unique basée sur un sentiment de transcendance.

L'expérience-sommet comporte les caractéristiques suivantes :

- L'expérience-sommet est un don du Soi, une percée gratuite du Soi. Parce qu'elle ne dépend pas de l'ego qui recherche la survie, la popularité, la reconnaissance, elle a un caractère d'absolu et non de moyen.

- L'expérience-sommet se prépare lors d'une recherche, d'un questionnement, d'une préoccupation, d'une quête spirituelle... mais elle surgit de façon spontanée.

- L'expérience-sommet est imprévisible. Elle survient souvent à l'occasion d'une image, d'une vision, d'un rêve, de paroles entendues ou remémorées, de la vue d'un paysage, d'une peinture, de l'écoute d'une pièce de musique, d'un choc psychologique ou physique, etc.

- Au cœur de l'expérience-sommet se trouve un sentiment qui va au-delà d'une simple perception, d'une idée ou d'une émotion passagère. Ce sentiment crée une communion avec l'objet de l'expérience.

- L'expérience-sommet permet la découverte du sentiment d'être en contact avec quelque chose qui nous dépasse, une sensation d'illimité : amour, lumière, beauté, etc.

- Décrire une expérience-sommet à des auditeurs attentifs lui fait prendre toute sa valeur. Par ailleurs, il y a danger qu'une telle expérience soit dévalorisée si elle demeure secrète ou non reconnue.

- Quand une telle expérience est valorisée, elle apporte nécessairement une transformation, un changement chez le sujet.

Voici quelques témoignages de personnes qui ont vécu une expérience-sommet.

Un paysage magnifique

Subitement, j'ai été touché par un paysage de montagne. Je l'avais déjà vu des centaines de fois, mais cette fois, il m'apparaissait différent, porteur d'un « je ne sais quoi », d'un « quelque chose » que je ne pouvais pas définir. Je me suis senti élargi infiniment par cet espace, tout en étant relié à lui et habité par la certitude qu'un mystère me dépassait : c'était comme un lien nouveau à l'Univers.

Un moment de communion

Je participais à la cérémonie d'ouverture des Jeux olympiques. Au moment où le coureur brandit la flamme olympique, la foule se dressa comme un seul homme et, saisie d'enthousiasme, lança une immense clameur face à ce symbole qui unit les nations du monde. Pendant quelques instants, notre communion atteignit la perfection. Vingt ans après, je revis encore, les larmes aux yeux, ce moment inoubliable et je ressens toujours cette poussée d'espoir et de joie partagés.

La naissance d'un enfant

Un père de famille raconte qu'à la naissance de son enfant la pièce entière s'est soudainement inondée de lumière. Il a alors ressenti une énergie qui l'a soulevé.

La découverte du moi

Un matin, tout enfant encore, je me tenais sur le seuil de la maison et je regardais à gauche vers le bûcher. Soudain me vint du ciel, comme un éclair, cette évidence : « Je suis un moi. » Dès lors, elle ne me quitta plus : mon moi s'était vu lui-même pour la première fois et pour toujours.

Une présence féminine réconfortante

En thérapie, une femme comprit que sa mère n'avait pas voulu sa naissance. Après avoir exprimé toute sa tristesse, elle ressentit une forte présence féminine en elle et reconnut la Vierge Marie qui l'accompagnait et qui, elle, désirait sa vie.

Stratégie

Première partie
Se rappeler ses expériences-sommets

L'exercice consiste à se rappeler ses expériences-sommets pour les valoriser en les exprimant. Si un groupe fait cet exercice, l'animateur veillera d'abord à établir entre les participants un climat de confiance et d'acceptation.

Pour une personne seule

1. Dans une atmosphère silencieuse et paisible, faites l'inventaire des moments importants de votre vie.

Exemple :

> La plus merveilleuse expérience de votre vie, les moments les plus heureux, les moments esthétiques, les moments d'extase, les moments où vous êtes tombé amoureux, les moments où vous vous êtes laissé toucher par une musique, où vous avez été pris par un livre, par une peinture, ou stimulé par une grande créativité.

2. Dans cette liste, choisissez l'expérience qui vous paraît la plus significative.

3. Décrivez en détail cette expérience.

4. Décrivez le sentiment qui accompagnait cette expérience.

5. En quoi vous a-t-elle transformé?

6. Qu'est-ce que la réactivation de cette expérience fait naître en vous?

Pour un groupe

7. L'animateur guide les participants à travers les étapes 1 à 6 de l'exercice. Il peut les inviter à partager cette expérience en grand groupe ou en dyades.

S'il y a lieu, les participants peuvent observer les changements relatifs à la physionomie du narrateur de l'expérience pour saisir son enthousiasme.

Deuxième partie
Apprendre à ancrer ses expériences-sommets

L'exercice permet d'apprendre à ancrer ses expériences-sommets pour pouvoir s'en nourrir et s'en servir dans les moments difficiles.

1. Ancrez votre expérience-sommet en serrant la main droite.

2. Faites une pause et distrayez-vous.

3. Pensez à une expérience pénible à vivre et ancrez-la dans la main gauche.

4. Faites une pause et distrayez-vous.

5. En vous rappelant votre expérience-sommet, serrez la main droite; presque en même temps, pensez aux moments pénibles en serrant la main gauche et puis serrez les deux mains.

6. Restez dans cette position, les deux mains serrées, pendant 15 secondes.

7. Observez comment vous vous sentez maintenant à l'égard de ce moment pénible.

Réflexion personnelle

Partage sur l'expérience vécue

Voie symbolique

2. Créer un symbole du Soi

Histoire

Le bouddha d'or

En Thaïlande, il existe un monastère bouddhiste où se trouve un bouddha en or de trois mètres de haut, pesant deux tonnes et demie. Sa valeur est inestimable et il attire de nombreux touristes. Mais le plus intéressant, c'est l'histoire de cette statue merveilleuse racontée sur un écriteau posé au bas de la statue.

Les moines décidèrent un jour de déménager dans un nouveau monastère. Mais quel travail que de transporter cet énorme bouddha en glaise! Quand la grue se mit à soulever le bouddha, les moines observèrent que des morceaux de glaise se détachaient de la statue. Vite, on fit arrêter les travaux.

Accompagné de quelques moines, le supérieur voulut évaluer les dommages faits à la statue. Muni d'un projecteur, il examina une fissure. Il aperçut soudain une brillante lueur au fond de la fente. Intrigué, il élargit la fente à l'aide d'une cisaille. Quelle ne fut pas sa surprise de découvrir que le bouddha était en or massif! D'où provenait ce bouddha d'or?

Dans les archives, il était question d'un bouddha qui avait existé quelques siècles auparavant. Lors de l'invasion de la Thaïlande par l'armée birmane, les moines avaient camouflé le fameux bouddha sous une épaisse couche de glaise pour qu'il échappe à la convoitise des soldats birmans. De fait, l'armée tua tous les moines et abandonna le vulgaire bouddha en glaise. Ainsi, le secret du bouddha d'or fut préservé jusqu'à ce jour.

Se pourrait-il que nous aussi, nous ayons oublié qu'il existe un bouddha d'or en nous et que nous ne sachions pas comment le dégager de sa gangue?

D'après une histoire de Jack Canfield
dans *Un 1ᵉʳ bol de bouillon de poulet pour l'âme*

Objectifs

- Faire l'expérience du Soi et l'exprimer par un symbole.
- Apprendre à protéger et à nourrir son âme.

Explication

Le Soi

Pour Carl Jung, le Soi est une instance spirituelle, l'âme habitée par le divin. Jung le définit comme *l'imago Dei*, l'image de Dieu. Ainsi, le Soi exprime une réalité spirituelle différente de l'ego psychologique conscient.

Les caractéristiques du Soi sont les suivantes :

- Il est le principe organisateur de toute la personnalité, l'ADN spirituel.
- Il est l'identité profonde de la personne.
- Il est intemporel : il est à la fois jeune et vieux.
- Il est androgyne : il contient les qualités féminines et masculines.
- Il est guérisseur : il répare les différentes fragmentations de la personnalité.

- Il est en contact avec l'Univers et les autres « Soi ».

Parce qu'il est une réalité indéfinissable, le Soi est représenté par des symboles.

Le symbole

Le symbole permet d'exprimer de manière visible, en images, le sens caché de l'âme, du Soi habité par le divin.

Parmi tous les symboles qui servent à désigner la totalité, la perfection et la finalité de l'âme humaine, se retrouvent le plus souvent le mandala, la croix, l'étoile polaire ainsi que la figure cubique et circulaire, mais aussi la pierre précieuse inestimable, le diamant indestructible, l'or pur, l'eau de la vie, le phénix qui renaît de ses cendres, l'élixir de l'immortalité, la « pierre philosophale » capable de changer le vulgaire plomb en or, etc.

Stratégie

Méditation qui mène au Soi

Le but de cette méditation est d'entrer à l'intérieur de soi pour s'ouvrir à la présence de son âme.

1. L'animateur prévoit une musique douce et le matériel requis pour la création du symbole : papier à dessin, crayons de couleurs, cure-pipes, argile, pâte à modeler, peinture, etc.

Méditation

Vous prenez une position confortable. Assis, les deux pieds sur le sol, vous détachez tout vêtement trop serré.

Pause

Vous regardez les objets qui vous entourent. Vous fermez les yeux. Et vous entrez maintenant à l'intérieur de vous.

Pause

Vous écoutez les bruits attentivement, ce qui vous permet d'entrer plus profondément en vous.

Pause

Vous sentez votre corps sur la chaise, vos pieds sur le sol, ce qui vous invite à entrer plus profondément en vous.

Au-dessus de votre tête, vous apercevez une merveilleuse lumière blanche, vous regardez cette lumière qui commence à envelopper votre corps.

Peu à peu, elle se transforme en une boule d'énergie…

Laissez-la entrer en vous et venir se loger au centre de votre être.

Laissez-vous toucher par les rayons qui émanent de cette boule d'énergie.

Prenez conscience de leur effet sur votre corps.

Les rayons produisent un effet bienfaisant sur tous les organes, sur tous les tissus de votre corps.

Vous éprouvez la sensation de devenir un être de lumière…

Laissez une profonde inspiration vous envahir et imprégnez-vous du sentiment de bien-être… d'équilibre… de santé… d'intelligence… de sagesse… de joie… d'amour… de paix…

Pause

Pendant que je compte jusqu'à dix, descendez les marches qui se présentent à vous. Vous avez la sensation de vous diriger au centre de votre être.

Lentement, vous vous dirigez vers ce lieu sacré qui contient votre âme.

Vous sentez la présence de l'énergie divine en vous…

Vous prenez conscience d'être en contact avec la meilleure partie de vous-même.

Selon vos croyances, quel nom donneriez-vous à cette présence intérieure?

Vous pouvez l'appeler Dieu, Jésus Christ, l'Être suprême, l'Esprit, le Transcendant, le Sage intérieur, l'Amour, l'Énergie, la Force, etc.

Vous habitez votre âme, laissez-vous aimer et nourrir par cette présence divine en vous.

Quels messages particuliers vous envoie cette présence divine?

Pause

Recevez ce message avec gratitude.

Pause

Nourrissez-vous de ce message et laissez-le envahir toutes les cellules de votre corps.

Pause

Laissez-vous vivre les sentiments qui vous habitent comme la paix, la sagesse, l'amour, l'énergie…

Ils prennent leur source dans votre âme.

Pause

Laissez monter les images qui symbolisent votre âme, votre Soi.

Faites confiance à la force d'expression du Soi.

Parmi ces images qui montent en vous, demandez à votre Soi de signaler l'image qui le représente le mieux.

Pause

Une fois votre symbole trouvé, revenez à l'extérieur de vous avec les sentiments d'amour, de paix, de sagesse puisés dans votre âme…

Remontez chaque marche une à une en comptant jusqu'à dix. À mesure que vous revenez à l'extérieur, vous ouvrez les yeux et vous bougez les doigts.

Choisissez le matériel qui vous permettra d'exprimer le plus fidèlement possible l'image qui vous est apparue.

2. Les participants se dirigent vers le matériel prévu pour l'expression du symbole.

3. Une fois leur symbole concrétisé, les participants peuvent présenter aux autres leur représentation symbolique.

Réflexion personnelle

Partage sur l'expérience vécue

Voie symbolique

3. Prendre soin de son âme et la protéger

Histoire

Recueillir le grain des heures
Étreindre l'étincelle

Ravir un paysage
Absorber l'hiver avec le rire

Dissoudre les nœuds d'un chagrin
S'imprégner d'un visage

Moissonner à voix basse
Flamber pour un mot tendre

Embrasser la ville et ses reflux
Écouter l'océan en toutes choses

Entendre les sierras du silence
Transcrire la mémoire des miséricordieux

Relire un poème qui avive
Saisir chaque maillon d'amitié.

Andrée Chedid
Panorama, mai 2002

Objectifs

- Trouver des moyens de prendre soin de son âme.
- Protéger son âme contre l'influence nuisible de l'entourage.

Explication

« La grande maladie du XXᵉ siècle fut la perte de l'âme. »

La baisse de la pratique religieuse, qui assurait en partie le soin de l'âme, coïncide avec l'éclosion de divers mouvements spirituels. Ces divers mouvements de spiritualité semblent répondre à un besoin vital chez l'être humain.

Le monde actuel compte très peu de spécialistes qui s'intéressent au bien de l'âme ou aptes à conseiller ou à guider les gens dans ce domaine. Les spécialistes s'intéressent à la raison, au corps, à la mémoire, à l'intuition, à l'imagination, à la psychologie. Mais que fait-on de l'âme?

Négliger son âme provoque l'apparition de toutes sortes de symptômes : obsessions, dépendances, violence, perte du sens de la vie, trop grande tolérance envers les personnes toxiques dans son entourage, projections multiples sur autrui, fréquentation de mangeurs d'âme, goût du bruit et des émissions de télévision malsaines, etc.

L'âme, c'est...

- le souffle de la vie;
- la source d'énergie qui donne vie et anime mon corps;
- l'ADN spirituel de ma personnalité;
- le plan de mon être;
- le principe organisateur de l'évolution de ma personnalité;
- ce qui m'individualise dans mon être et mon agir et fait de moi un être unique au monde;
- ce qui me relie au monde spirituel et divin;

- ce qui aspire à la beauté, à la grandeur, au sublime, au parfait;
- le Soi habité par le divin.

Jusqu'ici, nous avons mis l'accent sur l'âme en tant que centre de l'être. Il y a pourtant deux aspects de l'âme importants à retenir :

- L'âme est au centre de l'être en même temps qu'elle le guide dans ses relations avec l'Univers, les personnes, les autres âmes, les animaux, les plantes, les objets, etc.

- La nature de l'âme est quantique, c'est-à-dire en perpétuelle évolution. L'âme est en communication constante avec son entourage pour échanger de l'énergie et, par le fait même, acquérir des informations.

La stratégie suivante veut éveiller le lecteur à la nécessité de choisir pour lui les influences bienfaisantes de son entourage et de rejeter celles qui lui sont dommageables.

Stratégie

Première partie
Remue-méninges

1. L'animateur invite le groupe à réfléchir sur ce que signifie nourrir son âme. Il demande aux participants : « Comment savez-vous que vous nourrissez votre âme? »

Réponses possibles :

- Je tiens compte de son existence.
- Je lui donne du temps.
- Je lui permets de respirer ce qui est beau, bon, grand.
- Je ressens un bien-être général.
- Je vis en harmonie avec moi-même et avec ceux qui m'entourent.
- Je goûte une paix profonde.

- Grâce à elle, je me sens en contact avec ce qui est plus grand que moi.
- Je prends conscience que je suis en train de progresser, d'évoluer.
- Je sais que je remplis une mission spéciale et que j'ai une raison d'être.
- Etc.

2. L'animateur demande aux participants d'énumérer différents moyens de nourrir son âme.

Réponses possibles :

- Se réserver un endroit et du temps pour méditer.
- Lire régulièrement des textes inspirants, des pensées positives, etc.
- Trouver moyen de s'exprimer dans une activité artistique : peinture, danse, chant, etc.
- S'accorder des moments de solitude et de silence.
- S'entourer de personnes aimantes et valorisantes.
- S'entourer de beauté et d'ordre.
- Se réserver un sanctuaire où prendre contact avec son âme et écouter ce qu'elle dit.
- Garder près de soi un symbole qui représente son âme.
- Vivre en accord avec les inspirations de son moi intérieur et ses aspirations profondes.
- Trouver des façons d'exprimer sa créativité.
- Intégrer les parties opposées et conflictuelles de sa personnalité.
- Reprendre une activité qui nous nourrissait dans le passé.
- Réaliser un projet de jeunesse.
- Accueillir les expériences-sommets.

- Tendre à la réalisation de sa mission.
- Etc.

3. L'animateur demande aux participants quel moyen les attire le plus et comment ils pourraient le mettre en œuvre.

Deuxième partie
La protection de son âme

1. L'animateur invite les participants à prendre un objet ou un dessin qui symbolise leur âme. Si les participants n'ont pas leur symbole, l'animateur peut les aider à en trouver un au moyen de la fantaisie guidée intitulée « Méditation qui mène au Soi », page 319.

2. Il demande aux participants de former des cercles de huit personnes ayant à peu près la même taille et la même force physique.

3. Debout, les participants déposent leur symbole par terre et se tiennent par la main. Ils doivent laisser un espace suffisant entre les groupes.

4. S'ils le peuvent, ils ferment les yeux et se mettent en position d'équilibre, les deux pieds légèrement écartés mais fermement ancrés au sol. Ils se concentrent sur la protection de leur âme.

5. Un à un et à tour de rôle, les participants de chaque groupe vont au centre du cercle en tenant sur leur poitrine le symbole de leur âme.

6. Les sept autres participants entourent la personne au centre du cercle. Ils posent délicatement leurs mains sur lui. Leur pied droit est légèrement avancé tandis que leur pied gauche est en retrait.

7. Ils balancent doucement le participant au centre du cercle.

8. L'animateur leur demande d'agrandir progressivement le cercle, tout en restant en contact avec la personne au centre. Le balancement se fait de plus en plus prononcé. Celui qui est au milieu reste debout sans bouger les pieds.

9. L'animateur demande aux sept participants autour du cercle de s'éloigner encore davantage de la personne au centre. Les membres

de l'équipe, ne pouvant plus maintenir le contact avec la personne au milieu d'eux, se l'« envoient » délicatement l'un à l'autre. Ils doivent garder la jambe droite en avant et les genoux pliés pour empêcher la personne de tomber.

10. Chaque participant demeure environ une minute au centre du cercle.

11. Après l'exercice, l'animateur pose la question suivante : « Quelles sont les situations dans votre vie où vous devez protéger votre âme? »

Exemples :

Des situations où vous êtes mal à l'aise :

- où vous n'êtes pas respecté;
- où vous subissez des pressions exagérées;
- où vous vous sentez contraint de poser des gestes que vous ne désirez pas poser;
- etc.

Troisième partie
Approfondissement de la démarche

Pour plus de moyens pour protéger son âme, l'animateur peut se référer à la septième partie de la stratégie « Découvrir l'influence du VAKO sur l'énergie personnelle à l'aide de la kinésiologie », à la page 55.

Réflexion personnelle

Partage sur l'expérience vécue

Voie symbolique

4. Construire un mandala

Histoire

La présence vivante

Après la mort d'un de mes enfants et un divorce difficile, je m'étais enfermée dans une immense détresse. Je me sentais incapable de demander de l'aide de l'extérieur et de m'ouvrir à ma souffrance. Soudain, je ressentis comme un impératif intérieur à reprendre mes crayons de couleurs et mes carnets de dessin. La seule chose qu'il m'était donné de faire était des formes circulaires que je remplissais de couleur suivant mon humeur et mon état intérieur. Peu à peu, j'eus le sentiment de me sentir mieux et je compris que le simple fait de dessiner m'aidait, d'une certaine manière, à guérir de mes blessures et avait un effet curatif certain. Je commençai alors à créer des mandalas avec de la peinture, des marqueurs de couleur, du papier, du cuir, de l'argile, du bois, des pierres, du tissu... Ils devinrent comme « une présence vivante » pour moi, capables de m'enseigner, de me faire comprendre et voir des choses, de me donner une cohésion intérieure pleine de paix, d'harmonie et de sagesse.

D'après *La voie du mandala*
de Suzanne F. Fincher

Objectifs

- Prendre conscience que de nombreuses formes dans la nature reproduisent un mandala : arbre, fleur, coquillage, etc.
- Découvrir que dessiner la figure du mandala est une technique de croissance.
- Apprendre à organiser ses éléments psychiques opposés autour du centre du mandala, représentant le Soi.

Explication

Le mot mandala est un terme sanskrit qui veut dire « centre », « circonférence » ou « cercle sacré ».

Selon Jung, le centre d'énergie du mandala correspond au Soi et autour du Soi s'organisent les divers éléments psychiques. Pour soutenir le processus naturel de la croissance, Jung invitait ses patients à porter une attention toute spéciale aux divers symboles que l'inconscient transmet par l'intermédiaire du mandala. L'apparition de mandalas dans les rêves, dans l'imaginaire ainsi que dans les productions artistiques signifiait pour lui que le processus d'individuation était en cours chez ses patients.

Pour Jung, le mandala dévoile

> [...] la prémonition d'un centre de la personnalité, sorte de point focal dans la psyché auquel tout se rattache, par lequel tout s'organise et qui est lui-même source d'énergie. Cette énergie centrale se manifeste par une compulsion, une impulsion quasi irrésistible de devenir ce que l'on est, de même que chaque organisme est poussé à prendre la forme caractéristique de son espèce, quelles que soient les circonstances. Ce centre n'est pas ressenti ou considéré comme l'ego, mais si l'on peut dire, comme le Soi. [...] Le but du développement psychique est le Soi. Vers celui-ci, il n'existe point d'évolution linéaire, mais seulement une approche circulaire « circumambulatoire », qui donne par une

référence constante à ce centre, appelé le Soi, la structure, l'orientation, et le sens[2].

Certains éprouvent des résistances à faire des mandalas. Voici quelques exemples de ces résistances :

- La tendance au doute et à la critique vis-à-vis son travail.
- Le temps que cette activité pourrait prendre.
- La peur de son monde intérieur.
- La peur de guérir.
- Le désir d'une efficacité immédiate.
- La difficulté à faire confiance à l'inconscient et à s'abandonner à lui.
- Etc.

Stratégie

Première étape
Des mandalas dans la nature

1. Découvrez des formes de mandalas dans la nature.

Exemple :

Le papillon, la fleur, l'arbre, l'œil, le cœur, le corps humain.

2. Observez la forme centrale du mandala et ses développements latéraux.

3. Qu'est-ce que ces formes de mandalas éveillent en vous?

Deuxième étape
Comment faire intuitivement un mandala

1. En premier lieu, choisissez votre matériel : peinture, crayon, craies de couleurs, pastels, argile, bois, tissu, etc.

---

2. Cité par S.F. FINCHER, *La voie du mandala*, Saint-Jean-de-Braye, Dangles, 1996, p. 16.

Nous vous suggérons d'utiliser du papier blanc ou noir (30 cm x 45 cm), une règle et un compas et d'avoir près de vous votre journal de croissance.

2. Choisissez un lieu où vous serez tranquille durant au moins une heure.

3. Disposez sur une surface plane le matériel nécessaire à la création de votre mandala.

4. Créez une atmosphère de silence ou choisissez une musique inspirante. Si vous le désirez, ajoutez des chandelles, de l'encens, etc.

Visualisation du mandala

Installez-vous confortablement, détachez tout vêtement trop serré et détendez-vous.

Pause

Vous regardez les objets qui vous entourent. Vous fermez les yeux. Et vous entrez maintenant à l'intérieur de vous-même.

Pause

Vous écoutez attentivement les bruits de votre entourage, ce qui vous invite à entrer davantage en vous.

Pause

Vous adoptez une attitude neutre sans porter de jugement sur la manière de produire le mandala. L'important est de vous laisser guider par la sensation du moment.

Le mandala sera le reflet de votre personne dans l'instant présent.

Tournez votre attention vers l'intérieur. Laissez monter toutes les sensations qui vous habitent et choisissez celle qui comporte le plus d'intensité, le plus de poids, le plus de choses à vous livrer.

Laissez cette sensation prendre forme, se colorer, se transformer en paroles.

Des images, des personnages, des symboles peuvent émerger en vous.

Choisissez alors une forme, une couleur, pour commencer à bâtir votre mandala.

Après une période de concentration, si rien n'apparaît, demandez-vous à quoi ressemble ce rien.

Ouvrez les yeux et dessinez spontanément un cercle au crayon ou avec une couleur qui vous attire.

Toujours en vous laissant mener par vos sensations, dessinez des formes et mettez des couleurs dans le cercle, en commençant soit par le centre soit par le pourtour. Demeurez fidèle à vos images intérieures et au mouvement spontané qui vous habite.

Poursuivez le travail jusqu'à ce que vous éprouviez le sentiment que le mandala est complet.

Mettez-le à une certaine distance de vous pour le regarder d'un peu plus loin et le voir dans sa perspective.

En le tournant de tous les côtés, cherchez ensuite l'orientation à donner à votre mandala.

Quand vous éprouverez une sensation de détente et d'équilibre, vous aurez repéré la juste orientation du mandala.

Notez la date au verso de la feuille pour vous permettre de l'identifier dans une éventuelle série de mandalas.

Laissez monter en vous un titre évocateur du thème du mandala.

Placez-le dans un endroit sacré, il est une expression de vous-même.

Prenez votre journal de croissance et décrivez votre expérience ainsi que vos sensations durant la création de votre mandala.

Demandez-vous quel reflet de vous-même vous renvoie votre mandala.

Si vous avez une impression d'inachèvement, vous pouvez continuer à créer d'autres mandalas selon la méthode proposée.

Quand vous aurez terminé votre séance de créativité, revenez à l'extérieur de vous-même et reprenez contact avec le réel qui vous entoure.

Troisième partie
Constater l'évolution de son inconscient

Grâce à la création d'une série de mandalas, vous pourrez constater l'évolution de votre inconscient et vous pourrez alors vous permettre une interprétation de votre psyché.

Voici quelques témoignages de personnes qui ont créé des mandalas.

La quadrature du cercle

Lors de difficultés relationnelles avec mon mari, l'idée d'une séparation s'imposait peu à peu comme solution à mes problèmes. Mais l'angoisse de me retrouver seule, une fois encore, me paralysait. Je résolus de me faire aider. Or, je m'occupais à cette période à travailler la terre. Peu à peu, un cercle apparut. Au centre de celui-ci : rien, le vide. Ce vide me semblait immense et je me voyais comme une petite miette de terre, microscopique, jetée et perdue dans ce néant et désespérément seule. Je pris le temps d'examiner ce que j'avais produit sans trop savoir ni trop comprendre ce qui se passait. Une inspiration soudaine s'empara de moi. Je me mis alors à créer avec détermination un fond carré solide, entouré de quatre piliers, reliés entre eux par des bras puissants. Je me sentis invitée à déposer le cercle sur ces quatre piliers et à placer ma miette de terre au centre de celui-ci. Ce fut pour moi comme une évidence qu'au-delà de ce vide, au plus profond de moi, se trouvait un lieu d'où jaillissait un Amour inconditionnel. Je recevais la certitude que, quelle que soit la décision prise touchant mon mari, je serais aimée.

En même temps que je travaillais la terre me venait à l'esprit l'expression « quadrature du cercle ». Je ne comprenais pas du tout ce que cela signifiait. Je commençai à chercher ce que voulait dire cette formule. Rien ne me satisfaisait jusqu'au jour où j'entrai dans une librairie et je tombai sur un livre concernant l'interprétation des mandalas. Je l'ouvris et y trouvai mon mandala nommé la « quadrature du cercle ». La quadrature du cercle symbolise la consolidation d'énergie et donne un surcroît de force à l'ego. Un mandala qui prend cette forme marque la fin de problèmes relatifs à l'identité personnelle et à l'abandon des liens de dépendance…

Une nouvelle manière d'animer

Je devais animer une session de cinq jours sur l'estime de soi. Avant le début de la session, je pris le temps de faire un mandala. Celui-ci m'a fait voir tout mon potentiel d'énergie ainsi que le feu avec lequel je voulais animer ma session. Il était rempli de couleurs vives comme le rouge, le jaune, l'orange. Je m'y retrouvais bien. En le regardant de loin, je pris conscience que si je continuais à utiliser ce potentiel d'énergie, j'arriverais au bout de la session totalement épuisé. Je me sentis alors invité à faire un autre mandala où mon énergie serait canalisée dans des formes et des structures. Mes mandalas m'ont enseigné une nouvelle manière d'animer, à tenir compte de toute ma personne et pas seulement du feu intérieur qui me brûlait et me faisait être tout feu tout flamme.

Mandalas et guérison

Mon amie était atteinte d'un cancer. Tous les soirs, elle dessinait des mandalas. Cette pratique devint pour elle un rituel. Je jugeais cela quelque peu enfantin et n'en comprenais pas trop l'utilité. Mais je m'apercevais qu'elle persévérait à suivre ses divers traitements de chimiothérapie, de radiothérapie et qu'elle avait de plus en plus le goût de vivre. Je lui en fis la réflexion et elle me confia qu'elle emportait ses mandalas de soleil lors de ses séances de radiothérapie, qu'elle les regardait et imaginait leur effet curatif sur elle. Lorsqu'elle subissait ses traitements de chimiothérapie, elle dessinait des mandalas contenant des vagues; elle les voyait rééquilibrer les fluides de son corps et exprimer son immense tristesse devant la perspective de la mort. Elle voyait dans ses mandalas une image des tissus engorgés de son organisme. Après deux ans de ce rituel astreignant, elle connut une rémission de son cancer. Elle reste convaincue que, si elle est toujours en vie, elle le doit à l'effort qu'elle a fait pour s'ouvrir à son monde intérieur, accueillir ce que les mandalas lui faisaient voir d'elle et accepter les diverses composantes de son être en les harmonisant autour du Soi.

Réflexion personnelle

Partage sur l'expérience vécue

Voie symbolique

5. S'entraîner à l'imagination active

Histoire

Dialogue avec un tas de paperasses

J'étais assis à ma table de travail, je contemplais les tas de paperasses qui l'envahissaient depuis des années. Je me décidai à les personnifier et à dialoguer avec eux.

– « Que faites-vous sur mon bureau, vous m'embarrassez!

– Mais nous sommes importants pour toi, nous contenons des informations précieuses pour ton travail. Sans nous, tu ne pourrais pas être aussi efficace.

– Je vous sens embarrassants et j'ai beau essayer de vous ignorer, vous êtes toujours là devant moi. Je suis fatigué de votre présence.

– Tu pourrais prendre le temps qu'il faut pour séparer les papiers que tu désires classer et garder et ceux que tu voudrais jeter.

– Je suis d'accord avec cette suggestion, je vais m'y appliquer une demi-heure par jour. »

Jean Monbourquette

Objectifs

- Apprendre à déchiffrer le message des symboles de ses rêves et de ses fantaisies éveillées.

- Explorer le matériau de son préconscient et mettre au jour ses états d'âme.

Explication

L'imagination active est un merveilleux moyen pour établir la communication entre son conscient et son inconscient, entre son ego et son ombre et, éventuellement, entre l'ego et le Soi. Il faut cependant noter que le langage du conscient est de nature intellectuelle tandis que celui de l'inconscient est de nature symbolique. Le conscient, facilement dérouté par ce langage symbolique, n'arrive pas à parler cette langue. D'où notre résistance à faire appel à l'imagination active et à explorer les messages de l'inconscient. En dépit de ces résistances, jeter des ponts entre le conscient et l'inconscient s'avère une démarche primordiale pour se connaître et trouver un sens à ses actions et à sa vie actuelle.

Stratégie

Première partie
L'identification avec un objet

Cet exercice consiste à laisser votre conscience vagabonder d'une manière spontanée sur ce qui l'entoure : objets, animaux, plantes, êtres, personnages fictifs, etc., et à dialoguer avec un objet qui retient votre attention.

1. Laissez glisser votre regard sur les objets de la pièce comme si vous promeniez un jet de lumière ou un projecteur au hasard et sans but sur les êtres autour de vous. Peu à peu, cependant, laissez-vous interpeller par un être ou un objet en particulier.

2. Continuez votre balayage tout en prenant conscience de l'objet qui vous attire ou de celui qui vous répugne d'une manière compulsive. À coup sûr, celui qui retient le plus votre attention est l'objet que vous devez choisir pour établir un dialogue. S'il se présente plus d'un objet, vous choisissez celui qui a le plus d'emprise sur vous. C'est justement cet objet qui est le plus chargé des projections de votre inconscient. Qu'il s'agisse de l'objet qui vous attire le plus ou de celui qui vous répugne le plus, il est recommandé de prendre une feuille de papier et d'y transcrire le dialogue entre vous et cet objet.

3. Commencez le dialogue en reconnaissant des qualités à cet objet et en lui exprimant les émotions ou les sentiments qu'il suscite en vous.

4. Identifiez-vous à cet objet. Personnifiez-le et faites-le parler en lui demandant de répondre à la question : « Qu'as-tu à me dire? », « Pourquoi es-tu là? » ou « Que me veux-tu? »

5. Poursuivez votre dialogue avec cet être jusqu'à ce que vous sentiez en vous que la situation ou le problème est en train de se résoudre, qu'un sentiment d'harmonie vous envahit, qu'un message vous est livré ou encore qu'une nouvelle connaissance vous est révélée.

L'exercice de l'imagination active pourrait devenir pour vous une pratique régulière vous permettant de tenir à jour vos états d'âme, d'unifier les diverses parties de votre être et de collaborer avec le Soi.

Deuxième partie
L'identification avec les symboles des rêves

Écrire vos rêves signifie à votre inconscient que vous avez entendu son message et que vous en tenez compte, même si vous n'en avez pas perçu toute la signification. Cette pratique permet de se mettre en contact avec son inconscient et d'améliorer la connaissance de soi-même, en particulier sur le plan du discernement de ses humeurs et de ses états d'âme.

1. Pour vous souvenir de vos rêves, gardez-vous de bouger à votre réveil et restez dans un état de demi-sommeil. Ce dernier vous permettra de vous remémorer et de vous raconter votre rêve. Si vous bougez, le rêve s'évanouira aussitôt.

2. Cet exercice d'imagination active consiste à retenir un symbole important de votre rêve, par exemple, la figure du serpent. Contemplez ce symbole et posez-lui ensuite les questions suivantes : « Qu'est-ce que tu fais là? Qu'est-ce que tu as à me dire ou à me révéler? Pourquoi as-tu fait tel geste dans mon rêve? »

3. Continuez votre dialogue avec la figure symbolique de votre choix jusqu'à ce que vous parveniez à un terrain d'entente avec celle-ci et que vous arriviez à collaborer ensemble.

Si votre rêve contient deux symboles antagonistes, faites-les dialoguer jusqu'à ce qu'ils parviennent à une entente.

4. Pour vous aider à mieux prendre connaissance des messages véhiculés par votre inconscient, il est recommandé de transcrire les dialogues entre la figure symbolique et vous ou entre les deux symboles antagonistes jusqu'à ce que vous ressentiez une harmonie intérieure.

Réflexion personnelle

Partage sur l'expérience vécue

Voie symbolique

6. S'initier à l'intention créatrice

Histoire

L'espoir d'un médecin

« Portez attention à vos attentes, elles deviendront votre réalité. »

Un médecin appliquait cet adage avec ses différents patients. Il examinait le dossier d'un de ses patients, prenait un moment de silence pendant lequel il désirait réellement la guérison de celui-ci et, enfin, s'imaginait le voir en train de se guérir. L'histoire veut qu'il ait obtenu beaucoup de succès.

Jean Monbourquette

Objectifs

- Apprendre à discerner ce que l'on veut pour soi et pour son épanouissement.

- Savoir s'ouvrir à l'abondante richesse de l'Univers et accepter ce que l'Univers a à offrir.

- Apprendre à « affirmer » son désir et à le percevoir comme s'il était déjà réalisé.

Explication

Dans l'expression « prendre ses désirs pour des réalités » réside une grande vérité. La stratégie qui en découle, plus particulièrement la stratégie de l'« affirmation », exploite le pouvoir de l'imagination. Toute créativité part d'une idée que l'on a conçue et que l'on projette dans l'avenir. L'intention créatrice consiste donc à imaginer comme actualisée une réalité nécessaire à son épanouissement. Et le Soi, en connexion constante avec l'Univers, fera le reste.

L'avantage d'une telle approche est de motiver fortement la personne à réaliser un objectif visé. La représentation détaillée de sa mission la mettra à l'affût des occasions favorables à sa réalisation et elle sera davantage en mesure de les saisir.

Il faut du courage pour désirer ce dont nous avons besoin, vaincre la peur d'être déçu et prendre le risque de le demander à la Providence. L'intention créatrice est une stratégie puissante qui permet de réaliser ses aspirations profondes.

Stratégie

Première partie
Discerner ce qui est bon pour son épanouissement

Il importe de bien savoir ce que vous désirez et comment vous allez formuler votre désir. Voici quelques règles à suivre pour énoncer votre désir de manière à le rendre attirant et stimulant pour l'inconscient.

1. Décrivez votre désir d'une façon positive.

   - Dire : j'ai l'énergie et l'entrain nécessaires pour parler en public et écrire quelques heures par jour.

   - Ne pas dire : je ne suis pas fatigué de parler et d'écrire.

Ce dernier type de formulation n'aura aucune prise sur l'imagination et produira souvent le contraire de l'effet désiré.

2. Le désir doit être réalisable par vous et non par un autre.

- Dire : je mange bien. Je dors assez pour travailler reposé. Je prends un supplément de vitamines ainsi que les médicaments prescrits par le médecin.

- Ne pas dire : je veux que mon médecin me guérisse et me redonne une bonne forme physique.

3. Faire état de votre désir comme si vous l'aviez déjà réalisé.

- Dire : je me sens plein d'énergie. Je jouis d'une bonne santé. Je mange bien. Je fais de l'exercice.

- Ne pas dire : je devrais mieux m'alimenter. Il faut que je fasse de l'exercice physique, etc.

Évitez d'utiliser le futur ou le conditionnel, car l'esprit humain a alors tendance à considérer le désir comme une bonne résolution à accomplir, à le ranger dans un tiroir et à en reporter la réalisation au lendemain.

4. Enfin, pour que la demande de la réalisation d'un désir fasse tout son effet sur l'imaginaire, il est important que vous décriviez votre désir en détail avec toutes ses sensations, mouvements, couleurs, arômes, sons, sensations tactiles, etc. Ainsi, l'esprit se convaincra qu'il s'agit d'un objectif concret à poursuivre immédiatement. Votre compte rendu vous servira de « carte mentale » des plus motivantes. Évitez de parler de façon abstraite.

- Dire : je fais quarante-cinq minutes de marche dans la nature le matin. Je mange des aliments sains, des légumes frais et des fruits. Je prends mes vitamines régulièrement. Je bois quatre verres d'eau par jour, etc.

- Ne pas dire : je fais de l'exercice, je m'alimente mieux, etc.

5. Si vous éprouvez un malaise ou un doute à la lecture de la description de votre désir, c'est le signe qu'il ne s'accorde pas adéquatement avec l'ensemble de votre personnalité. En jargon psychologique, on dit qu'il ne répond pas à l'écologie de votre personne. Cherchez à identifier cette résistance à votre désir pour pouvoir modifier celui-ci, quitte à le changer complètement.

Deuxième partie
Savoir affirmer son désir comme s'il était réalisé

Vous faites appel à votre Soi à la fois intemporel et toujours en lien constant avec les possibilités offertes par l'Univers. Vous déposez votre désir, bien formulé au présent, entre les mains de la Providence et vous lâchez prise en faisant confiance à sa collaboration pour en obtenir la réalisation.

Visualisation de l'intention créatrice

Prenez une position confortable, détendez-vous tout en écoutant les bruits de votre entourage. Ceci vous amène à entrer plus profondément à l'intérieur de vous-même.

Pause

Regardez autour de vous en notant les couleurs, les formes, les contrastes d'ombre et de lumière. Ceci vous permet d'entrer encore davantage en vous.

Pause

Prenez conscience de votre respiration, inspirations et expirations. Demandez-vous laquelle est la plus longue… Cet exercice vous fait entrer encore plus profondément à l'intérieur de vous-même.

Pause

Prenez contact avec votre Soi et laissez-vous baigner peu à peu par une douce lumière spirituelle.

Pause

Imaginez que vous avez réalisé l'objet de votre désir.

Pause

Voyez en détail votre nouveau projet de vie dont vous êtes fier.

Pause

Faites-vous une image vive et colorée de votre nouvelle situation.

Pause

Écoutez le nouveau dialogue qui se déroule à l'intérieur de vous-même.

Pause

Écoutez les gens parler abondamment de votre succès.

Pause

Entendez les remarques qu'on fait autour de vous depuis que vous réalisez votre objectif.

Pause

Félicitez-vous!

Pause

Goûtez la joie, la satisfaction et le bonheur d'être parvenu à concrétiser votre mission.

Pause

Permettez-vous d'éprouver une réelle fierté devant votre accomplissement et votre succès.

Pause

Vous prenez conscience que votre regard sur le monde, sur les événements, sur les gens et sur vous-même a changé.

À la fin de votre méditation, faites une prière d'action de grâce à la Providence qui vous a accordé un tel succès.

Pause

Puis, lentement, à votre rythme, sortez de vous-même en emportant avec vous les sentiments de joie, de satisfaction et de bonheur que vous venez de vivre.

Pause

Prenez encore un moment de silence pour vous sentir pleinement comblé et confiant face aux nouveaux défis de la vie.

Soyez discret. Cet exercice demeure votre secret. Vous continuez à vivre et à vaquer à vos occupations comme si rien ne s'était passé. Vous refaites cette méditation une fois par jour, le matin ou le soir, dans un endroit calme et paisible.

Répétez chaque jour votre intention créatrice. Cette stratégie vous permettra de saisir les moments de grâce conduisant à la concrétisation de votre désir. Vous vous engagerez dans les activités nécessaires pour accomplir votre rêve de vie. Assuré de la collaboration de la Providence ou de l'Univers à l'exécution de votre projet, vous n'aurez pas à déployer beaucoup d'efforts pour sa réalisation.

Réflexion personnelle

Partage sur l'expérience

Voie symbolique

7. Vivre l'épiphanie du temps présent

Histoire

Le moine et le tigre

Un moine était pourchassé par un tigre. Il courait à toute vitesse dans la forêt. À bout de souffle, il eut l'impression que son cœur allait sortir de sa poitrine. Il réussit à se cacher derrière un rocher, tout près d'un précipice. Ce précipice était très profond et trop large pour songer à sauter par-dessus. Soudain, il vit plus bas, sur la paroi du précipice où poussait de la végétation, une petite branche oscillant dans le vide. Il se laissa glisser et s'y accrocha désespérément. Le tigre, du haut du précipice, le regardait. La branche commençait à céder sous le poids du moine. Au même instant, le moine aperçut une grosse fraise au milieu d'une touffe de feuilles. Il la regarda avec convoitise. Puis, juste avant que la branche ne cède, il prit une grande inspiration, étendit son bras et saisit la fraise. Il la sentit, en observa la texture et la couleur, et décida de la manger. Son parfum, son jus, son goût exquis lui procurèrent une joie ineffable.

D'après *Tools of the Spirit*
de Robert Dilts et Robert McDonald

Matière à réflexion

« Le passé n'est plus, le futur n'est pas encore.
Ce qui veut dire que l'avenir est entre vos mains —
l'avenir dépend complètement du présent.
En être conscient suscite en vous
le sentiment d'une grande responsabilité. »

Le Dalaï Lama

Objectifs

- Apprécier le moment présent, savoir le reconnaître comme le seul dont on dispose dans l'immédiat, le passé étant révolu et le futur n'existant pas encore.

- Profiter du temps présent comme d'un moment d'éternité.

Explication

Bien des gens se contentent de vivre la routine du quotidien, endormis dans une fausse sécurité. Ils ne saisiront jamais le charme et la beauté du moment présent. Ces gens vivent soit dans le passé qui n'existe plus, soit dans le futur qui n'existe pas encore. Souvent, ils se sentent nostalgiques et coupables d'avoir raté de belles occasions dans le passé ou bien ils se sentent sous la menace d'un avenir rempli de catastrophes imaginaires.

Pourquoi ne pas s'inspirer de la sagesse du passé et préparer l'avenir en prenant conscience du moment présent? Le présent est le seul moment où les êtres humains ont le pouvoir d'agir et de réfléchir.

Pour s'empêcher de vivre dans le moment présent, on peut :

- vivre sa routine et ses habitudes à la façon d'un robot bien programmé;

- comparer sans cesse le présent au passé;

- vivre dans l'agitation et se sentir toujours pressé par le temps;

- souhaiter de pouvoir enfin vivre dans le futur;

- être conditionné par des schémas du passé;
- remettre sans cesse au lendemain ce qui peut être fait le jour même.

Au lieu d'être seulement à l'écoute de sa tête agitée, il importe de se mettre aussi à l'écoute de sa sensibilité. Il s'agit du seul moyen d'avoir accès au moment présent.

L'épiphanie du temps présent permet de découvrir un univers resplendissant de beauté et de merveilles. L'instant présent apparaît alors comme un moment d'extase et d'éternité. Que de découvertes les gens pourraient-ils faire s'ils acceptaient de vivre le moment présent! Ils éprouveraient la sensation de voir, d'écouter et de goûter toutes choses comme si c'était la première fois.

Stratégie

Première partie
Développer l'acuité de ses sens

1. L'animateur prépare une variété d'aliments (fruits, pain, fromage, etc.).

2. Il invite les participants à prendre un morceau de nourriture et leur demande :

- de le manipuler, d'expérimenter sa texture, sa température, son humidité, son volume;
- de regarder sa forme, les nuances de ses couleurs;
- d'écouter le bruit qu'il fait quand on le brise;
- de sentir toutes les nuances de ses arômes;
- de mordre dans ce morceau;
- de le goûter de la langue et du palais, de le mâcher lentement;
- d'apprécier la sensation de l'avaler.

3. L'animateur invite les participants à donner leurs impressions à la suite de cet exercice.

Deuxième partie
Vivre le moment présent

Cet exercice vous invite à faire l'expérience du moment présent à travers les gestes du quotidien.

1. Faites la liste de vos gestes quotidiens.

Exemples :

> Se lever le matin, se brosser les dents, prendre une douche, ouvrir son courrier, fermer la porte à clé, laver la vaisselle, marcher, faire son lit, régler les comptes, envelopper un cadeau, plier ses vêtements, répondre au téléphone, démarrer la voiture, etc.

2. Prenez une expérience ordinaire et décrivez-la en détail. Demandez-vous comment vous allez la vivre pleinement en prêtant attention à tous les gestes que vous allez faire, en voyant tout ce que vous avez à voir et en écoutant bien les moindres bruits et sons.

3. Choisissez l'un ou l'autre de vos gestes habituels. Vivez votre geste lentement, comme si vous le faisiez pour la première fois. Prenez conscience des sensations visuelles et auditives, des émotions et des sentiments qui l'accompagnent.

4. Laissez-vous envahir par l'instant présent pendant que vous faites ce geste.

5. Prenez conscience des attitudes intérieures éveillées par votre geste pendant son exécution.

Exemple :

> Quand une mère de famille repasse des vêtements, elle peut prendre conscience de son geste et de la motivation profonde derrière ce geste, soit l'amour de ses enfants. Elle peut voir les habits propres et repassés comme une manifestation de cet amour.

Vivre le moment présent, c'est vivre un instant d'éternité.

Réflexion personnelle

Partage sur l'expérience vécue

Rayonnement du Soi

I. Découvrir et gérer
ses sous-personnalités

Histoire

Les deux « Tartarin »

C'est qu'il faut bien vous l'avouer, il y avait dans notre héros deux natures très distinctes. « Je sens deux hommes en moi », a dit je ne sais quel Père de l'Église. Il l'eût dit vrai de Tartarin qui portait en lui l'âme de Don Quichotte, les mêmes élans chevaleresques, le même idéal héroïque, la même folie du romanesque et du grandiose; mais malheureusement n'avait pas le corps du célèbre hidalgo, ce corps osseux et maigre, ce prétexte de corps, sur lequel la vie matérielle manquait de prise, capable de passer vingt nuits sans déboucler sa cuirasse et quarante-huit heures avec une poignée de riz... Le corps de Tartarin, au contraire, était un brave homme de corps, très gras, très lourd, très sensuel, très douillet, très geignard, plein d'appétits bourgeois et d'exigences domestiques, le corps ventru et court sur pattes de l'immortel Sancho Pança [l'écuyer de Don Quichotte].

Don Quichotte et Sancho Pança dans le même homme! Vous comprenez quel mauvais ménage ils y devaient faire! Quels combats! Quels déchirements!

Tiré de *Tartarin de Tarascon*
d'Alphonse Daudet

Objectifs

- Découvrir et distinguer ses diverses sous-personnalités par lesquelles s'exprime le Soi.

- Apprendre à les gérer pour qu'elles agissent ensemble dans l'harmonie.

Explication

Chaque personnalité compte de multiples facettes. Ces sous-personnalités au service du Soi constituent une véritable richesse souvent méconnue.

Qu'est-ce qu'une sous-personnalité? Une sous-personnalité consiste en un noyau d'émotions et de sentiments, d'images et de dialogues intérieurs et forme une quasi-personnalité en elle-même. En psychologie, on appelle ces noyaux psychologiques des « complexes ». Ces noyaux jouissent d'une presque autonomie; ils veulent être reconnus et participer aux diverses décisions. Chaque sous-personnalité possède des traits particuliers bien définis.

Nous avons tous de nombreuses sous-personnalités. Elles constituent la troupe de personnages de notre théâtre intérieur. Elles apparaissent souvent dans les rêves. Elles dialoguent entre elles; elles se disputent quelque peu et, parfois, elles se mettent d'accord. Il arrive que certaines boudent, se retirent et sabotent nos projets.

Pour la personne qui apprend à connaître et à bien gérer ses sous-personnalités, celles-ci deviennent un véritable apport à son épanouissement. Par contre, lorsque la personne ignore ses sous-personnalités, elles nuisent à son harmonie et à sa paix intérieure parce qu'elles se torpillent entre elles. La personne sent alors en elle la présence d'un champ de bataille. Elle éprouve des malaises et des angoisses, et sa croissance s'en trouve paralysée.

Stratégie

Première partie
Connaître vos sous-personnalités

Pour une personne seule

1. Refaites l'exercice de la « désidentification » en vous demandant : « Qui suis-je? » Cet exercice se trouve dans la stratégie intitulée « Rechercher son identité profonde par la "désidentification" », à la page 275.

2. Lisez attentivement la liste des archétypes en annexe du présent ouvrage, page 403. Sélectionnez un certain nombre d'archétypes qui correspondent aux multiples facettes de votre personne.

3. Sur une feuille, disposez vos sous-personnalités autour d'un centre de façon à créer la forme d'un mandala. Le centre représente votre Soi et les sous-personnalités se trouvent autour de celui-ci.

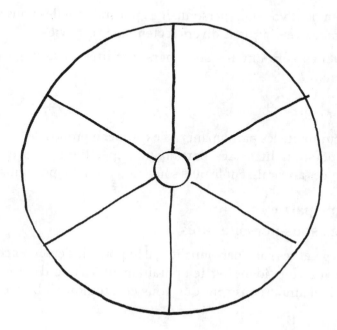

4. Si possible, remplissez chaque segment du mandala avec un dessin représentant l'une de vos sous-personnalités. Regardez vos sous-personnalités avec les yeux de votre imagination et prenez conscience de l'impression que vous fait chacune d'elles.

5. Posez-vous les questions suivantes :

- De quelles façons mes sous-personnalités interagissent-elles entre elles? D'une façon harmonieuse ou conflictuelle?

- Lesquelles collaborent entre elles?

- Deux de vos sous-personnalités ont-elles conclu une alliance? Cette alliance s'est-elle conclue contre une autre de vos sous-personnalités?

- Quelles seraient les sous-personnalités dominantes et les sous-personnalités soumises?

- Quelles sous-personnalités passent inaperçues mais exercent leur influence dans le secret?

- Certaines sous-personnalités se retirent-elles ou boudent-elles?

- Comment vos sous-personnalités pourraient-elles vous aider à mieux réussir dans divers secteurs de votre vie?

- Quelles seraient les sous-personnalités davantage dans l'ombre?

Pour un groupe

L'animateur invite les participants à s'exprimer à propos de leur liste de sous-personnalités. Les participants spécifient dans quelles circonstances apparaissent le plus souvent leurs sous-personnalités.

Deuxième partie
Gérer ses sous-personnalités

Pour bien gérer ses sous-personnalités, il importe de demeurer centré. Vous pouvez vous identifier temporairement à l'une d'entre elles, mais en demeurant conscient que vous êtes toujours libre de vous en dégager et de revenir à votre centre. Voici un exercice qui vous permettra d'acquérir cette liberté de mouvement.

La danse des sous-personnalités

1. Tenez-vous dans un endroit où vous avez assez d'espace pour pouvoir circuler. Prenez conscience de votre respiration, puis ralentissez-la et laissez-vous envahir par un état de relaxation. Vous vous imaginez debout au centre d'un grand mandala, entouré de vos sous-personnalités.

2. Vous explorez chaque sous-personnalité. En faisant quelques pas, entrez dans l'espace occupé par une de vos sous-personnalités. Exprimez sa façon d'être par la position de votre corps.

Exemple :

Si votre sous-personnalité est celle de l'enfant apeuré, prenez la position d'un enfant accroupi qui se protège de ses bras.

3. Accentuez cette posture et ressentez ce qui se passe dans votre corps.

4. Laissez échapper un son ou des paroles correspondant à cette posture. Observez les effets de ce son ou de ces paroles sur vous. Répétez ce son ou ces paroles plusieurs fois pour rendre plus claire la teneur émotive de votre sous-personnalité.

5. En vous détachant de votre sous-personnalité, vous revenez lentement au centre. Reprenez contact avec votre respiration. Restez calme et détendu en prenant une posture droite et décontractée. Après quelques moments de concentration, vous entrez dans l'espace d'une autre sous-personnalité.

6. Suivez la même procédure pour chacune de vos sous-personnalités.

7. Regagnez ensuite votre centre et réfléchissez un moment sur l'originalité de chaque personnalité.

8. Quand vous serez prêt et à votre rythme, vous vous mettez à danser dans l'espace entre le centre et chacune des sous-personnalités.

Vous improvisez une chorégraphie qui tient compte des mouvements propres à chaque sous-personnalité. Cette danse constitue une expérience puissante d'intégration.

9. Une fois votre danse terminée, vous retournez à votre point de départ en demeurant bien au centre du Soi.

10. Décrivez votre expérience en répondant aux questions suivantes :

- En quoi était-ce facile ou difficile d'entrer ou de sortir des espaces propres aux diverses sous-personnalités?

- Qu'est-ce que vous avez appris de nouveau?

- Est-ce que ces schémas de comportements se répètent dans votre vie?

- Désirez-vous les changer?

- Comment ferez-vous ces changements?

Cet exercice vous permettra de résoudre vos problèmes actuels et d'éviter certains problèmes à venir. En effet, au lieu de vous montrer rigide et intransigeant, vous ferez désormais preuve d'une plus grande souplesse et de beaucoup d'imagination pour négocier avec les autres et trouver des solutions appropriées.

Réflexion personnelle

Partage sur l'expérience vécue

Rayonnement du Soi

2. S'aimer d'une manière inconditionnelle

Histoire

La plupart des enfants ne naissent qu'une fois

Une mère est toujours là quand on a besoin d'elle. Elle aide, elle protège, elle écoute, elle conseille, elle prend soin tant de notre corps que de notre esprit. Elle s'assure que sa famille reçoive de l'amour 24 heures sur 24, sept jours par semaine, 52 semaines par année. C'est en tout cas le souvenir que je garde de ma mère et des quelques précieuses années où j'ai eu le bonheur de l'avoir près de moi. De toute façon, les mots ne peuvent décrire le sacrifice qu'elle a fait par amour pour moi, son fils.

Lorsque j'avais 19 ans, on m'emmena avec de nombreux autres Juifs vers un camp de concentration. De toute évidence, la mort serait notre destination finale. Soudain, ma mère se joignit au groupe pour changer de place avec moi. Bien que cela se soit passé il y a plus de 59 ans, jamais je n'oublierai les dernières paroles qu'elle me dit, le regard qu'elle me lança en guise d'adieu :

– « J'ai vécu suffisamment longtemps. Tu as le droit de survivre; tu es si jeune », me dit-elle.

La plupart des enfants ne naissent qu'une fois. Moi, je suis né deux fois de la même mère.

D'après le récit de Joseph C. Rosenbaum
dans *Bouillon de poulet pour l'âme d'une mère*

Matière à réflexion

« Une femme oublie-t-elle l'enfant qu'elle nourrit?
Cesse-t-elle de chérir le fils de ses entrailles?
Même s'il s'en trouvait une pour l'oublier,
moi, je ne t'oublierai jamais! »

Isaïe 49, 15

Objectifs

- Apprendre à s'aimer d'une manière inconditionnelle grâce à l'amour parental du Soi.
- Apprendre à développer ses archétypes parentaux pour atteindre l'amour inconditionnel de soi-même.

Explication

Au cours de son éducation, une personne peut ne pas avoir reçu l'amour inconditionnel de soi de la part de ses parents. Il est tout de même possible pour cette personne de vivre cet amour parental inconditionnel à partir des archétypes du « bon père » et de la « bonne mère », produits par le Soi. Cette stratégie repose sur la conviction que le Soi nous aime d'une façon inconditionnelle. Instinctivement, grâce au Soi, chaque personne a en elle les archétypes du père idéal et de la mère idéale.

Cette stratégie permet de développer ses archétypes parentaux en prenant pour point de départ l'éducation donnée par ses propres parents. Dans ce but, l'exercice propose une longue visualisation pour se souvenir de l'amour de ses parents et faire appel aux archétypes du bon père et de la bonne mère.

Stratégie

Visualisation
Rencontre avec ses parents

Prévoir une musique douce pour accompagner la visualisation.

Rencontre avec sa mère

Vous prenez une position confortable. Assis, les deux pieds sur le sol, vous détachez tout vêtement trop serré.

Pause

Vous regardez les objets autour de vous. Vous fermez les yeux. Entrez maintenant à l'intérieur de vous-même.

Pause

Vous écoutez attentivement les bruits autour de vous. Cela vous invite à entrer davantage en vous-même.

Pause

Vous ressentez votre corps sur la chaise, vos pieds sur le sol. Cela vous conduit à entrer plus profondément à l'intérieur de vous-même.

Pause

Mettez les mains sur les genoux à quelques centimètres de distance en tournant les paumes vers le haut.

Pause

Pensez à votre mère et prenez conscience des divers sentiments que vous éprouvez pour elle.

Pause

Laissez ces sentiments s'intensifier et soyez conscient de l'endroit de votre corps où se loge votre mère.

Où vit-elle dans votre corps?

Où sentez-vous sa présence?

Quand vous aurez la sensation de l'endroit où votre mère vit dans votre corps, avec la main gauche, touchez cet endroit.

Intensifiez le sentiment de la présence de votre mère à cet endroit.

Sentez les moindres particules de ce sentiment se déplacer vers la paume de votre main gauche.

Descendez la main sur votre cuisse gauche en tournant la paume vers le haut. Prenez le temps de ressentir ce que vous éprouvez pour votre mère.

Transformez ce sentiment en une image ou en un symbole de votre choix : une fleur, un ange, un bateau, une étoile, une tour…

Levez la main quand vous aurez trouvé votre symbole.

Accueillez le symbole ou l'image de votre mère qui est dans votre main gauche et dites-lui :

« Bienvenue maman. Je t'ai demandé de venir et tu es venue. Merci d'avoir accepté de te révéler à moi. »

Avec beaucoup de respect, dites à votre mère : « Maman, je vais tourner maintenant mon attention ailleurs pour quelques instants. Je reviendrai sous peu. »

Rencontre avec son père

Vous détournez votre attention de la main gauche et retournez tranquillement à l'intérieur de vous-même.

Pensez à votre père et prenez conscience des sentiments qui vous habitent.

À quel endroit dans votre corps ressentez-vous sa présence?

Quand vous serez prêt, vous toucherez délicatement cet endroit avec votre main droite.

Laissez votre main là pour quelques instants.

Intensifiez le sentiment de la présence de votre père.

Sentez les moindres molécules de ce sentiment se déplacer vers la paume de votre main droite.

Descendez la main sur la cuisse droite en tournant la paume vers le haut.

Transformez ce sentiment en un symbole ou en une image de votre père : un phare, un arbre, un chemin…

Si vous n'avez pas d'images de votre père, imaginez au moins que vous en avez une. Quel serait ce symbole ou cette image?

Accueillez le symbole ou l'image de votre père qui est dans la paume de votre main droite et dites-lui : « Merci papa d'être venu. Je t'ai demandé de venir et tu es ici. Ce qui me touche, c'est que tu aies répondu à ma demande. Merci papa pour ta présence. Je vais tourner maintenant mon attention ailleurs pour quelques instants. Je te reviens sous peu. »

Rencontre avec l'archétype parental

Rencontre avec l'archétype de la mère

Tournez maintenant votre attention vers votre main gauche et prenez conscience de l'image ou du symbole de votre mère toujours présent.

Pensez à la mère idéale qui habite en vous. Elle est faite de toutes les mères et de leur amour maternel universel. Représentez-la par un symbole : la Vierge Marie, la Pietà, la terre nourricière, l'eau, la lionne, le cœur, l'arbre…

Déposez le symbole archétypal de la mère à côté du symbole de votre mère que vous tenez dans votre main gauche.

Dites à votre mère : « Maman, je veux te présenter l'archétype de la mère idéale, celle qui possède toutes les ressources de la maternité. De quelles ressources aurais-tu eu besoin pour assurer ma croissance? Quelles ressources aurais-tu aimé me donner pour mon épanouissement? »

(Par exemple la douceur, la tendresse, la chaleur, l'écoute, l'énergie, la compréhension, l'authenticité, la joie, la paix intérieure, la spiritualité, le courage, l'unité, la patience, etc.)

Votre mère demande à la mère archétypale les ressources dont elle aurait eu besoin.

Quelles sont ces qualités qui combleraient les lacunes de votre mère?

Nommez-les intérieurement.

Votre mère reçoit ces dons avec gratitude et vous les transmet.

Vous lui exprimez votre reconnaissance pour ces dons qui comblent les déficiences de votre éducation.

Pause

Rencontre avec l'archétype du père

Tournez votre attention vers votre main droite et prenez conscience de l'image ou du symbole de votre père qui est toujours présent.

Prenez conscience du père idéal qui habite en vous. Il est fait de tous les pères et de leur amour paternel universel. Représentez-le par un symbole : Dieu le Père, le Grand Père, l'autorité, l'arbre, le feu, l'éclair…

Déposez le symbole du père archétypal au côté du symbole de votre père dans votre main droite.

Dites à votre père : « Papa, je veux te présenter l'archétype du père idéal, celui qui possède toutes les ressources de la paternité. De quelles ressources aurais-tu eu besoin pour assurer ma croissance? Quelles ressources aurais-tu aimé me donner pour mon épanouissement? »

(Par exemple la douceur, la tendresse, la chaleur, l'écoute, l'énergie, la compréhension, l'authenticité, la joie, la paix intérieure, la spiritualité, le courage, l'unité, la patience, etc.)

Votre père demande au père archétypal les ressources dont il aurait eu besoin.

Quelles sont ces qualités qui combleraient les lacunes de votre père?

Nommez-les intérieurement.

Votre père les reçoit avec gratitude et vous les transmet.

Vous lui exprimez votre reconnaissance pour ces dons qui comblent les déficiences de votre éducation.

Pause

Intégration des ressources

Regardez la paume de votre main gauche et contemplez-y votre mère transformée par les ressources de l'archétype maternel.

Puis regardez la paume de votre main droite et contemplez-y votre père transformé par les ressources de l'archétype paternel.

Demandez à votre Soi qu'il intègre en vous les ressources de cette nouvelle mère et de ce nouveau père.

Levez les mains à la hauteur de la tête et tournez-les de façon à ce que la paume de la main gauche fasse face à la paume de la main droite.

Faites confiance à vos parents qui possèdent toutes les forces intérieures pour se regarder avec respect et dans la paix en vue de votre développement intégral.

Commencez à ressentir les deux énergies qui émanent de vos mains.

Permettez à vos deux mains de s'approcher l'une de l'autre.

Lentement, vous réunissez vos mains dans lesquelles se trouvent l'image de votre mère et celle de votre père (ou leurs symboles) que vous contemplez.

Regardez et prenez contact avec les émotions que vous ressentez au fur et à mesure que les images de votre mère et de votre père commencent à se rencontrer, à s'associer et à s'intégrer.

Au fur et à mesure que vos mains se rapprochent, ressentez la présence de vos deux parents qui se rejoignent et qui réunissent leurs ressources en vue de votre croissance.

Laissez les doigts se croiser et déposez vos mains sur votre plexus solaire.

Vous n'avez pas besoin de réfléchir à ce qui vous arrive, de l'expliquer ou de le comprendre.

Laissez monter en vous un symbole qui représente la réconciliation de votre père et de votre mère vivant dans la paix et l'harmonie.

Avez-vous découvert le symbole intégrateur responsable de l'unité et de l'harmonie en vous?

Levez la main quand vous l'aurez trouvé.

Contemplez ce symbole intégrateur qui est devenu une source d'harmonie et de paix.

Cette intégration va se continuer dans les jours, les nuits, les semaines, les mois et les années à venir.

N.B. : vous pouvez conserver le souvenir de cette expérience en dessinant votre symbole intégrateur ou en le représentant par un objet.

Revenez lentement à la réalité en ouvrant les yeux et en vous frottant les mains l'une contre l'autre.

Réflexion sur l'expérience

Partage sur l'expérience vécue

3. Pratiquer le pardon

Histoire

La souffrance revisitée

Une question fut posée à un vieux rabbin qui, après des années d'exil, revenait dans sa ville natale : « Pourquoi avez-vous attendu si longtemps avant de revenir à Vienne? »

Il répondit ceci :

« Je me suis demandé ce que je pourrais encore faire pour l'humanité avant de la quitter. Et une réponse très claire m'est venue : "Ôte de cette terre toute trace de ta souffrance."

Je me souvins alors d'une trace de sang oubliée sur un pont de Vienne. Enfant, sur le chemin de l'école, de jeunes nazis m'avaient lancé des pierres et m'avaient laissé dans mon sang. Ce matin, avant que la ville ne s'éveille, je suis retourné sur le pont. J'y ai retrouvé l'enfant que j'étais. Il semblait vouloir encore se protéger la tête de ses mains et il pleurait. Je l'ai pris contre moi, je l'ai embrassé et je lui ai dit : "Je suis venu te chercher. Viens, allons, nous sommes libres toi et moi. Désormais, tout est accompli, toute souffrance est effacée." »

D'après *Où cours-tu?*
Ne sais-tu pas que le ciel est en toi?
de Christiane Singer

Objectifs

- Faire connaître et vivre les étapes du pardon : la guérison de soi, le pardon lui-même et la réconciliation.

- Apprendre à pardonner aux autres sachant que l'on est pardonné inconditionnellement.

Explication

Le pardon, ce n'est pas oublier l'offense, ni excuser l'offenseur, ni nier les effets de sa blessure, ni demeurer une victime face à l'offenseur, ni se déresponsabiliser de sa propre démarche en la confiant à Dieu, etc. Le pardon est à la fois une démarche humaine et un don de Dieu.

Cette démarche humaine consiste à se guérir psychologiquement et spirituellement en vue de se préparer à recevoir le don de Dieu. Le don de Dieu passe par le Soi animé par un Amour universel et divin. Il consiste à se savoir aimé et pardonné inconditionnellement. Il faut d'abord se laisser toucher par le pardon de Dieu envers soi-même et entrer dans ce même mouvement d'Amour avant de pardonner à l'autre.

Stratégie

Il est important de respecter certaines conditions avant d'entreprendre cette stratégie :

- Pour vivre une dynamique de pardon, il faut renoncer à toute forme de vengeance, sans quoi le pardon devient impossible.

- Il faut faire cesser l'offense, car si elle se poursuit le pardon devient une démission et un manque de respect envers soi-même.

Première partie
La démarche de guérison

1. Choisissez une situation où vous avez été offensé. Vous appliquerez à cette situation la stratégie de guérison psychologique et spirituelle.

2. Si possible, partagez avec quelqu'un l'histoire de votre blessure découlant de l'offense.

3. Reconnaissez toute l'étendue de votre blessure et les émotions qui l'accompagnent, spécialement la colère. Demandez-vous : « Quelles sont les conséquences émotionnelles de l'offense en moi? »

4. Évaluez d'une manière objective la perte causée par cette offense pour la dédramatiser et éviter de vous identifier à l'agresseur et de perpétuer l'offense en vous-même. Demandez-vous : « Quelle perte ai-je subie à cause de cette offense? »

5. Refaites l'harmonie en vous. Par le phénomène de l'identification à l'offenseur, celui-ci est entré en vous et vous a contaminé par son geste : vous vous redites ses paroles et vous refaites ses gestes à l'égard de vous-même et des autres. Quelle partie de vous est la « victime » et quelle partie de vous est l'« offenseur »?

Identifiez ces parties qui correspondent à la victime et à l'offenseur. Mettez leur image dans chacune de vos mains et, en réunissant vos mains, demandez au Soi de réconcilier ces deux parties de vous-même.

Faire l'harmonie entre la victime et l'offenseur en vous vous empêche de devenir soit masochiste en retournant votre colère contre vous-même, soit sadique en projetant votre colère sur l'offenseur ou sur d'autres personnes dans un désir de vengeance. La guérison sera complète lorsque vous serez parvenu à recréer l'harmonie en vous.

Deuxième partie
La guérison spirituelle

1. Efforcez-vous, à plusieurs reprises s'il le faut, de comprendre votre offenseur. Du moins, arrêtez de le diaboliser et reconnaissez-lui la capacité d'évoluer.

2. Trouvez un sens à votre blessure. Demandez-vous : « Quel sens peut prendre cette blessure dans ma vie? »

Troisième partie
Se savoir pardonné et aimé inconditionnellement par le Soi

1. Rappelez-vous que vous n'êtes pas propriétaire du pardon mais que c'est le Soi, animé par le Divin, qui pardonne à l'offensé et à l'offenseur par votre entremise.

2. Souvenez-vous de toutes les personnes qui vous ont aimé et pardonné dans votre vie.

Quatrième partie
Imagerie sur le pardon

Prévoir une musique douce pour accompagner l'imagerie.

Vous prenez une position confortable. Assis, les deux pieds bien au sol, vous détachez tout vêtement trop serré.

Pause

Vous regardez les objets qui vous entourent. Vous fermez les yeux. Entrez maintenant à l'intérieur de vous-même.

Pause

Vous écoutez les bruits attentivement. Ceci vous permet d'entrer davantage en vous-même.

Pause

Laissez-vous conduire par votre imagination. Tout en écoutant ses paroles, veillez à respecter votre propre rythme.

Donnez-vous un peu de temps pour entrer en vous-même et pour accéder à votre monde symbolique et sacré. Fermez les yeux.

Vous vous retrouvez dans un champ de fleurs baigné de soleil.

Prenez le temps de contempler le paysage et de goûter à la fraîcheur du lieu.

Vous voyez au loin une maison enveloppée d'une lumière toute particulière. Vous vous dirigez vers elle.

Vous découvrez un escalier en pierres qui descend au sous-sol.

Vous descendez une à une les sept marches.

Vous voici alors devant une épaisse porte de chêne finement sculptée de motifs décoratifs. La curiosité vous pousse à ouvrir la porte et à entrer. Vous vous trouvez dans une salle éclairée d'une étrange lumière. À votre grande surprise, vous voyez un double de vous-même attaché à un siège.

Prenez le temps de bien examiner vos liens.

Quelles parties de votre corps sont ligotées? Quelles sortes de liens les retiennent? De quel matériau sont faits ces liens?

Vous commencez à vous rendre compte à quel point l'offense subie vous retient prisonnier. Peu à peu, vous prenez conscience que c'est bien vous qui êtes là, ligoté au siège. Vous entrez alors en vous-même pour ne faire qu'un avec la personne ligotée.

Puis vous vous apercevez que vous n'êtes pas seul dans la salle : vous soupçonnez la présence d'un être puissant. Vous reconnaissez un personnage spirituel important pour vous.

Celui-ci vous demande : « Voulez-vous que je vous aide à vous libérer? »

Surpris de son offre, vous vous reposez la question : « Est-ce que je veux réellement être libéré? Que vais-je devenir sans mes liens? Pourrai-je tolérer ce nouvel état de liberté? »

Prenez le temps de réfléchir à ces questions.

Si vous voulez réellement être libéré, manifestez-en le désir à cette personne importante à vos yeux.

Parlez-lui des liens qui vous retiennent attaché et qui vous empêchent de pardonner à votre offenseur. Au fur et à mesure que vous identifierez chacun des obstacles au pardon, observez cette même personne en train de défaire peu à peu vos attaches.

Chaque fois qu'une partie de votre corps est libérée, arrêtez-vous pour goûter le soulagement que vous apporte votre nouvelle liberté. À mesure que vos liens se dénouent, laissez entrer en vous l'harmonie, la sérénité et la paix. Laissez-les envahir tout votre être.

Dans cet état de grâce, où vous vous sentez habité par l'amour divin, regardez s'approcher de vous la personne qui vous a offensé.

Commencez-vous à reconnaître qu'il y a en vous quelque chose de changé?

Regardez bien cette personne dans les yeux. Vous sentez-vous capable de lui dire en toute honnêteté : « Je te pardonne »? Si oui, faites-le. Sinon, revenez à vous-même et demandez-vous lesquels de vos liens vous retiennent encore. Vous pouvez reprendre le dialogue pour demander à cette personne importante qu'elle vous délivre de vos liens et qu'elle vous aide à surmonter les derniers obstacles au pardon.

Vous pouvez vous arrêter ici, quitte à refaire seul le même exercice d'imagerie mentale afin d'aller plus loin sur la voie du pardon.

Si vous accueillez cet amour divin à l'intérieur de vous, un jour viendra où, à votre grande surprise, le pardon coulera aisément de la source de votre cœur.

Si vous avez réussi à laisser se défaire tous vos liens, demandez-vous ce que vous en ferez dans l'avenir. Ils pourront vous servir de symboles, vous rappelant les leçons précieuses que vous aurez retirées de votre expérience.

Comment allez-vous maintenant célébrer votre nouvelle délivrance?

Quand vous vous sentirez prêt, vous vous levez et vous sortez de la salle.

Vous ouvrez la porte de chêne, vous remontez les sept marches pour émerger dans la lumière du jour.

Peu à peu, vous entendez les bruits de l'extérieur, vous regardez autour de vous, vous revenez dans la salle avec nous et vous vous frottez les mains, plein de satisfaction et de reconnaissance.

Réflexion personnelle

Partage sur l'expérience vécue

4. Adopter la transformation au cœur de soi

Histoire

Le désir profond de l'alcoolique

Un homme souffrait d'alcoolisme. Je l'ai questionné sur son intention positive : « Qu'est-ce que t'apporte le fait de boire? » Il m'a répondu : « Une grande détente dans ma vie! » J'ai poursuivi en l'interrogeant sur sa seconde intention positive : « Qu'est-ce que t'apporte cette grande détente? » Il m'expliqua : « Quand je ressens une grande détente, je deviens moi-même. D'ordinaire, je vis un grand stress car j'ai toujours voulu répondre aux aspirations de mon père que je n'ai pu réaliser. Pour me soulager, je bois. »

Jean Monbourquette

Matière à réflexion

« Nous sommes des êtres spirituels qui parfois font l'expérience de l'humanité. »

Teilhard de Chardin

Objectifs

- Réorienter un comportement déviant en poursuivant les intentions positives derrière celui-ci.

- Découvrir les motivations profondes dissimulées derrière le trait déviant.

- S'imprégner de l'intention positive, proche de l'expérience-sommet.

- Mettre ensemble cette expérience et le trait déviant pour acquérir plus de maturité.

Explication

Il existe un recadrage spirituel possible à effectuer par le biais de l'intention positive. L'application de la méthode intitulée « Transformation au cœur de soi » donne toujours des résultats surprenants. Elle consiste à faire appel aux motivations positives et profondes cachées dans n'importe quel défaut, perversité ou obsession. Pour les retrouver, on demande à la personne quelle intention elle poursuivait à travers son comportement destructeur. Grâce à une série de questions permettant de cerner de plus en plus clairement l'intention positive, se dévoile le motif spirituel premier. Celui-ci, à cause de circonstances malheureuses, est resté enfoui et a alimenté le comportement nocif.

La découverte du motif spirituel derrière le comportement destructeur permet de mettre au jour le désir d'infini et de sacré montant du fond de l'être, du Soi. Ce désir d'absolu, resté camouflé, peut se révéler sous diverses formes : un sentiment profond d'unité intérieure, le sentiment d'être soi-même, la découverte d'une paix inaltérable, le sentiment d'être accepté et aimé tel que l'on est et le sentiment d'aimer[3].

---

3. Voir C. ANDREAS et T. ANDREAS, *Transformation essentielle*, Paris, La Tempérance, coll. « Dépendances et liberté », 1998, p. 30.

Stratégie

Première partie
Atteindre l'état profond de son être ou son état essentiel
Cibler son travers, son défaut ou son obsession

1. Ciblez bien le travers, le défaut, l'obsession que vous désirez travailler.

Exemples :

- l'abus de contrôle;
- l'excès de domination;
- une obsession sexuelle;
- le manque de confiance en soi;
- une timidité excessive;
- l'esprit de vengeance;
- le goût exagéré de la compétition;
- un complexe de supériorité ou d'infériorité;
- l'ambition de gagner à tout prix, quitte à être malhonnête;
- un comportement de violence physique ou émotionnelle;
- la codépendance;
- etc.

2. Répondez aux questions suivantes, si possible par écrit :

- Quel comportement émotionnel, mental ou physique désirez-vous changer dans votre vie?

- Décrivez bien ce comportement déviant. Dans quel contexte se produit-il? Où? Quand? Dans quelles circonstances? Avec qui? etc.

Exemple :

> Je suis porté à me venger de mes supérieurs quand ils m'ignorent en public et semblent me mépriser ou mépriser mes qualités, surtout mes qualités de travailleur.

Revivre le comportement indésirable

3. Prenez un moment de détente pour porter votre attention à l'intérieur de vous-même. Pensez à des moments particuliers où s'est produit le comportement déviant. Mentalement, évoquez ce comportement déviant dans son contexte en revoyant les images qui l'accompagnaient, en réécoutant les paroles que vous vous disiez et en ressentant de nouveau les émotions suscitées par cette situation. Revoyez les images, entendez votre dialogue, ressentez vos émotions comme si une partie de vous, indépendante de votre volonté, les avait fabriqués.

Exemple :

> J'étais surpris de mon agressivité envers mon supérieur. Ce sentiment allait jusqu'au mépris. Je ne comprenais pas d'où venait cette attitude négative face à l'autorité.

4. Prenez conscience de cette partie de vous indépendante de votre volonté. Commencez à la sentir dans votre corps ou autour de vous. Où se situe-t-elle ?

Exemple :

> Je me suis rendu compte qu'un de mes supérieurs n'appréciait pas mon travail. Il me semblait qu'il ne tenait pas compte de moi et de mon dévouement. J'avais le goût de me venger et je le méprisais à mon tour.

Découvrir la première intention positive

5. Même si vous n'avez pas conscience de l'intention positive de cette partie, remerciez-la d'être là, car elle veut vous aider d'une manière ou d'une autre.

6. Demandez à cette partie : « Que veux-tu réaliser en moi? » Une fois la question posée, détendez-vous et identifiez la réponse de cette partie de vous-même. Mettez-la par écrit.

La réponse obtenue équivaut à la première intention positive poursuivie par cette partie de vous-même. Remerciez-la de vous avoir répondu.

7. Invitez cette partie de vous à vous faire entrer dans l'état souhaité par l'intention positive.

Exemple :

> Je me vengeais en parlant contre mon patron. Mon intention en agissant de la sorte était de sauvegarder ma dignité qui me semblait bafouée par lui. Je me laisse aller à ressentir cet état de dignité souhaité par mon intention positive.

Découvrir la deuxième intention positive

8. Une fois que vous êtes dans l'état souhaité par l'intention positive, demandez à la partie de vous qui poursuit cette intention : « Que veux-tu de plus pour toi, qu'est-ce qui est dissimulé encore plus profondément en toi et qui est encore plus important pour toi? » Mettez la réponse par écrit.

La réponse obtenue équivaut à la deuxième intention positive poursuivie par cette partie de vous-même. Remerciez-la de vous avoir répondu.

9. Invitez cette partie de vous à vous faire entrer dans l'état souhaité par la deuxième intention positive.

Découvrir la troisième intention positive

10. Une fois que vous êtes dans l'état souhaité par la deuxième intention positive, recommencez à vous poser la question : « Que veux-tu de plus pour toi, qu'est-ce qui est dissimulé encore plus profondément en toi et qui est encore plus important pour toi? »

La réponse obtenue équivaut à la troisième intention positive poursuivie par cette partie de vous-même. Remerciez-la de vous avoir répondu.

11. Invitez cette partie de vous à vous faire entrer dans l'état souhaité par la troisième intention positive.

Si le processus n'est pas terminé, continuez à questionner la partie en cause dans votre comportement déviant jusqu'à ce que vous parveniez à l'état profond de votre être (l'état essentiel) décrit plus loin.

Exemple :

> Je savourais ma vengeance car je me disais que ma dignité était ainsi sauvée. La deuxième intention positive que je poursuivais était de rétablir une certaine justice. Quand je vivais cette justice, je me sentais bien dans ma peau. Ma troisième intention positive était de me faire respecter sur le plan de ma personne et sur le plan de mes actions. Quand je ressentais pleinement ce respect de ma personne, j'avais l'impression d'être moi-même. J'étais arrivé à l'état profond de mon être (l'état essentiel) : être profondément moi-même.

Vivre l'état profond de son être (état essentiel)

Vous atteignez l'état profond de votre être lorsque vous n'obtenez plus de réponses à la question : « Que veux-tu de plus pour toi, qu'est-ce qui est dissimulé encore plus profondément en toi et qui est encore plus important pour toi? » Cette expérience de l'état profond de son être correspond à l'« essence de soi-même », à une « profonde unité », à une « grande paix intérieure », à une « plénitude », à une « connexion spirituelle ».

L'état profond de l'être n'est pas une émotion. Il ne faut pas le confondre avec l'enthousiasme ou la confiance. Cet état ne dépend pas des autres ni de leur amour. Il ne s'agit pas non plus d'un état réflexif comme le fait de s'aimer soi-même.

On dit à la personne qui explore l'état profond de son être : « Entre à fond dans l'expérience que tu vis présentement et ressens-la bien! » Il est en effet important de valoriser l'expérience de l'état profond de l'être. Cet état se devine chez une personne à sa sérénité, au changement de couleur de sa peau, à son calme, à la modification de sa respiration, etc. Il faut alors demander à la personne d'ancrer cet état par un geste, fermer le poing droit, par exemple.

Deuxième partie
Harmoniser ses différents états

1. Faites tenir l'ancrage de l'état profond de votre être dans votre main droite.

2. Revoyez les différents états obtenus par vos intentions positives, en commençant par le dernier.

3. Remettez-vous dans l'état obtenu par l'intention positive et placez-le dans la main gauche. Mettez le poing droit (l'ancrage de l'état profond de l'être) dans la main gauche. Attendez le changement intérieur.

4. Remontez la chaîne des différents états que vous avez vécus en répétant la dernière étape.

5. Terminez le processus en vous posant la question : « En quoi l'ancrage de l'état profond de mon être modifie-t-il mon comportement déviant? »

Exemple :

J'ai ancré l'état profond de mon être et j'ai remonté la chaîne de mes intentions positives : être moi-même en me respectant, avec le sentiment que justice est faite et que je défends ma dignité bafouée. Plus je comparais le sentiment qui accompagnait l'état profond de mon être avec les premières intentions positives explorées, plus j'avais l'impression que le sentiment de vengeance perdait de sa force. Je suis arrivé à la certitude que mon patron ne peut me mépriser à moins que je ne lui permette un tel comportement.

Réflexion personnelle

Partage sur l'expérience vécue

5. Guérir par la résolution de ses conflits

Histoire

La cithare du bonheur

Un jour, un homme droit et sincère alla trouver un vénérable maître soufi en espérant que celui-ci lui enseigne le chemin du bonheur et de la vérité. Le maître l'accueillit aimablement et, après lui avoir servi du thé à la menthe, lui donna ce conseil : « Dans un lointain village, tu trouveras trois échoppes. Là, te sera révélé le secret du bonheur et de la vérité. »

La route fut longue. Le chercheur d'absolu passa maints cols et rivières jusqu'à ce qu'il arrivât en vue du village. Il se dit alors : « C'est là! » Il trouva les trois boutiques. Dans l'une, il aperçut des rouleaux de fil de fer, dans l'autre, des morceaux de bois, et dans la dernière, des pièces éparses de métal.

Désappointé et découragé, il quitta le village et alla se reposer dans une vallée. Une mélodie sublime le réveilla. Tout intrigué, il avança en direction du lieu d'où venait la musique et découvrit avec surprise un musicien jouant de la cithare. Il reconnut les morceaux de bois, les pièces de métal et les fils d'acier trouvés dans les trois échoppes.

Il eut une intuition de sagesse : « Alors que l'homme trouve les éléments dispersés, le Soi a le rôle de les unifier dans une synthèse harmonieuse. C'est là que réside le bonheur. »

Conte soufi
d'après *Paraboles de bonheur*
de Jean Vernette et Claire Moncelon

Objectifs

- Découvrir les éléments qui s'opposent, sources de conflits intérieurs.
- Apprendre, en collaboration avec le Soi, à harmoniser les éléments qui semblent s'opposer mais qui sont en réalité complémentaires.

Explication

L'ego conscient est souvent aux prises avec une multitude d'émotions contradictoires (l'amour et la haine), de désirs incompatibles (le goût de l'aventure et l'amour du confort), d'attitudes opposées (compassion et méfiance envers les étrangers), de comportements et d'objectifs contradictoires (manger davantage et vouloir maigrir ou fumer et vouloir arrêter de fumer), etc. Ces tiraillements provoquent des tensions, des malaises et même des maladies.

L'ego ne peut régler ces oppositions intérieures. Il lui faut demander l'aide d'une instance supérieure, le Soi, qui conciliera les diverses parties antagonistes. La sage vision du Soi et sa puissance unificatrice transforment les fragments de l'ego et de l'inconscient en autant d'éléments complémentaires. Cette réconciliation des complexes en guerre s'effectue par le biais d'un symbole conciliateur. La conciliation des opposés est la fonction maîtresse du Soi. Elle est essentielle dans le processus de l'individuation qui, selon Carl Jung, « consiste à devenir pleinement Soi-même ».

Stratégie

Première étape
Reconnaître la polarité de deux parties en soi

Vous avez plusieurs polarités en vous. Il vous suffira d'en identifier une pour faire l'exercice. Il existe deux sortes de polarités :

- Les polarités simultanées

Exemples :

- – Dire oui et faire signe que non avec sa tête.

- – Dire oui avec un ton agressif.

- Les polarités séquentielles

Exemples :

- – Affirmer une chose et la nier ensuite en disant : « Oui, mais... »

- – Demander une chose et du même coup saboter sa demande : « Je te demande de me conduire, mais je sais que tu es très occupé. »

Découvrir en soi un conflit

1. Trouvez une situation de tension, de malaise ou d'angoisse que vous vivez présentement.

2. Cette situation signale une polarité. Appliquez-vous à l'identifier et à la nommer le plus adéquatement possible à l'aide des catégories suivantes :

- Émotions contradictoires telles qu'aimer et haïr en même temps.

- Désirs incompatibles tels qu'avoir le goût de l'aventure et aimer son confort.

- Attitudes opposées telles que désirer être compatissant pour les étrangers mais se méfier d'eux.

- Objectifs et comportements contradictoires tels que vouloir maigrir et manger davantage.
- Éléments antagonistes de la *persona* et de l'ombre tels qu'une *persona* généreuse et une ombre égocentrique.

3. Avez-vous identifié votre polarité? Si oui, nommez les deux pôles le plus précisément possible.

Deuxième partie
Harmoniser les parties opposées et conflictuelles

Prévoir une musique douce pour accompagner la visualisation.

Visualisation

Mettez vos deux mains sur vos genoux. Désignez la main qui portera le pôle 1 et celle qui portera le pôle 2.

Description des deux pôles ou parties

Description du pôle 1

Levez la main qui porte le pôle que vous reconnaissez chez vous le plus facilement (persona).

Mettez cette main sur le côté, au-dessus de vos yeux.

Commencez à décrire ce pôle ou cette partie.

Cette partie a-t-elle un visage? une voix?

Énumérez ses qualités.

Quand vous avez fini sa description, déposez la main sur l'épaule située du même côté que votre main et relaxez votre épaule.

Description du pôle 2

Levez la main qui porte le pôle que vous reconnaissez chez vous le moins facilement (ombre).

Mettez cette main sur le côté, au-dessus de vos yeux.

Commencez à décrire ce pôle ou cette partie.

Cette partie a-t-elle un visage? une voix?

Énumérez ses qualités.

Quand vous avez fini sa description, déposez la main sur l'épaule située du même côté que votre main et relaxez votre épaule.

Appréciation des deux pôles ou parties

Appréciation du pôle 1

Regardez à nouveau le pôle 1.

Est-ce que vous l'appréciez?

Quelle est son intention positive? Qu'est-ce qui motive cette partie à agir ainsi?

Que veut-elle faire pour vous?

Si vous en étiez privé, qu'est-ce qui vous arriverait?

Prenez conscience que cette partie veut votre bien et remerciez-la...

Pause

Posez la main sur votre épaule et relaxez votre épaule.

Appréciation du pôle 2

Regardez à nouveau le pôle 2.

Est-ce que vous l'appréciez?

Quelle intention positive pousse cette partie à agir ainsi avec vous?

Que veut-elle faire pour vous?

Si vous en étiez privé, qu'est-ce qui vous arriverait?

Prenez conscience que cette partie veut votre bien et remerciez-la...

Pause

Posez la main sur votre épaule et relaxez votre épaule.

Si vous éprouvez de la résistance à l'accepter, appréciez tout de même cette partie en vous disant : « Même si elle me fait souffrir, qu'est-ce que je ferais sans cette partie? »

Si vous ne l'avez pas trouvée, poursuivez cet exercice jusqu'à ce que vous découvriez l'intention positive qui motive cette partie.

L'échange de pardons entre les deux pôles ou parties

Regardez à nouveau le pôle 1.

Commencez à lui pardonner d'avoir pris trop de place dans votre vie… ou de vous avoir fait souffrir par son côté excessif… ou encore d'avoir trop pris de votre énergie…

Un début de pardon s'amorce-t-il?

Posez la main sur votre épaule et relaxez votre épaule.

Regardez à nouveau le pôle 2.

Demandez-lui pardon de l'avoir refoulé du fait qu'il vous faisait peur.

Voulez-vous lui demander pardon de l'avoir si longtemps écrasé?

Pensez-vous qu'il vous pardonnera?

Posez-lui la question : « Veux-tu me pardonner de ne pas t'avoir reconnu? »

Posez la main sur votre épaule et relaxez votre épaule.

Intégration des polarités

Placez les deux mains devant vous, au-dessus des yeux, pour contempler ce que chacune de ces deux parties vous offre comme richesses et comme ressources.

Regardez l'une, puis l'autre, en observant toute leur originalité respective.

Invoquez votre Soi intégrateur, animé par le divin. Il a la puissance d'harmoniser ces deux parties.

Demandez-lui de rendre ces parties complémentaires.

Lorsque vous serez prêt, à votre propre rythme, laissez les mains se rapprocher l'une de l'autre dans un respect mutuel pour qu'elles puissent apprendre davantage à se connaître, à se reconnaître, à s'intégrer, à collaborer, à s'épauler et à travailler ensemble pour le bien de toute votre personne.

Quand elles se toucheront, laissez vos doigts se croiser et les mains se déposer sur votre ventre ou sur votre poitrine.

Il n'est pas nécessaire de savoir comment les deux parties vont se rencontrer, ni de comprendre ce qui se passe ou d'expliquer comment elles vont s'intégrer en vous.

Permettez à vos deux parties de se rencontrer avec respect, de valser, de collaborer comme deux couleurs qui se marient, deux sons qui s'harmonisent, deux contrastes qui s'associent.

Laissez votre inconscient faire le travail d'intégration des parties.

Comptez de dix à zéro.

Laissez-vous descendre de plus en plus profondément en vous. À mesure que vous compterez, vous descendrez d'un degré.

Vous descendez encore plus profondément au centre de votre être.

N'êtes-vous pas plus calme... plus tranquille... plus serein...?

Abandonnez-vous à la Sagesse inconsciente du Soi, animé par le divin en vous, et si vous le voulez, invoquez une source spirituelle afin qu'elle vous aide dans ce processus...

Demandez-lui d'intégrer ces deux parties de vous afin qu'elles puissent vivre dans la paix, le calme, la sécurité...

Savourez ce calme et cette paix, cette nouvelle unité intérieure...

N'est-ce pas qu'il existe davantage de sérénité et de paix en vous?

Laissez monter cette puissance intérieure en vous-même...

Choisissez, dans votre chambre ou votre appartement, un objet qui symbolise cet état de paix, de calme, de sérénité et d'harmonie que vous vivez actuellement et, en entrant dans ce lieu, vous n'aurez qu'à regarder cet objet ou à le toucher pour raviver en vous cet état de paix, de calme, de sérénité et d'harmonie.

Lorsque vous aurez trouvé votre objet, vous lèverez la main.

Cette nouvelle intégration des parties va se poursuivre dans les jours et les nuits qui viennent, durant les semaines et les mois qui viennent, et *vous serez surpris des changements perceptibles et imperceptibles qui se passent et se passeront en vous.*

Vous revenez à l'extérieur pendant que se poursuit la démarche d'intégration.

Comptez de 1 à 10 et vous montez d'un degré à chaque chiffre que vous nommez.

Ouvrez les yeux et revenez dans la pièce où vous êtes.

Prenez conscience des sons, des couleurs, des formes et des odeurs de cette salle et frottez-vous les mains.

Réflexion personnelle

Partage sur l'expérience vécue

Rayonnement du Soi

6. Découvrir sa mission

Histoire

Le diamant aux trente-deux facettes

Dans un royaume lointain, un roi vivait heureux avec sa femme et ses deux enfants.

Un jour, le père appela sa fille et son fils et leur dit : « Il est temps pour vous de partir à la recherche du diamant aux trente-deux facettes qui vous enseignera la sagesse. Vous le ramènerez ici pour y accomplir ce qu'il vous aura demandé. Notre royaume deviendra alors plus complet et notre bonheur, encore plus grand. »

Le frère et la sœur se mirent en route à la recherche du diamant. Ils arrivèrent dans une contrée étrangère où les habitants menaient une sombre existence. L'effet de ce lieu sur le frère et la sœur était tel qu'ils erraient sans but, désaxés. Ils perdirent même contact l'un avec l'autre. Parfois, il leur arrivait d'entrevoir en rêve le diamant resplendissant et d'aspirer à la sagesse.

Informé de l'état de ses enfants, le roi leur fit parvenir ce message par l'intermédiaire d'un sage serviteur : « Rappelez-vous votre idéal! »

Auteur inconnu

Objectifs

- Définir la notion de mission personnelle.
- Décrire la démarche à suivre pour la découvrir.
- Écrire son énoncé de mission et son compte rendu virtuel.

Explication

La mission personnelle ne correspond pas à un travail, à un emploi, à une carrière ou à une profession. Elle revêt tour à tour diverses modalités : un idéal à poursuivre, une passion, un but important à atteindre, un désir profond et persistant, une inclination durable de l'âme, un enthousiasme débordant pour un genre d'activités. Phénomène étrange, certaines personnes découvrent leur mission personnelle grâce au fait qu'elles ne l'ont pas encore découverte ou qu'elles la refusent. En l'occurrence, elle se sentent envahies par l'ennui, les regrets, la nostalgie, l'impression de vide, les rêves récurrents ou les rappels accusateurs. Même rejetée, la mission agira comme un phare qui brille dans les ténèbres.

La mission appartient à l'être profond, à la direction du Soi et non à l'ego. Elle permet à la personne de trouver sa place dans l'Univers et lui donne en même temps une immense satisfaction. Médecin, jardinier, ouvrier manuel, artisan ou artiste, cette personne sent son action utile pour la société. Heureuses les personnes qui ont trouvé leur mission!

Stratégie

Première partie
Comment découvrir sa mission

L'ouvrage *À chacun sa mission* propose plusieurs approches pour découvrir sa mission. L'une d'entre elles, la démarche classique, ressemble à une initiation. Dans ce processus, la personne remet sa vie en question à la suite d'une grande perte ou d'un échec majeur. Elle passe par une longue période de recherche sur sa véritable identité et aboutit à la toute fin à la réalisation du rêve de son âme. Il existe plusieurs autres méthodes pour découvrir sa mission, par exemple, rechercher son archétype dans la vie, etc.

Nous vous proposons ici de découvrir votre mission en faisant appel aux expériences les plus heureuses et épanouissantes de votre vie. Ces dernières sont un indice sûr pour identifier votre mission à condition, bien sûr, d'avoir déjà eu des expériences profondes et passionnantes.

Discerner sa mission grâce à sa passion

La stratégie suivante permet de découvrir sa mission en examinant ce qui nous passionne le plus dans la vie. D'habitude, cet exercice se fait en groupe de trois pour permettre aux participants de comparer leurs perceptions avec celles de deux autres personnes qui suivent elles aussi les étapes de la stratégie.

Première étape

1. L'animateur invite les participants à former des groupes de trois.

2. Il demande aux participants de faire l'inventaire des activités qui les ont le plus comblés dans la vie. Les participants relèvent trois activités où ils se sont sentis pleinement épanouis, enthousiastes, ravis ou heureux. Ces activités seront nécessairement orientées vers les autres.

3. Les participants décrivent ces trois activités dans leur cahier, comme s'ils étaient en train de les vivre. Ils utilisent des verbes au présent.

4. Ils relisent ces expériences et encerclent les mots jugés importants, en particulier les verbes. Ils peuvent ajouter des précisions ou des détails éclairants.

5. Chaque participant fait la lecture de ses activités passionnantes à ses partenaires. Les deux partenaires écoutent attentivement la

description de ces activités et observent l'enthousiasme de la personne qui s'exprime.

6. Les participants doivent porter attention aux éléments communs aux trois expériences de la personne : mots, sentiments, actions, contexte, etc. Ils peuvent ainsi dégager les principales tendances et les motifs récurrents.

7. Chaque participant commence à faire la synthèse de ses découvertes. À l'aide des mots-clés et des expressions importantes de la description de ses trois activités passionnantes, il écrit une phrase qui deviendra l'ébauche de son énoncé de mission.

8. En groupe, à tour de rôle, chacun compare son énoncé de mission avec celui de ses partenaires.

9. Les participants relisent leur énoncé de mission et se demandent s'il décrit bien l'orientation profonde de leur âme. Ils apportent les précisions nécessaires pour rendre leur énoncé encore plus clair et plus précis.

- L'énoncé de mission est-il succinct?
- Comporte-t-il une ligne ou deux?
- Contient-il des verbes d'action?
- Est-il écrit en termes positifs?

Deuxième étape

10. Les participants identifient quatre ou cinq de leurs qualités qui justifient ou confirment leur énoncé de mission. Dans la colonne de gauche d'un tableau, ils inscrivent quatre à six de leurs qualités. Dans celle de droite, ils décrivent les événements réels qui les conduisent à penser qu'ils possèdent ces qualités.

Exemple :

Ma mission est de former des animateurs de sessions portant sur des thèmes psychospirituels.

Qualités	Évidences
J'ai les idées claires.	J'enseigne ma matière de façon systématique.
Je suis une bonne organisatrice.	Je fais de la publicité et du recrutement pour mes groupes.
Je suis accueillante.	Je crée un bon rapport avec les personnes et je porte une attention particulière à l'atmosphère de la pièce.
Je suis avide d'approfondir mon sujet.	Je continue de me former auprès de professionnels, je lis et me renseigne sur ce sujet.

11. Les participants vérifient la justesse de l'énoncé de mission au moyen de contre-exemples. Dans un nouveau tableau, à trois colonnes cette fois, ils inscrivent chacune de leurs qualités dans la colonne de gauche. Pour chaque qualité, ils identifient un événement où ils auraient dû exercer cette qualité, mais où ils ne l'ont pas fait. Ils décrivent cet événement dans la colonne du centre.

Exemple :

Qualités	Événements	
J'ai les idées claires.	Alors que j'animais une session de formation, j'ai oublié un point important de ma présentation.	

12. L'animateur invite les participants à se poser les questions suivantes par rapport à leurs manquements :

- Quels sentiments avez-vous éprouvés?
- Que ressentez-vous quand vous n'agissez pas conformément à cette qualité importante qui est partie intégrante de votre mission?

Pour chacune des qualités, ils écrivent leur réaction face à leur manquement dans la troisième colonne du tableau.

Exemple :

Qualités	Événements	Réactions
J'ai les idées claires.	Alors que j'animais une session de formation, j'ai oublié un point important de ma présentation.	Je me suis sentie incompétente parce que les gens n'avaient pas bien compris ma démonstration.

Le fait de n'avoir pas mis cette qualité en pratique à un moment important vient renforcer l'idée qu'il s'agit d'une qualité essentielle à la mission. Le sentiment de malaise ou de frustration éprouvé à la suite de ce manque confirme l'importance de cette qualité.

13. L'animateur invite les participants à composer leur deuxième énoncé de mission provisoire et à énumérer les qualités nécessaires à sa réalisation.

14. Ils procèdent ensuite à une vérification plus globale de l'authenticité de leur énoncé. Ils se posent les questions suivantes :

- Pendant quelques instants, imaginez une situation où vous ne réaliseriez pas la mission telle qu'elle est décrite dans votre énoncé. Quels réactions et sentiments montent en vous?

- Qu'est-ce qui se passe réellement en vous? Cette vérification vous fait-elle peur?

15. L'animateur invite les participants à situer leur énoncé de mission dans son contexte. Dans quel(s) contexte(s) précis comptent-ils pouvoir exercer leur mission?

Exemples :

Éducation, famille, médias, santé, vieillesse, pauvreté, immigration, alcooliques et toxicomanes, adolescents, Église, spiritualité, soins palliatifs, analphabètes, sexualité, beaux-arts, sports, etc.

16. Les participants composent leur troisième énoncé de mission en y intégrant le contexte choisi pour sa réalisation.

17. Pour améliorer leur énoncé de mission final, les participants se réfèrent aux conditions d'un énoncé vrai, concret et efficace. Voici la description de ces conditions.

- *L'énoncé de mission est emballant.*

  Quand vous lisez à haute voix l'énoncé de votre mission, il serait normal qu'il vous emballe, vous inspire et vous attire. S'il n'éveille pas d'enthousiasme chez vous ou ne fait pas appel à vos talents, vos qualités, cherchez comment le modifier pour le rendre plus passionnant.

- *Il embrasse tous les secteurs de votre vie.*

L'énoncé de votre mission doit pouvoir embrasser, d'une façon succincte, l'ensemble des activités de votre vie. Examinons, par exemple, l'énoncé de la mission de Jésus Christ : « Je suis venu pour que vous ayez la vie et que vous l'ayez en abondance » (*Jean* 10, 10). Cet énoncé lui servira de motivation constante dans toutes les activités de sa vie. Il serait difficile de relever un seul moment où il ne s'y est pas référé.

- *Il affirme votre responsabilité.*

L'énoncé de votre mission doit laisser entendre que vous en assumez la responsabilité et que vous en avez le contrôle. Que pensez-vous de cet énoncé de mission : « Je veux que les gens reconnaissent ma mission d'écrivain »? Formulé ainsi, cet énoncé est impossible à réaliser parce qu'on n'a pas de pouvoir sur la réaction des autres. Il serait préférable de formuler cet énoncé de mission en me demandant ce que moi, je pourrais faire pour me reconnaître comme écrivain et manifester cette mission autour de moi.

- *Il s'harmonise avec votre milieu.*

Un énoncé de mission, pour être recevable, devrait pouvoir s'harmoniser avec celui de votre employeur ou de l'institution à laquelle vous appartenez. La mission d'un prêtre, par exemple, se lirait ainsi : « Je dévoue mon temps à redonner une dignité aux pauvres de la société. » Une telle mission s'insère facilement dans la grande mission de l'Église, celle de travailler à la gloire de Dieu et au salut de l'humanité. Toutefois, dans certains cas, il se peut qu'il soit impossible de concilier sa mission avec celle de son employeur. Nous pensons au cas de ce soignant qui refusait de suivre les indications des médecins, ses supérieurs, dans le traitement des abuseurs sexuels. Il leur reprochait d'avoir une approche inefficace, humiliante et irrespectueuse des patients. Au lieu de trahir sa mission de soignant telle qu'il la concevait, il préféra démissionner et lancer sa propre entreprise de consultation, quitte à subir une importante baisse de salaire et d'avantages sociaux.

- *Il évolue avec le temps.*

  Il ne faut pas oublier que l'énoncé de votre mission n'est pas gravé dans la pierre. À mesure que vous réaliserez votre mission, vous devrez en modifier le libellé. Il se précisera davantage et devra tenir compte de l'évolution du projet. Vous veillerez à le réajuster en conséquence. On accomplit sa mission comme on défriche un sentier sur une terre sauvage : un pas à la fois.

Voici quelques exemples d'énoncés de mission :

- Ma mission consiste à aider les gens à se trouver une raison de vivre, à les encourager à poursuivre leur recherche et à les soutenir dans leurs efforts par le moyen d'ateliers.

- Je voudrais travailler à ma propre croissance physique, émotive et spirituelle afin de mieux aider les autres à jouir d'une vie plus riche et épanouissante.

- Ma mission consiste à explorer et à mettre au point de nouvelles méthodes en éducation qui promeuvent un enseignement plus efficace et enrichissant.

- Pour moi, ma passion est de créer des lieux où l'on apprend à exprimer ses talents artistiques.

- Convaincu que la paix est toujours possible, ma mission est d'aider les personnes à régler leurs conflits, à se pardonner et à apprendre à vivre en harmonie.

- Ma passion est de découvrir et de mettre au point de nouvelles stratégies psychologiques et spirituelles contribuant à l'épanouissement personnel des individus d'un milieu universitaire.

- Je désirerais être un agent de renouveau dans l'Église et dans la société par le moyen de l'écriture et de la parole publique.

- J'entrevois comme vocation de devenir un communicateur et de servir d'intermédiaire entre diverses cultures de manière à favoriser la connaissance et le respect des gens.

- Je découvre ma mission dans l'accompagnement spirituel des gens, mais de manière à leur faire découvrir leur propre spiritualité et à leur permettre de la vivre.

Deuxième partie
Le compte rendu virtuel

Il ne faudrait pas que votre énoncé de mission demeure lettre morte. Le compte rendu virtuel est une façon de concrétiser votre mission personnelle en décrivant les actions que vous entreprendrez pour sa réalisation dès les jours suivants.

Pour en savoir plus sur le compte rendu virtuel, référez-vous à la stratégie « S'initier à l'intention créatrice », première et deuxième parties, aux pages 342-346.

Réflexion personnelle

Partage sur l'expérience vécue

Proposition musicale

Du CD *Les messages de l'amour* : chant sur « La mission »

Rayonnement du Soi

7. Célébrer l'instance du Soi

Histoire

La sagesse d'un rabbin

Des villageois invitèrent un rabbin reconnu pour sa sagesse. Ils furent très heureux d'apprendre qu'il avait accepté de leur parler. Le soir de la conférence, les villageois se rassemblèrent en grand nombre pour écouter le message du rabbin. Ils étaient sérieux et silencieux. À peine arrivé, le rabbin se leva et se mit à chanter. Exultant, il commença même à danser en invitant la foule à le suivre. En un rien de temps, les gens se mirent à faire des pas de danse et à éclater de rire. Le rabbin, à bout de souffle, les regarda avec un grand sourire, le visage illuminé et les yeux pétillants. Il leur dit : « Je crois que j'ai répondu à toutes vos questions. »

Conte juif

Objectifs

- Célébrer les découvertes de l'estime de soi et de l'estime du Soi.

- Faire des souhaits de croissance pour l'avenir.

Explication

Il est important de terminer les sessions sur l'estime de soi et du Soi par un rituel qui récapitule tous les acquis pour les relier au Soi. Célébrer ses acquis permet de les ancrer à nouveau dans sa personnalité et de les rendre plus présents et vivants en soi, car ce qui n'est pas célébré tend à disparaître.

Stratégie

Première partie
Marche à reculons autour du Soi

Le rituel consiste à faire une marche à reculons autour du Soi en écoutant une musique douce.

Matériel requis :

- table au centre de la pièce sur laquelle est déposée une chandelle symbolisant le Soi;
- fleurs comme symbole d'amitié;
- allumettes;
- système de son;
- musique douce;
- vin;
- matériel pour fabriquer un symbole : crayons de couleurs, papier, cure-pipes, pâte à modeler, etc.

1. L'animateur invite les participants à former un cercle autour de la table où est déposée la chandelle allumée dont la flamme représente le Soi. Si les participants sont trop nombreux pour que tous prennent place autour de la table, ils forment un ou plusieurs autres cercles autour du premier. Il faudra veiller à garder un espace suffisant entre les différents cercles pour que les participants puissent reculer aisément.

2. L'animateur nomme la dernière stratégie vécue par le groupe. Un participant (désigné à l'avance par l'animateur) se détache du cercle en reculant de deux pas. Les autres participants le suivent de façon à former une spirale autour de la chandelle.

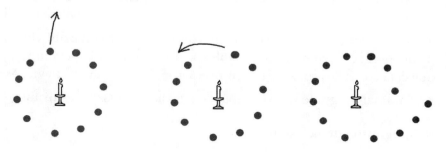

L'animateur invite les participants à réfléchir à la croissance provoquée par cette stratégie en leur demandant :

- Qu'est-ce qui vous a marqué?
- En quoi avez-vous grandi?
- Qu'avez-vous appris?

3. L'animateur procède ainsi pour chacune des stratégies vécues, en commençant par les plus récentes. À chaque stratégie nommée, les participants reculent de deux pas, puis prennent un temps de réflexion sur leur croissance.

4. Parvenu à la dernière stratégie, l'animateur invite les participants à revenir sur leurs pas, à reformer le cercle initial, à leur rythme, en prenant conscience de tous les acquis de croissance faits durant les sessions.

5. L'animateur demande aux participants : « Qu'est-ce qui symboliserait le mieux votre croissance? » Il leur propose de créer un symbole pour représenter leur croissance.

6. Les participants se dirigent en silence vers le matériel mis à leur disposition. Chacun prend le temps de fabriquer son symbole. Une fois les symboles terminés, les participants vont s'asseoir en formant un cercle autour du centre représentant le Soi.

Deuxième partie
Rituel d'envoi

1. L'animateur invite chaque participant qui le désire à présenter son symbole au groupe, à l'expliquer et à le déposer sur la table près de la chandelle.

2. À l'unisson, les autres participants disent à la personne qui vient de déposer son symbole sur la table : « (Ils nomment la personne), que cet acquis de croissance continue à grandir au cours de ta vie. »

3. L'animateur guide les participants dans la visualisation suivante.

Réintégration de la flamme

Fixez votre regard sur la flamme qui représente le Soi.

Fermez un peu les yeux de façon à pouvoir encore la voir à l'intérieur de vous.

Permettez à cette flamme, porteuse d'estime de soi et d'estime du Soi, d'entrer en vous pendant que vous fermez doucement les yeux.

Ses multiples rayons viennent illuminer chacune des cellules de votre corps. Accueillez-les afin que leur trop-plein d'énergie se déverse sur les gens autour de vous.

Pont vers le futur : ancrage

Pensez à votre symbole d'estime de soi et du Soi.

Trouvez un endroit bien spécial chez vous où vous pourrez le déposer.

Lorsque vous le regarderez, il vous rappellera toute votre expérience de croissance.

Dans quelques instants, vous allez revenir dans la salle. Ouvrez progressivement les yeux et étirez vos muscles inactifs. Peu à peu, vous sentez vos pieds qui touchent le sol, votre dos qui est en contact avec la chaise.

Chant final : « L'hymne à la vie » du CD *Les messages de l'amour.*

Annexe

Les archétypes

Explication

Qu'est-ce qu'un archétype? Un archétype représente un type universel de personne avec une mission ou une vocation particulière. Il symbolise aussi une façon pour la psyché de se réaliser dans les relations avec les autres.

Les archétypes peuvent s'actualiser sous une forme constructive ou destructive. Par exemple, si une personne a vécu des expériences heureuses avec des figures paternelles, elle aura l'idée archétypale d'un « bon père »; si, au contraire, ces expériences ont été malheureuses, elle aura l'idée archétypale d'un « mauvais père » ou d'un « ogre » qui dévore sa progéniture.

Voici une liste non exhaustive d'archétypes. Parmi les 21 archétypes décrits ici, il est fort possible de se sentir davantage rejoint par un ou quelques archétypes seulement.

Le communicateur

L'agent de relations publiques, l'entremetteur, l'intermédiaire, le vulgarisateur.

La forme immature ou dégradée : l'affairiste, celui qui flaire la bonne affaire, le beau parleur, le hâbleur.

Le sage

L'homme ou la femme de bon conseil, le maître, le vieux ou la vieille sage, etc. Il possède une connaissance profonde des êtres. Il communique avec respect son expérience et fait preuve de considération pour les autres.

La forme immature ou dégradée : le gourou, celui qui recherche l'admiration, le type superficiel, l'obsédé des conseils.

Le chef

Le roi, l'homme politique, le gouvernant, le chef d'entreprise, le chef d'orchestre, etc. Il aime mener et dominer, possède l'art de conduire les personnes, administre bien les affaires et réalise ses projets. Sa qualité principale est l'efficacité.

La forme immature ou dégradée : le jaloux de son autorité, l'autocrate, le maniaque du pouvoir, celui qui ne consulte pas.

Le mentor

L'accompagnateur, le père (ou la mère) spirituel, l'éducateur attentif. Il sait encourager quelqu'un, lui montrer le chemin à suivre pour grandir. Il se réjouit des succès de son disciple qu'il guide avec respect et discrétion.

La forme immature ou dégradée : le tartufe, celui qui veut soumettre les autres à son autorité, celui qui recherche son propre intérêt (notoriété, faveurs sexuelles, domination des consciences, etc.).

Le parent nourrissant

Celui qui prend soin des autres (*caregiver*). Il peut être un parent aimant, un aidant attentif, un gardien, etc. Il est constamment attentif aux besoins des autres. Il veille à leur bien-être physique, psychologique et spirituel.

La forme immature ou dégradée : le parent trop protecteur, l'ogre ou la mégère, la mauvaise belle-mère. Il garde en tutelle, il fait payer sa générosité, il étouffe les initiatives, il cultive la dépendance.

Le directeur

L'organisateur; il aime les responsabilités où l'on fait appel à ses qualités d'organisateur. Il dicte les règles de bon fonctionnement, enseigne les vraies manières de faire, aime prendre en charge et mettre de l'ordre dans une situation chaotique.

La forme immature ou dégradée : le dirigeant nerveux. Il fait des règlements tatillons, dirige par le mépris ses subordonnés, est jaloux de son autorité.

Le guérisseur

Le médecin, le chaman, le sorcier; il s'intéresse à toutes les maladies et aux diverses guérisons, qu'elles soient d'ordre physique, psychologique ou spirituel. Il a une approche holistique. Souvent, il est lui-même un **guérisseur blessé** : s'étant guéri lui-même, il connaît les conditions nécessaires à la guérison.

La forme immature ou dégradée : le charlatan, le vendeur d'huile de serpent, l'imposteur.

L'artiste

L'artisan, l'amateur, l'esthète; il est fasciné par tout ce qui est beau. Il est aussi critique d'art. Il est souvent un **créateur** dans tous les domaines de sa vie. Il peut faire appel à diverses disciplines artistiques.

La forme immature ou dégradée : le prétentieux, le snob, le fumiste en arts.

Le chercheur

Le scientifique, le savant, l'érudit, l'investigateur. Il est curieux et il cherche à tout savoir. Il s'applique à découvrir l'endroit et l'envers des choses.

La forme immature ou dégradée : l'éternel questionneur, le fouineur, le fureteur.

Le disciple

Le partisan, l'adepte, le *fan*. Il est sans cesse à la recherche d'un maître ou d'un gourou. Il est dévoré par une soif insatiable de progresser sous la direction d'un maître.

La forme immature ou dégradée : l'éternel étudiant, le séducteur, le naïf, le crédule. Il n'a pas de sens critique.

Le magicien

Il aime le merveilleux, le surnaturel et l'extraordinaire. Il désire acquérir la connaissance des lois naturelles et surnaturelles et il sait manier ces dernières.

La forme immature ou dégradée : l'amuseur public, le trompeur de badauds, le tricheur.

Le psychologue

Il s'intéresse aux comportements des humains et des animaux. Il cherche à découvrir les motivations conscientes et inconscientes. Il aime à interpréter les dynamiques internes des personnes et spécialement le monde des rêves.

La forme immature ou dégradée : il se fie aux théories au lieu d'écouter son client. Il recherche la domination par ses interprétations sauvages.

L'ambassadeur

Le négociateur, le conciliateur, l'entremetteur. Il se sent bien dans son rôle de médiateur. Il est éveillé et il sait découvrir et faire coïncider les besoins des parties concernées.

La forme immature ou dégradée : l'affairiste, le partisan.

L'homme du monde sauvage

Le coureur des bois, le chasseur, le connaisseur des secrets de la nature. Il sait survivre dans la nature inhospitalière, d'où sa particularité d'être toujours pratique et astucieux.

La forme immature ou dégradée : l'être sauvage et féroce, le barbare, l'être non civilisé.

Le fou

Le fou du roi, le *trickster*, le joueur de tours, le bouffon, le caricaturiste, l'humoriste. Ce personnage fait rire, mais révèle aussi des vérités qu'on tient à garder secrètes pour ne point déplaire.

La forme immature ou dégradée : le filou, le dément, l'aliéné. Il manipule par le ridicule et l'ironie.

Le héros

Généralement, le héros se charge de sauver sa communauté sans crainte des graves dangers. Souvent naïf, courageux et innocent, il agit par générosité.

La forme immature ou dégradée : l'antihéros, le lâche, le peureux, le timoré, le calculateur.

Le guerrier

Le militaire, le soldat, le samouraï, le policier, le défenseur des droits, etc. Il est toujours prêt à combattre jusqu'à la mort pour défendre son peuple. Son audace est proverbiale. Il est d'une franchise brutale, car il ne peut pas se permettre de s'illusionner devant le danger de l'ennemi.

La forme immature ou dégradée : le mercenaire, le sadique, le violent. Il fait un usage inconsidéré de sa force.

L'amoureux, l'ami fidèle, l'amant, le tendre, le sentimental

Il se caractérise par sa chaleur humaine, son ouverture et son désintéressement. Entretenir l'amour ou l'amitié est la priorité de sa vie.

La forme immature ou dégradée : le séducteur, le don Juan, le *playboy*, etc.

Le contemplatif

Le mystique, le prêtre, le moine, etc. Sa vie est orientée vers la contemplation des réalités spirituelles et l'union à Dieu.

La forme immature ou dégradée : le rêveur, le pensif, le distrait, le paresseux.

Le prophète

Le devin; il reconnaît les signes de la réalité dont l'existence échappe aux autres. Il interprète des signes actuels qui lui permettent de prédire l'avenir. Il perçoit entre les êtres des relations que les autres ignorent.

La forme immature ou dégradée : le faux prophète, le prophète de malheur, le mystificateur.

Le célébrant

Le metteur en scène, le maître de cérémonie, le liturgiste, le créateur de rituels, etc. Il se sent épanoui quand il dirige une cérémonie.

La forme immature ou dégradée : le maître de cérémonie rigide, le vaniteux, le poseur.

L'éternel enfant

Le *puer æternus* ou la *puella æterna*, le courtisan ou la courtisane; l'éternel enfant se reconnaît à son innocence, à sa spontanéité, à sa gentillesse. Le *puer æternus* aime parler de spiritualité. De compagnie agréable, il apporte une certaine excitation et une fraîcheur au début de ses relations. Il est un symbole du Soi qui possède une éternelle jeunesse.

La forme immature ou dégradée : dépendant, inconstant dans ses amours et amitiés (« *love them and leave them* »), non persévérant dans un travail régulier. Il s'applique à cultiver la générosité des autres. Il manque de discipline et il cherche le parent idéal qui le fera vivre.

Le commerçant

Le marchant, le courtier, le vendeur; il est intéressé par un échange honnête de biens et aime rendre service à ses clients.

La forme immature ou dégradée : le trafiquant, le fourbe, le vendeur de pacotille. Il est intéressé par le profit immédiat, sa seule valeur.